KB014382

경험의 함정

로빈 M. 호가스
엠레 소이야르

경험의 함정

THE MYTH OF EXPERIENCE

빠르게 변화하는 시대에
경험은 왜 강점이 아닌
약점이 되는가

정수영 옮김

사이

경험은 좋은 스승이다, 그렇지 않을 때만 빼고

당신은 자신의 경험을 신뢰하는가?

대부분의 사람들은 그렇다. 우리는 자신의 경험에 따라 취향을 형성하고 직관을 키우고 선택을 한다. 따라서 경험은 보물과도 같은 소중한 스승이며, 우리는 경험을 통해 배운 것을 오래도록 간직한다. 대부분의 사회는 경험을 높이 평가하다 못해 숭배한다. 사람들 또한 자신을 담당하는 의사들이, 판사들이, 정치가들이, 관리자들이 경험을 충분히 쌓았기를 바란다. 경험이 많으면 많을수록 유리하다고 믿으니까.

좋다. 그렇다면 잘된 것 아닌가.

하지만 안타깝게도, 경험에 대한 지나친 또는 무모한 의존은 고통스러운 결과를 초래할 수 있다. 실제로 유혈이 낭자한 참극

이 벌어질 수도 있다.

미국의 초대 대통령 조지 워싱턴은 67세의 나이에 대망의 19세기를 바로 2주 앞두고 병상에 누웠다. 열이 나고 목에는 염증이 심해 숨을 쉬기조차 힘들었다. 워싱턴의 보좌관은 곧장 주치의 3명을 불렀다. 치료법은 의심할 여지없이 자명했다. 피를 뽑아내는 사혈bloodletting이었다. 당시엔 널리 쓰였으므로 의사들은 물론 워싱턴 본인도 망설임 없이 이 치료법을 요구했다. 피를 여러 번 넉넉히 뽑아내는 것은 당시 질병 치료의 가장 핵심적인 방법이었는데 종종 물집 잡기와 관장, 비워내기와 병행했다.

워싱턴은 당대 최고 수준의 치료법을 동원할 수 있었으니 사혈을 철저히 적용하지 않는 건 있을 수 없는 일이었다. 빨리 병을 낫게 하고 싶다는 희망에 의사들은 이 치료법을 극한으로까지 밀어붙였다. 기록에 따르면 워싱턴은 12시간 동안 체내 혈액량의 절반 가까이를 뽑아냈다고 한다. 그리고 몇 시간 후, 그는 사망했다. 물론 의사들이 도착하기 전에도 워싱턴은 위독했고 이미 당시 기술로는 치료할 수 없는 지경이었을지도 모른다. 하지만 워싱턴은 이 사혈 치료법을 감내한 탓에 피가 가장 절실히 필요한 순간에 오히려 피가 부족했다. 결과적으로 그를 치료하려는 선의의 시도 때문에 워싱턴은 더 큰 고통을 겪었던 것이다.

사혈은 여러 세대에 걸쳐 의술과 임상 경험을 통해 정착되었고 수천 년 동안 어떤 질병이든 고칠 수 있는 만능 치료법으로 알려져 있었다. 로마시대 의학자 켈수스도 1세기에 발표한 의학 백과사전 『의학에 관하여*De Medicina*』에서 다음과 같이 선언하기도 했다.

"정맥을 절개하여 피를 흘리게 하는 것은 새로운 치료법이 아니다. 오히려 새로운 것은 거의 모든 질병에 사혈을 적용해야 한다는 것이다."

고대 그리스 페르가몬 출신의 의사 갈레노스 또한 2세기에 이 치료법을 열렬히 옹호했으며 이후 사혈은 수백 년 동안 서양의학에 큰 영향을 미쳤다. 혈액 순환 체계를 처음으로 발견한 사람 중 한 명인 영국인 의사 윌리엄 하비 역시 17세기에 다음과 같은 주장을 이어갔다.

"우리가 일상의 경험을 통해 알 수 있듯이, 사혈은 여러 질병에 가장 뛰어난 치료 효과를 보이고 있으며 실제로 일반적인 치료 수단들 중에서 단연코 최고다."

그래서 사람들은 계속 피를 뽑아댔다.

벤저민 러시는 조지 워싱턴과 동시대 인물로 미국독립선언문에 서명한 대표자이자 크게 존경받는 의사였다. 그는 노예제도에 반대하고 교도소 수감제도 개혁을 주장하고 모두를 위한 더 나은 교육제도를 지지함으로써 사회발전을 위해 애쓴 사람이기도 했다. 1793년에 황열병이 예고 없이 필라델피아에 퍼지자, 러시는 전염병 치료에 의욕적으로 나서서 환자들에게 사혈과 비워내기를 집중적으로 접목시켰다. 극단적인 상황에서는 극단적인 치료법이 필요하다고 판단한 것이다. 그러다가 자신도 황열병에 전염되자 러시는 자신의 피를 충분히 뽑아 달라는 지시를 내렸다. 러시는 회복했다.

"내 몸으로 직접 증명했듯이 이 새로운 치료법 앞에서는 황열병도 감기에 불과하다." 러시가 어느 편지에 의기양양하게 적은 내용이다.

그로부터 수십 년 뒤, 영국의 시인 바이런은 사혈을 탐탁지 않게 여기고 있었다. 그가 병에 걸렸을 때 의사들이 피를 뽑으려 하자 바이런은 "창에 찔려 죽는 자보다 의료용 칼에 죽는 사람이 더 많습니다."라고 외치며 거부했다. 하지만 의사들 생각은 달랐다. 그들은 바이런이 복합적인 건강 문제를 갖고 있는데도 사혈을 여러 차례 실시했고 결국 바이런은 며칠 후 사망했다.

오늘날에는 오류로 밝혀졌는데도 왜 이토록 오랫동안 일반인은 물론 전문가들까지 사혈이 만병통치약이라고 굳게 믿었을까? 사혈은 처음부터 인체 구조와 질병의 원리에 관한 부정확한 지식을 바탕으로 탄생했다. 과거에는 질병을 체액의 불균형 때문에 발생하는 것으로 보았고 사혈은 그 균형을 되찾기 위한 방법이었다. 그때는 질병의 실제 원인을 밝히는 데 필요한 도구도, 방법도 없었다. 그러니 그야말로 시작부터 잘못된 것이다.

얼핏 이해가 가는 설명이긴 하다. 어느 분야든지 발달 초기 단계에서는 명석하고 지식이 풍부한 전문가들도 결함 있는 이론을 받아들일 수 있다. 이는 종종 일어나는 일이기도 하다. 그러나 이 경우처럼 생사를 가르는 중차대한 상황에서도 같은 결과(다수의 죽음)가 수세기 동안 되풀이된다면 우리 조상들도 정신 차리고 오류를 발견해 치료 방법을 개선했어야 하지 않을까? 하지만 그런 일은 일어나지 않았다. 현실에서는 상황이 더 악화되어만 갔다.

약 2,400년 전, 그의 유명한 말에서 히포크라테스는 우리에게 〈경험으로부터 배우는 것〉에 대해 경고했다.

"인생은 짧고, 의술은 길며, 위기는 순식간에 지나가고, 경험은 믿을 수 없으며, 결정은 어렵다."

히포크라테스가 옳았다. 사혈에 대한 경험은 직접 관찰했든 반복적으로 전해 들었든 확실히 오류였다. 하지만 경험에 힘입어 부정확한 선입견이 진실로 둔갑하는가 하면, 의도는 좋았던 치료사들과 의사 심지어 이발사까지 환자를 치료한다는 명목으로 때로 비위생적인 조건에서도 사혈을 거리낌 없이 시도했다. 이렇게 사혈은 만병통치약이라는 자리를 굳건히 지켰다. 당대 최고의 지식인들과 명망이 높았던 사람들조차 경험에 맥없이 속아 넘어갔다. 경험이라는 스승은 잘못된 내용을 전해줄 때조차 부정하기 어려운 존재였다

그렇다면 최고의 지식인들이 어떻게 사혈이라는 경험에 깜빡 속아 엉뚱한 판단을 내릴 수 있었는지 살펴보자.

우선 부항이나 의료용 거머리를 활용해 피를 조금만 뽑을 경우 인체는 대부분 회복할 수 있었다. 때로는 열이나 염증이 가라앉기도 했다. 이처럼 증상이 완화되고 플라시보 효과가 나타날 경우 사혈이 효과가 있다고 단정하기 쉬웠다. 이따금 환자가 피를 과다하게 흘렸음에도 회복하는 경우도 있었다. 이 경우 일부는 오진일 수도 있고 애초에 의사들이 진단한 그 병에 걸리지 않았을 수도 있다. 하지만 환자들의 몸이 혈액 손실을 견뎌내자 사람들은 사혈의 탁월한 효과 덕분에 나았다고 믿었다.

생존자들이 기뻐하며 사혈의 효과를 요란하게 증언하는 동안 죽은 자들은 사람들의 경험에서 배제되었다. 죽은 자는 말이 없으니 산 자들이 멋대로 사망 원인을 치료법이 아닌 질병 탓으로 돌리기는 무척이나 쉬웠을 것이다. 단지 관찰만으로 질병의 진짜 원인을 식별하지 못하는 것은 적절한 예방조치를 강구하는 것을 어렵게 만들었고 그 결과 잠재적으로 질병의 추가 확산을 부추겼다. 그리고 갑작스러운 전염병이 유행할 때는 전통적인 치료법을 강화하는 것이 합리적이라고 여겼다.

게다가 영향력 있는 전문가 중 사혈을 직접 경험하고 생존한 이들은 이 치료법을 더욱 깊이 신뢰하게 되었다. 이들은 자신들에게는 대중에게 이 치료법을 널리 전파해야 할 권한은 물론 의무도 있다고 믿었다. 전문가들은 후계자를 키우며 기존 이론을 보존하고 전파했다. 실제로 워싱턴의 주치의 3명 중 2명과 바이런의 주치의 3명 중 2명은 모두 같은 의과대학 출신이었다. 바로 벤저민 러시가 다녔던 곳이었다. 또한 워싱턴의 세 번째 주치의는 러시의 제자였다. 이렇듯 여러 세대에 걸쳐 한 우물에서 지식을 흡수하는 폐쇄적인 전문가 집단이었으니 잘못된 지식은 더욱 순조롭게 전파될 수 있었다.

마지막으로, 이처럼 경험에서 얻은 교훈이 모두 한 방향을 가리킬수록 다른 방안을 고려하는 것조차 어려워졌다. 이만큼 굳건한 믿음에 반기를 들려면 무작위로 선정한 환자 집단의 피를 뽑지 〈않은〉 다음, 피를 뽑은 환자 집단과 비교해 그 두 집단의 건강 상태가 어떤지 추적 관찰하는 방법도 있었다. 하지만 치료가 필요한 환자에게 널리 인정받는 치료법을 적용하지 않는다는 것은, 특히 환자 자신이 강력하게 그 치료법을 요구할 경우에는 매우 비정상적일 뿐 아니라 잔인하게까지 여겨졌을 것이다. 결국 오랜 세월 축적된 경험은 버리기 어려워지고, 경험이 쌓여 다져진 전통은 강력하게 자리를 잡아 뒤집을 수가 없었다.

19세기를 거치며 의학계의 무작위 실험과 시신 부검이 늘고 생물학이 발전하자 비로소 사혈요법의 인기는 시들어 갔다. 당시 의학 역사학자 W. 미첼 클라크는 2,400년 된 히포크라테스의 지혜를 다음과 같이 되새겼다.

"우리가 만약 2,3천 년 동안 임상 경험으로 인정하고 과거의 가장 뛰어난 전문가들이 적극 지지한 치료법을 마침내 그리고 영원히 폐기한다면, 히포크라테스가 그의 격언에서 가르치듯, 경험은 과연 〈믿을 수 없는〉 존재다. 내가 보기에 이것은 이 주제와 관련하여 가장 흥미롭고 중요한 질문인 것 같다.”

실제로도 그렇다. 클라크의 언급처럼 경험을 통해 배운 것이 자칫 오해를 불러일으킬 가능성, 때로는 치명적인 결과를 초래할 가능성이야말로 우리 인간이 학습하고 사고하는 데 있어서 가장 큰 걸림돌이다. 이 책에서는 바로 이런 현상을 살펴보고자 한다. 물론 우리 삶 대부분의 측면에서 크고 작은 결정을 내릴 때 경험은 많은 도움이 되고, 실제로 경험은 살아가는 데 매우 믿음직한 스승이 될 수 있다. 문제는 경험이 〈항상〉 믿음직스럽지는 않다는 것이다. 그럼에도 사람들은 덮어놓고 경험을 따르려 한다.

특정 상황에서 경험에 지나치게 의존하는 경우에는 그에 현혹되어 실제로는 어리석어졌는데도 도리어 현명해졌다는 착각에 빠지게 된다. 경험을 통해 올바른 답을 얻기는커녕 그릇된 답에 대한 확신만 커지는 것이다. 결국 자신에게 문제가 있다는 것을 깨닫지도 못한 채 오랜 기간 같은 실수를 반복하게 된다.

뒤이어 나올 이 책 본문에서는 경험이 친구이자 스승이 아닌 예상외로 〈사기꾼〉이자 〈적〉이 되는 경우에 집중하고자 한다. 가장 유능한 사람마저도 제대로 능력 발휘를 못하면서도 언제 어떻게 경험에 속아 자신이 잘하고 있다는 착각에 빠지게 되는지 논의할 것이다. 또한 우리가 어떤 상황일 때 경험에서 잘못된 것을 배우는 경향이 있는지, 그리고 어떻게 해야 친숙한 〈경험의 한계〉를 넘어 올바른 지혜를 배울 수 있는지 알아볼 것이다.

경험에 대해 건전하고 건설적이면서 비판적인 태도를 견지할 때 얻을 것이 많다. 오늘날에는 병에 걸린다 해도 희귀병을 제외하고는 피를 심하게 뽑아내지는 않는다. 사혈요법이 아직 존재하긴 하지만 특수한 경우에 한해서만 훨씬 제한적으로 사용된다. 비록 쉬운 여정은 아니었지만 인류는 결국 이 치료법을 버리고 질병에 대한 접근 방식을 개선할 수 있었다.

하지만 우리는 삶의 다른 중요한 영역에서는 어떤 식으로 경험에 속고 있을까? 우리도 모르게 속는 경우는 언제인가? 그렇다면 어떤 습관과 사고 도구를 발굴해야 〈경험의 오류〉를 포착하고, 속임수를 꿰뚫어보고, 합리적인 결정을 내릴 수 있을까?

이 책에서는 이와 같은 의문들을 풀어가고자 한다.

경험은,
우리 삶에서 신뢰할 수 〈있는〉 스승이다

—

경험은 복잡다단한 개념이다. 그 간단한 단어에 다음과 같은 다양한 측면과 특성이 내포되어 있다.

첫째, 경험은 과정process이다. 경험은 우리의 현재 환경과 시시각각 이뤄지는 상호작용이다. 우리는 어떤 일을 관찰하고 거기에 참여하며 둘을 동시에 하기도 한다. 만약 사업을 운영한다면 매장이나 웹사이트 등을 설계할 때 어떻게 하면 최적의 고객 경험이나 사용자 경험을 만들지 고민한다.

둘째, 경험은 결과물product이기도 하다. 과거의 수많은 상호작용이 차곡차곡 쌓여 경험이 만들어진다. 우리는 어떤 일을 연습하고 여러 번 반복하면서 경험을 쌓는다. 이렇게 해서 배운 것을 높이 평가하기 때문에 인력을 채용할 때 직무에 맞는 경험을 갖춘 사람을 뽑으려 애쓴다.

셋째, 경험은 개인적personal이다. 우리는 새로운 일을 시도해본 뒤 그 경험을 되돌아보며 자신이 그것을 좋아하는지 싫어하는지 판단한다. 그 판단에 따라 이후의 결정과 행동이 달라진다. 취향을 형성할 때도 경험이 결정적인 역할을 한다. 미국인들은 야구를 좋아하며, 영국인들은 크리켓을 선호한다. 한편 터키나 스페인 사람들은 둘 중 어느 종목도 특별히 좋아하지 않는다. 우리는 보통 어린 시절 늘 접한 스포츠 종목이나 책, 음식을 좋아하게 된다.

결국 경험은 우리가 삶에서 끊임없이 의지하게 되는 〈지식의 기본적인 원천〉이다. 중요한 결정을 앞두고 있을 때는 경험이 어느 정도 있어야 상황을 제대로 이해하고 목표에 맞게 행동할 수 있다고 생각한다.

다행히 〈경험에서 배운다는 것〉은 많은 장점을 갖고 있다.

첫째, 자동적이다. 경험에서 무엇을 어떻게 배울지 의식적으로 생각하는 경우는 거의 없다. 그것은 그냥 벌어진다. 동물의 왕국을 보더라도 그곳 구성원들은 경험을 통해 주변 환경의 조건과 규칙성, 위험성, 보상 등에 대해 자연스럽게 배운다.

둘째, 즉각적이다. 경험을 통해 우리는 매일 맞닥뜨리는 다양한 상황에 대한 직관과 직감, 무의식적인 인식을 재빨리 획득한다. 단 한 번의 경험만으로도 충분히 주관을 형성할 수 있으며, 이 주관 덕택에 생활 속 다양한 상황들을 제법 효과적으로 다룰 수 있게 된다.

셋째, 용기를 북돋운다. 경험을 통해 현실에 대한 정보를 얻고, 이 현실과 관계를 맺는 데에 필요한 자신감을 기를 수 있다. 우리는 경험을 많이 쌓을수록 더 유능해진다고 생각한다.

넷째, 지속적이다. 경험을 통해 익히는 많은 기술들은 점차 자연스럽게 몸에 밴다. 그 기술들을 오랫동안 사용하고, 잊고 있다가도 금세 다시 이용할 수 있다. 이런 지속성 덕분에 시간과 체력을 아껴 다른 능력을 학습할 수 있다.

자전거 타기는 모든 사람들이 경험을 통해 습득하는 전형적인 기술이다. 당신이 자전거를 탈 줄 안다면 실제로 직접 자전거를 타보면서 익혔을 것이다. 책을 읽거나 영상을 보면서는 결코 익힐 수 없다. 또한 배우는 데 어마어마한 시간이 들지도 않으며 많이 타볼수록 능숙하게 조작할 수 있다. 자전거를 타는 동안에는 지금 무엇을 어떻게 조작하고 있는지 생각할 필요가 없다. 자전거를 한 번도 타본 적 없는 사람에게는 자전거 타는 법을 설명하기가 어렵다. 누구든 실제로 경험을 해봐야 타는 법을 익힐 수 있다. 또 한동안 타보지 않았다 해도 자전거에 다시 오르는 순간 제법 빨리 탈 수 있다. 운전이나 타이핑, 스키, 수술 집도처럼 근육을 이용하는 다른 기술도 마찬가지다.

그 결과 많이 경험하면 전문성이 높아진다. 찬찬히 연습하며 신뢰할 만한 피드백을 받으면 복잡한 기술도 완벽하게 연마할 수 있다. 대표적인 예로 테니스가 있다. 테니스에서는 모든 움직임과 스윙이 코트 안에 있는 선수들에게 즉각적으로 보인다. 단 한 번의 연습이나 경기에도 수백 번씩 공을 주고받기 때문에 가능한 거의 모든 상황에 대해 어떤 전략이 어떤 결과로 이어질지에 대한 믿을 만하고 즉시 적용할 수 있는 안목이 생긴다. 테니스 코치 또한 코트 밖에서 전 과정을 지켜볼 수 있으며 따라서 선수의 경험을 보완해줄 수 있다. 최근에는 장비 제조사들도 스마트 라켓을 개발하기 시작했다. 라켓에 장착된 마이크로칩과 센서로 스윙 순간에 대한 데이터를 수집할 수 있으며, 이 데이터를 분석함으로써 연습 효율과 기량을 높일 수 있다. 위와 같은 학습 조건을 고려했을 때 윔블던 테니스 대회에 출전하는 선수 정도면 초인적인 능력을 지닌 것처럼 보이는 건 어쩌면 당연한 일이다. 신뢰할 만한 경험 덕택에 선수들은 재능을 인간의 한계 이상으로 발전시킬 수 있었다.

신체적 기술뿐 아니라 새로운 개념을 익히는 데도 경험이 큰 도움이 된다. 특정 개념에 반복적으로 노출되면 애써 생각하지 않아도 그 개념을 익힌다. 경험은 단순히 과거에 우리에게 일어났거나 현재 우리에게 일어나는 일을 지루하게 나열한 목록이 아니다. 오히려 기억과 해석, 연상이 정교하게 묶인 복잡한 묶음으로, 우리가 애쓰지 않아도 넓은 범위의 다양한 개념을 기억하고 연결 짓게 도와준다.

심리학자 존 듀이나 커트 르윈, 장 피아제부터 비교적 최근의 데이비드 콜브와 로널드 E. 프라이에 이르기까지 그들은 경험으로부터 배우는 과정을 순환고리cycle로 보았다. 즉 먼저 경험을 하고, 이를 성찰한 뒤 그것에서 추상적인 교훈을 도출하고, 마지막으로 이 교훈을 적용해 경험을 넓히고, 그럼으로써 다시 학습의 순환고리를 시작하는 것이다.

이런 순환과정에서 인과관계를 배운다. 우리는 직접 결정을 하고 타인이 결정을 하는 모습도 지켜본다. 그런 다음 이 결정의 연결고리와 결과를 포착한다. 나중에 이 깨달음을 이후에 의사결정을 해야 할 때 반영해 원하는 결과에 도달할 가능성을 높여간다. 예를 들어 테니스 경기에서는 구사하는 전략마다 상대 선수가 다르게 반응하고 결과도 달라지기 때문에 선수들은 이 과정을 통해 배운 것을 접목시켜 점차 경기 전략을 최적의 수준으로 다듬어간다. 마찬가지로 가족과 사회생활, 직업, 공동체에서 과거의 관계에 대한 기억은 이후의 관계에서 우리의 행동을 좌우한다.

한 분야에서의 경험은 다른 분야의 관련 프로세스 및 문제에 대해서도 알려준다. 이런 지식 덕분에 단편적인 정보를 더욱 다양하게 연결할 수 있으며, 한 분야에서 다른 분야로의 지식 전달 또한 활발해진다. 예컨대 테니스 경기에서 노력과 경쟁, 인내심, 패배, 자신감, 재능의 본질 등에 대해 배울 수 있는데 이런 깨달음은 경기장 밖에서도 유용하다. 만약 창업가라면 한 분야에서 프로젝트를 성공적으로 마치면 다른 분야에서도 성공을 이어갈 수 있는 역량을 키울 수 있다.

마지막으로, 타인의 경험에서 배울 수 있다. 이때 배운 내용은 자신의 경험에서 직접 배운 것만큼 생생하지는 않지만 그래도 참고가 될 수 있다. 또한 스승이 자신의 경험에서 얻은 지식을 제자에게 가르쳐줌으로써 시간과 수고를 많이 덜어줄 수 있다. 테니스 경기의 경우, 상대 선수가 다른 선수와 경기하는 모습을 보면 그 선수와의 경기 전략을 세우는 데 귀중한 단서를 얻을 수 있다. 지도자들은 선수의 특성에 맞는 유리한 전략을 세우고 이에 맞게 훈련시킬 수 있다. 이와 비슷하게 기업의 결정권자들도 경험이 풍부한 노련한 경영 고문의 조언을 받아들이면 목표를 더 효과적으로 달성할 수 있다.

위의 모든 경우로 보아, 경험은 삶의 전반에서 우리의 직관을 형성하고 결정을 내리는 데 좋은 스승이 될 수 있다. 경험이 있기에 우리는 새로운 환경에 적응하고, 성과를 높이고, 어려운 상황을 견뎌낸다. 하지만 이런 모든 장점에 가려 경험의 〈어두운 면〉을 간과하기 쉽다. 경험은, 우리도 모르는 사이에 자신을 속일 수 있다.

경험은,
우리 삶에서 신뢰할 수 〈없는〉 스승이다
—

경험은 개인적이고, 자동적이며, 즉각적이고, 또 용기를 북돋우며, 지속적이기 때문에 무시하고 싶어도 무시할 수가 없다. 경험을 통해 얻은 직관은 무척 믿음직스러워 보인다. 하지만 안타깝게도, 경험에서 얻은 〈잘못된 교훈〉 역시 똑같이 믿음직스러워 보인다.

인간 사고의 기본 모드는 경험이 우리가 직면한 상황을 빠짐없이 정확하게 반영한다고 믿어버린다. 자신이 직접 관찰하고 참여해서 배우는 것은 모두 현실처럼 보인다. 노벨 경제학상을 수상한 심리학자 대니얼 카너먼은 이런 증후군에 대해 〈보이는 것이 전부WYSIATI:what you see is all there is〉라는 이름을 붙였다. 이런 믿음은 자전거 타기나 테니스 같은 활동에는 대체로 잘 맞는다.

그와 같은 환경에서는 결정의 주체가 그 자리에서 정확한 피드백을 즉각적으로 충분히 받을 수 있고 게임의 규칙이 대체로 일정하기 때문이다. 이처럼 통제할 수 있는 제한된 상황에서는 경험에서 배운 것이 일반적으로 신뢰할 만하다.

하지만 실제 현대인의 삶은 자전거 타기나 테니스 경기와는 전혀 다르다. 여기서는 보이는 것이 꼭 전부는 아니다. 심리학자 토머스 길로비치가 그의 저서 『인간, 그 속기 쉬운 동물*How We Know What Isn't So*』에서 경고하는 것처럼, "세상은 공정하지 않다. 우리가 제대로 더 잘 알 수 있도록 명확한 정보를 가져다주는 대신 무작위의, 불완전하며, 대표성도 떨어지고, 애매모호하고, 일관성도 없고, 받아들이기 쉽지 않고, 간접적으로 접한, 정제되지 않은 데이터를 던질 뿐이다."

실제 삶에서 우리는 때로 자신이 내린 선택과 결정의 결과를 직접 확인하지 못하거나 혹은 한참 후에야 접할 수도 있다. 게임의 규칙 또한 예상치 못한 순간에 재빨리 바뀌기도 하며, 그 결과 애써 쌓은 경험이 휴지 조각으로 전락하기도 한다. 게다가 무엇이 일어났는지에 대한 우리의 해석을 객관적으로 분석하고 바로잡아 줄 코치나 마이크로칩도 없다. 대부분의 실생활에서 우리는 자신의 경험이 끊임없이 다양한 필터링을 거치고 왜곡을 겪을 수밖에 없는 환경에 직면해 있다. 플라톤의 유명한 동굴 비유에서처럼, 우리가 바라보는 모습은 실체가 아닌 그림자에 불과할 수 있다. 여전히 경험에서 배우기는 하지만 이것이 꼭 현실을 반영한다고 볼 수는 없는 것이다.

사회학자이자 행동학자인 제임스 마치는 『경험의 모호성The Ambiguities of Experience』에서, 경험에 근거가 부족하거나 관련 없는 정보들이 들어 있을 때 올바른 교훈을 얻기 어렵다고 주장한다. 우리는 또한 주관적인 해석에 쉽게 휘둘리고 제한된 정보를 바탕으로 성급하게 일반화하기도 한다. 그 결과, 경험을 쌓을수록 점점 더 현명해진다고 착각하면서 잘못된 믿음만 강화시킨다. 그러므로 진정으로 올바른 정보에 입각한 결정이나 선택을 해야 하는 복잡한 상황에서는 시의적절하게 경험에서 배운 것에 대해 의문을 제기하고 조정하는 것이 필수적이다. 특히 다음의 두 가지 질문이 도움이 된다.

- 내 경험에서는 놓쳤지만 상황을 충분히 이해하기 위해 밝혀야 할 중요한 것이 있는가?
- 내 경험에서 상황을 제대로 이해하는 데 방해될 만한, 그래서 무시해야 할 관련 없는 것은 무엇인가?

다음은 경험에서 놓친 것 때문에 잘못된 결론에 도달한 사례다.

마술사 데렌 브라운은 텔레비전 특집 방송 「시스템The System」에 출연해 동전을 열 번 연속으로 던져 열 번 모두 앞면이 나오는 모습을 보여주었다. 그는 진짜 동전을 사용했고 카메라 속임수도 없었다. 열 번 던지는 데는 1분이 채 걸리지 않았다. 브라운의 모습을 보고 있으면 마치 초자연적인 사건이 눈앞에 펼쳐지는 것 같다. 브라운은 자신만만하고 상황을 완전히 주도하는 듯 보였다. 여섯 번째 던진 후에는 심지어 앞으로의 성공을 예언하기도 했다. "네 번만 더 던지면…… 멈추겠습니다." 그는 마치 자연을 기만하고 동전을 자기 의지대로 조종하는 것 같았다.

과연 동전은 예언대로 되었다. 하지만 비결은 동전을 조작하는 데 있는 것이 아니라 전체 상황 중 일부를 시청자에게 〈숨기는〉 데에 있었다. 결국 브라운이 이후에 그 프로그램에서 공개한 진실은, 시청자가 본 부분이 긴 시간 동안 촬영한 분량 중 가장 마지막 부분에 해당한다는 사실이다. 카메라는 동전을 던지는 브라운의 모습을 오랜 시간 촬영하면서 뒷면이 나오면 처음부터 다시 찍기를 반복했다. 충분히 여러 번 시도하자 드디어 열 번 연속으로 앞면이 나왔고 이 부분만 시청자에게 보여준 것이다.

이렇게 해서 불가능해 보였던 일도 시간이 지나자 점차 필연이 되어버렸다. 이날 브라운의 성공은 초자연적인 능력 덕분이 아니라 동전 던지기라는 확률의 산물일 뿐이었다. 눈에 보이는 건 그럴싸한 결과이지만 그 결과에 이르기까지의 복잡한 〈과정〉을 우리가 직접 눈으로 경험하지 못했기 때문에 실제보다 결과가 더 돋보이는 것이다.

동전을 한 명이 여러 번 던지는 대신 수천 명이 동시에 던져도 비슷한 효과를 낼 수 있다. 그 중 몇 명은 우연히 열 번 연속으로 앞면만 나올 수도 있다. 이번에도 역시 이 사람의 동전 던지기 기술이 아닌 우연의 힘 때문일 것이다. 하지만 이 경우에도 누군가가 앞면이 열 번 나온 사람만을 지켜볼 경우 다른 결과가 나오는 경우는 경험하지 못한다. 그 결과 몇 안 되는 성공 사례가 실제보다 더 비범해 보이는 것이다.

안타깝게도, 우리 삶에서 경험의 많은 부분은 이렇게 〈선별된〉 정보에 기초한다. 지금과 다른 선택을 했을 때 어떤 일이 일어날지 관찰할 기회가 없는 것이다. 또한 전례 없는 재난이나 파괴적 혁신은 애초에 경험하지 못한 것이다. 이 때문에 정작 중요한 결정을 내릴 때 고려해야 할 정보를 과소평가하거나 무시하기 십상이다. 눈에서 멀어지는 순간 생각 속에서도 멀어지는 것이다.

반대의 경우도 벌어진다. 쉽게 접할 수 있는 정보는 아무런 관련이 없는데도 우리의 경험과 거기서 도출한 결론에 영향을 미친다. 우리 저자 중 한 명은 스코틀랜드에서 자랐고 가장 좋아하는 가족 여행지는 일렉트릭 브레이라는 산비탈이다. 이 아름다운 산비탈은 스코틀랜드 남서쪽 해안 도시 에어에서 남쪽으로 몇 킬로미터 떨어진 드뉴어 마을 근처에 있다. 이 산비탈 바닥에 공을 놓거나 물을 조금 쏟아보면 공이나 물이 서서히 움직이기 시작할 것이다. 아래 쪽으로가 아니라 비탈 위쪽으로 말이다. 그렇다면 스코틀랜드의 이 동네에서는 중력의 법칙이 통하지 않는단 말인가? 비탈 근처의 큰 바위에 다음과 같은 설명이 새겨져 있다.

"이 비탈은 서쪽으로는 크로이 철도 고가교가 내려다보이는 굽잇길(해발 약 87미터)부터 동쪽으로는 크레이겐크로이 협곡(해발 약 92미터)까지 약 402미터가 이어져 있습니다. 비록 굽잇길에서 협곡까지는 위쪽으로 기울기가 86분의 1인 경사가 이어지지만, 양 가장자리의 지형 때문에 착시현상이 발생해 반대쪽으로 기울어진 것처럼 보입니다. 따라서 자동차의 브레이크를 푼 뒤 도로에 세워놓으면 비탈 위쪽으로 천천히 올라가는 것처럼 보입니다. 전기를 띠었다는 뜻의 일렉트릭이라는 지명은 과거에 비탈이 전기를 지녔거나 자기장의 끌림 때문에 이런 현상이 일어났다고 오해한 데에서 유래합니다."

여기서 주변 지형의 모양새는 비탈의 경사를 제대로 보지 못하게 방해하는 역할을 한다. 우리의 시각적 경험으로는 산비탈이 전기를 띤 것처럼 보이지만 실제로는 전혀 그렇지 않은 것이다.

이 책에서는 처음부터 끝까지 다음의 두 가지 질문을 짚어보려 한다.

- 우리의 경험에서 〈놓친 것〉은 무엇인가?
- 우리의 경험에서 〈무시해야 할 것〉은 무엇인가?

이 두 질문은 우리가 겪은 경험이 손쉽고 뻔한 교훈으로 이어지지 않도록, 자칫 부정확하거나 완전히 틀린 결론을 내리지 않도록 제동을 걸 수 있는 귀중한 도구들이다.

우리는 〈경험의 덫〉에 갇혔다

—

비록 썩 믿음직스럽지 않다 해도 한번 경험을 통해 학습한 것은 버리거나 수정하기가 어렵다. 경험이 쌓일수록 이것은 더 견고하게 자리 잡는다. 그렇기 때문에 상황이 바뀌어도 〈과거의 경험에 발이 묶여〉 적응에 실패하기도 한다.

유튜브 채널을 운영하는 데스틴 샌들린은 특이한 실험으로 이 개념을 확인해 보았다. 그는 먼저 자전거를 뜯어고쳐 손잡이를 왼쪽으로 돌리면 바퀴가 오른쪽으로, 손잡이를 오른쪽으로 돌리면 바퀴가 왼쪽으로 방향을 틀게 만들었다. 그런 다음 평소 자전거를 능숙하게 타는 사람들이 이 〈거꾸로 자전거〉를 타고 몇 미터라도 전진할 수 있는지 실험해 보았다.

자전거를 타는 게 어려워 봐야 얼마나 어렵겠는가! 하지만 현실은 보기 딱할 지경이었다. 이미 평범한 자전거를 타는 데 익숙해진 참가자들은 이 새로운 상황에 전혀 적응하지 못했다. 하지만 샌들린은 오랜 시간 연습하고, 경험을 쌓고, 시행착오를 거듭

한 끝에 드디어 이 괴상한 자전거를 타는 데 성공했다. 그런데 그는 이제 도리어 평범한 정상적인 자전거를 타지 못하게 되었다. 일반 자전거 타기에 능숙할수록 거꾸로 자전거를 익히기가 어려웠는데 그 반대의 경우도 성립했던 것이다.

만약 자전거를 망가뜨리기 싫다면 컴퓨터 키보드를 뒤집어서 똑같은 체험을 해볼 수 있다. 아래와 같이 키보드를 뒤집은 다음 자신의 이름을 입력해 보자. 아마도 당신은 두 손이 키보드 위를 어색하게 맴도는 동안 눈길은 각 글자의 원래 위치로 향했다가 글자가 그 자리에 없다는 사실을 깨닫고는 당황할 것이다.

이처럼 우리는 경험에 이끌려 어떤 선택을 하고, 그 과정을 따르고, 행동을 취하는데, 이들이 더 이상 쓸모없고 관련 없는 것이 되더라도 그것들을 그대로 고수한다. 왜냐하면 부분적으로는 그동안 경험을 통해 배운 것을 의식적으로 잊고 새로운 것을 배우는 것이 그만큼 어렵기 때문이기도 하다. 미래학자 앨빈 토플러는 『미래 쇼크*Future Shock*』에서 이처럼 의식적으로 잊고 새로 배우는 것을 읽고 쓰는 능력에 비유했다. 끊임없이 진화하는 세상에서 과거의 경험이 주는 융통성 없고 신뢰할 수 없는 가르침을 따른다면 오랫동안 문맹 신세를 면하기 어려울 뿐 아니라 문맹인 사실을 자각하지도 못하게 된다.

수세기 동안 우리는 오만하게도 인간이 우주의 중심이라고 생각해 왔다. 보이는 것이 전부라고 굳게 믿은 것이다. 또한 경험이 축적될수록 지구는 평평하고 우주 만물이 지구를 중심으로 돈다는 믿음이 강화되었다. 그러다 인간의 경험 너머를 볼 수 있는 연구 방법과 기술을 개발한 후에야 실제 상황을 이해할 수 있게 되었고, 지구가 우주의 중심이 아닌 더 큰 체계 속 한 부분에 불과하다는 진실을 깨달았다. 그동안은 지구의 실제 위상을 정확히 파악하지 못한 탓에 경험에서 비롯된 오류에 빠져 더 많은 경험을 쌓을수록 더욱더 오류를 강화해 왔던 것이다.

좋은 소식은, 올바른 도구를 활용하면 경험의 덫을 빠져나갈 수 있을 뿐만 아니라 피해갈 수도 있다는 것이다. 그래야 의학이나 공학, 교육, 정치, 경제, 경영 같은 주요 분야가 발전한다. 나쁜 소식은, 경험이 때로는 아주 형편없는 스승이 될 수도 있다는 사실을 인정하지 않는다면 경험에서 배운 것에 반하는 증거가 아무리 많아도 경험의 덫에 갇힐 수 있다는 것이다.

자신에게 속지 말라,
자신의 경험에 속지 말라

———

경험이 항상 훌륭한 스승이라는 인식은 근거 없는 신화에 가깝다. 우리 두 저자가 15년도 더 지난 과거에 처음 만났을 때는 사람들이 통찰력을 기르고 의사결정의 질을 높이는 데 경험이 어떤 도움을 주는지 연구하고자 했다. 하지만 연구를 지속할수록 오히려 반대의 경우가 눈에 띄기 시작했다. 경험이 많아질수록 정리되기보다 오히려 더 복잡해지는 사례가 보였다. 행동의사결정학 분야를 창시한 인지심리학자 힐렐 아인혼은 다음과 같은 질문을 던졌다.

"우리가 경험에서 배울 수 있다고 믿는다면, 경험에서 배울 수 없다는 사실 또한 깨달을 수 있지 않은가?"

오늘날과 같은 논쟁적인 세상에서는 일반적인 통념에 언제 어떻게 반기를 들어야 하는지에 대한 논의가 활발하다. 그 통념의 생산자가 학계와 과학계 전문가든, 정치가와 사회 지도층이든, 유력 뉴스 매체든 상관없다. 이 책에서는 아인혼의 질문을 바탕으로 경험에서 얻은 교훈 역시 비슷하게 철저히 의심해야 한다고 주장한다. 결국 〈자신에게 속는 것〉은 남에게 속는 것만큼이나 치명적일 뿐 아니라 극복하기는 더 어렵기 때문이다.

그렇다고 경험을 무시해야 한다고 권하는 건 아니다. 하지만 경험에 대해 건전하고 시의적절한 회의적 시각을 키운다면 경험을 신뢰할 때와 아닐 때를 구분할 수 있다. 의사결정의 주체로서 우리는 경험에서 얻은 교훈을 결코 부정할 수 없는 〈결론〉이 아니라 차차 검증해야 할 〈가정〉으로 취급해야 한다. 그럼으로써 효과적으로 배우고, 배운 것을 버리고, 다시 새로 배울 수 있다.

인본주의 심리학자 칼 로저스는 『진정한 사람되기On Becoming a Person』에서 이런 건전한 회의론에 대해 다음과 같이 설명한다. 즉 우리를 둘러싼 세계를 배워나가면서 결정을 내릴 때 개인적인 경험이 "가장 높은 권위를 지니고 타당성의 기준이 된다"고 단언한다. 자신의 경험에서 배운 것만큼 강력해 보이는 것도 드물다. 그렇다고 해서 완벽하다고 믿고 그것에 권위를 부여해서는 안 된다. 오히려 로저스는 경험에서 배운 것을 점검하고 수정할 수 있기에 더욱 정확하게 가치를 두어야 한다고 주장한다.

이처럼 경험에서 배운 것에 대해 캐묻는 태도를 지닐수록 우리가 믿고 따르는 전문가와 지도자라 해도 그들을 맹신하지 않고 견제할 수 있다. 경험이 신뢰할 수 있는 전문성으로 이어지는 경우와 그렇지 않은 경우를 제대로 이해한다면 더 날카로운 판단을 내릴 수 있을 것이며, 이것은 장기적으로 삶의 질을 더욱 향상시킬 수 있다.

이 책의 목적은 사람들이 경험을 통해 배우는 방식을 개선하려는 것이다. 우리 저자들이 어떤 결정을 내려야 하는지 전부 안다고 주장하거나 정해 주려는 건 아니다. 대신 경험을 신뢰하기 어려운 경우를 보여주려 노력하고, 직관을 훈련할 수 있는 창의적인 방법을 제시하고자 한다. 굳이 피를 뽑아보지 않고도 말이다.

1

경험은

우리의 창의성에

방해가 된다

대중적으로 크게 성공한 아이디어를 하나 생각해 보자.

『해리 포터』 시리즈를 떠올릴 수 있겠다. 구글도 마찬가지다. 개인용 컴퓨터는 또 어떤가. 이 세 가지가 21세기 우리 일상과 문화에 큰 영향을 끼친, 대중적으로 인기를 끌고 인정을 받은 독창적인 아이디어라는 데에 이의를 제기할 사람은 드물 것이다.

이번엔 방금 떠올린 위의 아이디어가 성공한 이유를 생각해 보자. 물론 여러 가지가 떠오를 것이다. 하지만 놀랄 정도로 쉽게 떠오르지 않는가?

『해리 포터』는 우리를 마법의 세계로 인도하며 약자인 이야기 속 주인공이 독자와 더불어 성장하고 발전한다. 독자들은 남녀노소 할 것 없이 이 대서사 속에서 우정과 모험, 고난, 사랑과 미움, 선과 악 등 각자에게 맞는 의미를 찾을 수 있다. 시리즈 전권이 긴장감과 전율, 흥분과 유머의 요소를 골고루 갖추고 있어 구성도 훌륭하다. 혼자 아이를 키우며 힘겹게 글을 쓴 작가 J. K. 롤링의 성공담도 감동적이다. 이 밖에도 끝이 없다.

구글의 검색 엔진은 단 몇 초 만에 우리가 웹에서 찾고 있는 것을 정확히 찾을 수 있게 해준다. 이처럼 단순하면서 강력한 서비스를 근간으로 구글은 이메일과 클라우드 저장 공간부터 마케팅과 광고 도구, 문서 작성과 공유, 이동을 위한 지도 등 수많은 영역으로 확장하며 핵심 인터넷 서비스를 제공한다. 이 밖에도 끝이 없다.

개인용 컴퓨터인 PC는 오늘날 없어서는 안 될 필수품이자 어디서나 흔한 기기다. 그래픽 유저 인터페이스의 직관적인 아이콘, 클릭과 링크를 통한 쉬운 정보 찾기, 손가락 끝에 모든 정보를 가져다주는 마우스와 트랙패드는 어린아이부터 은퇴한 노인까지 누구나 금방 능숙하게 사용할 수 있다. PC는 인터넷과 결합하여 음악과 이미지, 문학, 예술, 영상, 과학, 인간관계로 이루어진 소통과 정보, 놀이와 경험의 세계를 누구에게나 열어주었다. 이 밖에도 끝이 없다.

우리의 경험에 비춰보면 이 모든 성공 요인들은 크게 노력하지 않아도 자연스럽게 머릿속에 떠오른다. 성공한 아이디어는 모두 마찬가지다. 우리는 보통 이런 독창적인 아이디어의 성공담을 비교적 쉽게 이해하고, 분석하고, 설명할 수 있다. 그러므로 이 성공담에서 배우기 위해 노력해야 한다.

좋다. 그렇다면 잘된 것 아닌가.

하지만 안타깝게도, 혁신적인 아이디어를 이런 식으로 경험할수록 창의성에 대한 직관력은 왜곡되고 결과적으로 잠재되어 있는 우리의 창의성도 발휘하지 못한다.

왜 이런 현상이 벌어지는지 알아보기 위해서는 과거로 돌아가 앞에서 사례로 든 각각의 성공적인 결과물들이 아직 세상이 나오지도 않았고, 각각의 아이디어가 떠오르긴 했지만 아직 성공의 조짐은 드러나지 않았던 때로 가볼 필요가 있다. 그리고 당시 각 분야의 노련한 전문가들이 처음 이 아이디어들을 들었을 때 어떤 느낌이었을지 상상해 보자. 각각의 아이디어가 널리 인기를 끌고 성공한 이유가 바로 앞에서 살펴본 것처럼 그렇게 풍부하고 명명백백하다면 당시의 경험 많은 예리한 전문가들에게도 그 성공의 요인들이 당연히 보였어야 한다. 그들 전문가들의 귀중한 경험은 최종 결과를 예측하고, 현명한 결정을 내리고, 이익을 취하는 데 도움이 되었어야 한다.

하지만 현실은 다르다.

당신이 이 장 도입부에 떠올렸던 성공적인 아이디어가 무엇이었든 간에, 그 아이디어가 혁신적이고 독창적일수록 당시 해당 분야 전문가들의 경험과 대립했을 가능성이 크다. 이런 대립 때문에 전문가들에게 확실하게 거절이나 외면을 당했을 테고 그 직후 여러 곳을 전전하다 결국 대박을 터뜨렸을 것이다.

『해리 포터』 저자가 1권 일부를 집필할 당시 에든버러의 카페 입구에는 출판사들이 줄서 있지 않았다. 오히려 『해리 포터』는 명성이 자자한 편집자와 출판사에게 한두 번도 아닌 열두 번이나 매몰차게 거절당했다. 시리즈의 성공으로 세계적인 명성을 쌓고 어마어마한 수익을 거둘 수 있는데도 말이다. 마지막에 계약한 출판사 역시 성공을 확신하지는 못했다. 런던의 출판사 블룸스베리는 롤링에게 선금을 쥐꼬리만큼 지불하고 『해리 포터와 마법사의 돌』을 고작 500부 인쇄했다고 알려져 있다. (이 희귀한 초판본에 지금은 수천 달러 가치가 붙는다.) 『해리 포터』의 어마어마한 잠재성을 알아보는 데 있어 출판 분야에서의 경험은 전혀 도움이 되지 않았다.

1990년대 후반 세르게이 브린과 래리 페이지가 구글의 근간이 된 검색 방식을 개발했을 때 그 시대 인터넷 거물들은 그 두 개발자를 만나 주었다. 두 사람이 제안한 검색 방식은 당시 웹 검색 시장을 주도하던 거대 기업들을 몰아내고 수십 년 동안 새로이 시장을 지배할 강력한 아이디어였고 기업 투자자와 전문가들은 그 아이디어에 투자할 기회를 만난 것이다. 구글은 불과 몇 년 후 기업 가치가 수십억 달러에 달하며 세계에서 가장 가치 있는 기업 반열에 오를 터였다.

하지만 구글 창업자들이 이 새로운 기술의 가치로 당시 160만 달러(17억 7천만 원)를 요구하자 투자자들은 하나같이 제안을 거절했다. 인터넷과 검색 엔진 분야에서 그들의 경험은 구글의 잠재성을 알아보는 데에 길잡이가 되어주지 못했다. 혜안이 있었던 두 창업자조차도 구글을 몇 년 후의 가치에도 한참 못 미치는 가격에 팔려고 한 것을 보면 그들 또한 구글의 잠재성을 충분히 확신하지는 못한 모양이다.

1970년대 후반, 문서 기술 분야의 거대 기업인 제록스의 연구개발 부서 중 하나인 팰러앨토 리서치 센터에서 그래픽 유저 인터페이스를 탑재하고 클릭할 수 있는 아이콘과 마우스를 갖춘 첫 개인용 컴퓨터를 개발했을 때 회사 경영진은 이 새로운 발명을 인정해 주지 않았다. 당장 그 프로젝트를 상업화해 새로운 시장에 대한 지배력을 확보하기는커녕 흥미로운 연구 정도로 취급했다. 심지어 젊은 스티브 잡스를 포함한 외부인들에게 상세히 보여주기까지 했다. 잡스는 이때 본 것 중 핵심 내용을 응용해 초기 애플 컴퓨터에 넣었다. 이 회사의 사무기기 분야에서의 경험은 개인용 컴퓨터의 잠재성을 알아보는 데에 길잡이가 되어주지 못했다.

하지만 제록스를 너무 몰아세우지는 말자. 제록스도 한 세대 전에는 기술 혁신을 기막히게 포착하는 선견지명을 발휘했다. 1940년대에 물리학자이자 특허 변호사인 체스터 칼슨이 복사 기술을 발명했을 때 그 잠재성을 알아본 기업은 제록스 하나뿐이었다. GE와 IBM을 비롯한 십여 군데의 사무기기 기업들은 하나같이 관심을 보이지 않았다. 사무기기 기술 분야에서 그들의 경험 또한 복사 기술의 잠재성을 알아보는 데에 길잡이가 되어주지 못했다.

제록스 사례를 보면 과거에 혁신적인 기술을 알아봤다고 해서 다음에도 알아본다는 보장은 없다. 심지어 이 경우는 그래픽 유저 인터페이스가 탑재된 개인용 컴퓨터가 제록스의 문을 두드린 것도 아니었다. 제록스가 직접 개발한 아이디어였다.

따라서 창의성 영역에 있어 우리의 환경은 적대적이다. 특정 분야에 잔뼈가 굵었다고 해서 그 분야의 새로운 아이디어에 대한 잠재성을 알아보는 능력이 절로 생기지는 않는다. 어느 분야든 혁신이 일어나면 과거의 교훈에 정면으로 위배되는 파괴적 혁신을 가져오는데, 이 앞에서는 경험도 맥없이 무너진다. 하지만 이처럼 과거의 경험을 믿고 미래를 잘못 예측하는 것만이 문제는 아니다. 아이디어가 진화해 가는 〈과정〉을 상세히 알지 못한다는 문제도 있다. 그 때문에 혁신적인 아이디어가 실제로 구현되는 과정이 더욱 신비화되어 있는 것이다.

어떤 아이디어가 점차 인기를 끌고 성공하기까지의 많은 세부적인 사항들과 시행착오 등의 상세한 과정들은 소비자들이 직접 경험할 수는 없는 것들이다. 하룻밤 사이의 갑작스러운 성공은 전설이 되고 그 성공 전까지 수개월 혹은 수년간의 힘든 협업과 우연한 발견, 수많은 실패, 재설계 등의 과정은 보통 소비자의 눈에는 보이지 않는다. 그 결과 우리는 창의성과 혁신, 창업가 정신은 보기보다 복잡하고 예측이 어렵다는 사실을 제대로 모르는 경우가 많다. 이런 오해 때문에 학교와 일터, 공동체에서 혁신 프로세스를 제대로 설계하지 못하고, 따라서 우리가 발휘할 수 있는 창의성에도 계속 제동이 걸린다.

사람들은 아이디어를 생각해 내는 능력은 뛰어난 반면, 그 아이디어를 판단하는 능력은 떨어진다. 새로운 기회를 포착하고 아이디어를 구체화할 때 경험이 어떻게 걸림돌이 되는지 알게 되면 경험의 함정에 빠지는 대신 경험의 힘을 현명하게 이용하는 전략을 짤 수 있다.

과거의 경험으로는
미래를 내다보지 못한다
—

과거와 미래 사이에 〈차이〉가 클수록 과거의 경험이 미래를 예측하는 데 도움이 되지 않는다. 혁신 그 자체가 과거와 미래의 차이를 불러오는 주요 동력이기 때문에 획기적인 아이디어일수록 과거의 경험을 바탕으로 재단할 경우 미래의 결과를 정확하게 판단하기 어렵다. 이런 이유로 창의적인 아이디어에서 시작된 프로젝트들은 미래를 제대로 예측하지 못하는 관리자의 손에 거절당하기 마련이며, 이미 살펴보았듯이 해리 포터 시리즈와 구글, 개인용 컴퓨터, 복사 기술이 그 대표적인 사례다. 그리고 비슷한 경우는 얼마든지 더 있다.

온라인 숙박 공유 플랫폼 에어비앤비의 창업가들은 사업 초기에 투자회사 다섯 군데로부터 받았던 투자 거절 통지문을 최근에 공개했다. 다섯 곳 모두 그들 아이디어가 사업성이 낮다고 평가했다. 또 다른 두 군데는 회신조차 하지 않았다. 비록 공개하기는 꺼리겠지만, 아무리 노련한 투자가라도 과거에 적어도 몇 번쯤은 오판한 경우가 있을 것이다. 그 중 베서머 벤처 파트너스Bessemer Venture Partners는 의연하게도 자사의 웹사이트에 안티포트폴리오Anti-Portfolio라는 항목을 만들어 공개했다. 그 페이지에는 면밀한 검토 끝에 그들이 거절한 투자 건을 나열했다. 그 중에는 애플도 있고 이베이, 페이스북, 페덱스, 구글, 인텔, 페이팔, 테슬라까지 있다. 이들은 노련한 투자가들도 성공 가능성을 낮게 판단해 투자 제안을 거절했지만 머지않아 크게 성공한 기업들이다.

이러한 산발적인 사례에 비해 실제 상황은 더 암울하다. 우리가 알고 있는 건 그 같은 거절을 딛고 성공한 기업뿐이다. 그렇다면 성공 가능성이 있는데도 거절당한 후 포기한 아이디어들은 어떨까? 투자 유치 실패 사례들은 제아무리 많아도 우리 눈에 띄지 않는다. 그 아이디어를 경험하기도 전에 사라져버린 것이다. 또 승인받고 투자를 유치했지만 결국 얼마 가지 못하고 실패한 아이디어들은 어떤가? 이 경우 대부분은 아이디어를 낸 사람들과 거기에 투자한 사람들 모두 실패담을 묻어버리고 싶어 한다. 따라서 성공적으로 출발했다가 완주하지 못하고 단명한 사례 역시 우리는 경험하지 못한다. 이러한 왜곡은 결국 성공한 아이디어를 지나치게 미화하게 만들 수밖에 없다. 그러므로 우리는 눈에 보이는 성공 사례가 이전의 많은 실패 사례와 그리 다르지 않을 수도 있다는 현실을 무시하게 된다.

지금껏 살펴보았듯이 아이디어의 창시자라고 해서 선견지명이 뛰어난 것만도 아니다. 심지어 구글과 제록스처럼 미래를 내다보는 안목이 뛰어난 기업도 내부에서 나온 아이디어의 잠재성을 명확히 알아보지는 못했다. 다행히 두 기업 모두 계속 발전하긴 했지만, 뛰어난 초기 아이디어를 많이 보유하고도 그 중 가장 가능성 높은 아이디어조차 발전시키지 못한 기업들은 어떤가? 최근 연구 결과에 따르면 기업은 일반적으로 내부 프로젝트의 우선순위를 제대로 매기지 못하는 것으로 드러났다.

잘 알려진 사례로 1975년에 디지털 카메라를 처음 개발한 코닥이 있다. 코닥의 경영진들은 이 프로젝트를 그리 중요하게 취급하지 않았다. 대신 아날로그 카메라 시장의 경험을 지나치게 믿고 이 새로운 기술이 얼마나 성공할지, 얼마나 순식간에 시장의 판도를 바꿔놓을지 제대로 가늠하지 못했다. 그럼으로써 사업 기회를 놓쳤을 뿐 아니라 내부에서 발명한 기술의 희생양이 되어 대규모 손실을 겪게 되었다.

이런 모든 이유로 인해, 과거에 대한 관찰과 지식을 바탕으로 한 경험은 혁신적인 아이디어가 어떻게 미래를 바꿔나갈 수 있는지를 판단하기에는 〈신뢰할 수 없는 지침〉이 된다.

창의성을 중시하는 기업들은 선견지명의 부족이라는 어려움을 어느 정도 덜기 위해 경험이 풍부한 노련한 책임자들의 영향력을 낮출 수 있는 방안을 찾기 시작했다. 일례로 출판계에서는 디지털 기술 덕택에 소수의 전문 편집자가 아닌 다수의 소비자들이 책의 성공 가능성을 평가할 수 있게끔 하는 자가 출판이 폭발적으로 늘었다. 또한 다다DADA.nyc나 춘Choon 같은 플랫폼들은 블록체인 인프라를 과감하게 적용해 미술이나 음악 아티스트에 대한 평가 권한을 나누고 있다. 크라우드 펀딩 사이트 역시 장래 창업을 꿈꾸는 사람들이 수십만 명으로부터 소액을 투자받을 수 있게 중개함으로써 누구든 전문 투자가에게 의존하지 않고도 제품을 출시하고 사업을 시작하도록 길을 터주고 있다. 이제 어느 분야든 아이디어를 가진 사람은 〈제한된 소수의 경험〉에서 나온 직관적 판단을 건너뜀으로써 미래를 자기 손으로 주도할 수 있게 되었다.

경험이 쌓일수록
〈능숙함의 함정〉에 빠진다
—

특정 분야에 대한 경험이 많고 지식이 깊을수록 시야와 접근 방법이 더욱 경직되어 예상치 못한 기회를 알아보는 데 방해가 될 수 있을까? 이 문제에 대한 정답은 그리 간단치 않다.

인간의 주의력은 매우 한정된 자원이다. 그렇기 때문에 부주의 맹시inattentional blindness, 즉 극도로 집중해서 무언가를 관찰할 때면 관심 없는 대상은 아무리 그곳에 있어도 전혀 보지 못하는 현상이 발생할 수 있다. 부주의 맹시 개념은 심리학자 대니얼 사이먼스와 크리스토퍼 차브리스의 〈보이지 않는 고릴라〉 실험으로 유명해졌다.

실험에서 연구자들은 실험 참가자들에게 서로 다른 색 옷을 입은 학생 두 그룹이 농구공을 패스하는 동영상을 보여준다. 그 다음 실험 참가자들에게 이 동영상에서 한 그룹이 공을 몇 번 패스했는지 세도록 했다. 그런데 영상 중간쯤 고릴라 복장을 한 사람이 화면을 가로질러 걸어가며 카메라를 향해 동작을 취하기까지 한다. 실험 참가자들은 농구공 패스 횟수는 정확하게 센 반면 대부분 고릴라가 화면에 등장한 것은 알아차리지 못했다. 그들이 고릴라를 찾고 있던 것이 아니었기 때문이다. 그 반대의 경우도 통한다. 우리 저자들이 워크숍을 진행할 때 참가자들에게 같은 동영상을 보여주며 이번에는 (농구공 패스 횟수를 세면서) 고릴라를 찾아보라고 했다. 그 결과 참가자들은 패스 횟수를 정확하게 세기 어려워했다. 이처럼 한 가지에 집중하면 다른 것들은 감춰진다.

두 심리학자는 후속 연구를 진행한 뒤 농구에 대한 전문 지식과 경험을 갖춘 사람들이 패스 횟수를 정확하게 세면서도 고릴라까지 알아차릴 확률이 높다고 밝혔다. 농구 전문가들은 비전문가인 첫 번째 실험 참가자들에 비해 당장 주어진 과제에 얽매이지 않고 주의력을 자유롭게 쓸 수 있는 듯했다. 따라서 어떤 상황에서는 주의력을 유연하게 활용하고 예상하지 못한 것을 알아차리는 데 경험이 도움이 될 수 있다. 분명 좋은 소식이다. 하지만 이 공식이 늘 통할까? 보다 현실적인 문제에 직면했을 때는 어떤 일이 벌어질까?

최근 한 실험에서는 영상의학 의사와 일반인 그룹을 비교했다. 두 그룹에게 폐사진을 한 뭉치씩 나누어 주었는데 그 중 몇 장에만 흑백으로 작은 고릴라를 그려 넣었다. 다행히 영상의학 전문의들은 일반인보다 암세포를 훨씬 잘 찾아냈다. 이들은 고릴라도 일반인들에 비해서는 더 잘 찾아냈지만 전체적으로는 별로 많이 발견하지 못했다. 전문의 24명 중 20명이 폐사진에서 암세포를 찾는 동안 고릴라를 놓쳤다. 시선 추적 기술을 이용해 확인하자, 전문의 다수가 고릴라가 그려진 영역을 바라보면서도 정작 고릴라는 찾아내지 못했다.

이러한 연구들이 어떻게 창의성과 관련된 주의력의 본질을 밝혀낼 수 있을까?

예술적 상상력을 동원하든, 문제 해결력을 요하든, 진퇴양난의 상황을 해결하든, 창의적인 행위에 몰두할 때 고릴라가 깜짝 등장해 끊임없이 사람들의 주의력을 시험한다. 여기서 고릴라는 글자 그대로의 동물이 아니라, 창의성이 필요한 당면 과제를 새로운 눈으로 보게 해주는 뜻밖의 연결고리나 예기치 못한 기회들을 의미한다. 실험 결과를 보면 특정 분야에서 어느 정도 경험을 쌓을수록 주의력을 넓히는 데 도움이 될 수 있고 그럼으로써 뜻밖의 운 좋은 발견을 할 기회가 늘어나기도 한다. 그러나 이러한 결과가 늘 보장되는 것은 아니다. 더욱이 경험 때문에 시야가 좁아지면서 창의적인 번뜩임을 얻지 못하는 경우가 있는데 이를 부추기는 방해 요인으로 다음의 두 가지를 들 수 있다.

하나는 기능적 고착화functional fixedness로, 이는 사물이나 도구의 가장 핵심 용도에 심리적으로 지나치게 얽매이는 것을 말한다. 가장 유명한 사례로 상자에 실이나 압정, 접착제, 성냥 등 자잘한 물건을 담아 참가자들에게 주며 초를 벽에 붙여보라고 한 실험이 있다. 이때 물건을 담고 있던 상자 역시 초를 지지하는 받침대로 쓰일 수 있다는 것을 깨닫기는 쉽지 않다. 기능적 고착화 때문에 한 가지 사물에 여러 기능이 있을 수 있다는 사실을 간과하기 쉽다.

특히 빠르게 변화하는 분야일수록 경험에 갇혀 사물의 일부 기능이나 성질에만 집중한다면 효과적으로 대응하지 못할 것이다. 아이디어 하나로 운명이 뒤바뀌는 오늘날에는 늘 하던 대로 생각하고 행동하면 오히려 의외의 요소를 알아차려 그것을 기회로 만드는 데 걸림돌이 된다. 즉 경험에 단련되어 예리해진 전문성에 가로막혀 새로운 아이디어의 잠재력을 온전히 깨닫지 못하는 것이다.

더 나아가 경험이 쌓일수록 〈능숙함의 함정competency traps〉에 빠져 독창성을 발휘하기 어렵다. 경험에 의한 학습을 연구하는 경영학자 하지르 라만다드와 넬슨 리페닝, 존 스터먼은 다음과 같이 설명한다.

"반복과 연습을 통해 능숙해지기도 하지만, 새롭고 어쩌면 더 뛰어날 수도 있는 방법을 시도하기 어려워지기도 한다. 습관과 타성이 쌓이면서 역설적이게도 능숙해지기 때문이다."

무언가에 능숙해질수록 새로운 실험을 하고 다른 방법을 시도할 경우 기회비용이 커질 수밖에 없다. 하지만 주변 환경이 큰 폭으로 빠르게 변하면 정해진 틀과 전문성에 갇혀 장기적으로 성과가 떨어진다. 이런 함정에 빠지면 핵심 역량이 〈핵심 경직성〉으로 바뀌어 변화하는 환경에 적응하기 더욱 어려워진다.

많은 경우 부주의 맹시와 기능적 고착화, 전문화된 능숙함은 모두 장점이 있다. 선택과 결정의 효율과 효과를 높이기 때문이다. 세 가지 모두 경험이 쌓일수록 강화되는 특성이다. 하지만 장점만큼 결정적인 손해도 따른다. 이런 특성들은 창의성을 억누른다. 경험에서 배운 것을 너무 철두철미하게 받아들였다가는 창의성을 발휘할 기회를 놓칠 수 있다. 시야가 좁아지고, 사물과 아이디어의 익숙한 용도만 생각하고, 새로운 탐색을 어렵게 만들어 능숙함의 함정에 스스로 빠지기 때문이다.

정작

물밑에서 벌어지는 일은 보지 못한다

—

『해리 포터』 시리즈의 첫 권이 대성공을 거둔 뒤 해리 포터 제국이 발전한 과정은 자세히 알려졌다. 우리는 구글이 처음으로 웹사이트를 연 후 어떤 일이 벌어졌는지도 잘 안다. 또 개인용 컴퓨터 시장이 폭발적으로 성장한 과정을 직접 겪은 사람도 많다. 어떤 아이디어가 큰 인기와 성공을 누린 다음에 일어난 일들은 우리의 경험에서 더욱 뚜렷이 부각된다. 최종 성과는 나중에 보면 생생하고, 필연적이며, 심지어 뻔해 보인다. 그러나 그 결과는 눈에 보이는 빙산의 일각일 뿐이다. 성공에 이르기까지의 나머지 과정은 우리 눈에 보이지 않는다.

성공한 아이디어의 첫 콘셉트는 무엇이었는가? 그 아이디어는 점차 어떻게 진화했는가? 누가 관여했고, 그들은 아이디어를 어떻게 발전시켰는가? 실제로는 이런 세세한 부분이 창의성의 프로세스에서 가장 큰 비중을 차지하는데도 은근슬쩍 묻힌다. 아이디어가 처음 형태 그대로 보존되는 경우는 거의 없다. 이를 발전시키는 과정이 얼마나 복잡한지 제대로 인정하지 않으면 창의성이 무엇인지, 아이디어의 잠재력을 최고조로 끌어올리는 진정한 동력은 무엇인지 오해하게 된다.

픽사를 예로 들어보자. 픽사의 애니메이션이 얼마나 큰 성공을 거뒀는지는 잘 알려져 있다. 이들은 개봉작마다 블록버스터급 성공을 거두며 산업 전체에 대변혁을 일으켰다. 누구도 이런 성공을 부정할 수는 없을 것이다. 하지만 픽사의 아이디어가 정말 그렇게 탁월한가?

이런 영화 콘셉트를 들었다고 상상해 보자. 쥐 한 마리가 등장해 어수룩한 어떤 청년의 머리카락을 잡아당겨 고급 프랑스 요리를 만드는 영화. 블록버스터급 성공작처럼 들리는가? 2007년작 애니메이션 「라따뚜이Ratatouille」를 좋아했던 관객들도 아이디어만 들었다면 틀림없이 성공 가능성을 매우 낮게 점쳤을 것이다. 괴팍한 할아버지가 파티용 풍선 덕에 집을 타고 날아다니는 모험 이야기(「업Up」)나, 상자처럼 생긴 말 못하는 로봇이 버려진 지구에 남아 쓰레기를 줍는 이야기(「월이WALL-E」)도 마찬가지다. 첫인상만으로는 그리 대단한 아이디어 같진 않다. 하지만 아카데미상 수상에 빛나는 최종 결과물은 관객이 직접 경험하지 못한, 픽사라는 기업의 천재성을 피상적으로만 살펴본다면 놓치기 쉬운 꼼꼼하고 철두철미한 과정을 거쳐 완성되었다.

컴퓨터 공학자이자 픽사와 월트 디즈니 애니메이션 스튜디오의 최고 경영자를 지낸 에드 캣멀은 아이디어 자체보다는 이후에 그것을 발전시키는 과정이 훨씬 중요하다고 강조한다. 다양한 능력을 지닌 사람들이 조화롭게 성과를 내고, 원활하게 터놓고 소통하며, 서로의 아이디어에 편승해 더욱 발전시키고, 문제가 발생하기 전에 예방하고, 지난 프로젝트를 돌아보며 제대로 배울 수 있는 업무 환경을 만들고 유지해 가는 일은 결코 만만치 않다. 픽사의 진정한 성과는 이런 정교한 업무 체계를 고안하고 발전시킨 데 있다.

하지만 대부분은 이 같은 빙산의 아랫부분을 보지 못한다. 오히려 창의성에 대한 과거 경험에 갇혀 성공에 이른 최종 결과물과 화려한 조명을 받는 몇몇 창시자만 칭송하고, 눈에 보이진 않지만 수많은 창의적인 담당자들과 위험을 무릅쓰는 창업가들 손끝에서 이뤄지는 복잡하고 반복적인 프로세스는 무시한다. 이런 전체 과정 없이는 우리가 열광하는 그 어떤 아이디어들도 결코 세상에 나오지 못했을 것이다.

아이디어가 성공하고 대중화되기 이전에 물밑에서 벌어지는 일들은 대부분 우리가 직접 볼 수 없기에 우리의 경험에서는 쏙 빠져 있는 반면, 성공 이후에 일어나는 일들은 끊임없이 부각된다. 그 결과 창의성은 베일에 싸인 것처럼 특별한 사람들만의 전유물처럼 보이고, 그 결과 우리는 스스로 아이디어를 만들고 발전시킬 엄두를 내지 못하게 된다.

하지만 보통 사람도 경험의 한계를 넘어본다면 혁신적인 아이디어로 인정받는 사람들에 비해 그다지 재능이 모자라지 않다는 것을 깨달을 수 있다. 그러니 아이디어가 어떤 평가를 받을지 지나치게 걱정하지 말아야 한다. 대신 아이디어를 구현하는 창의성의 프로세스를 구축하고 적용하는 데 집중해야 한다.

창의성은
개인의 한정된 경험으로는 발휘되지 않는다
—

여러분이 새로운 기업이나 새로운 방법, 새로운 제품이 탄생할 수도 있을 만한 문제를 해결하려 한다고 가정해 보자. 새로운 지식을 습득하는 데 도움이 되는 앱을 개발할 수도 있고, 기업에서 직원들의 성과를 높이는 시스템을 개발할 수도 있고, 일상에서 흔히 접하는 문제를 쉽고 빠르게 해결하는 지원 서비스를 기획할 수도 있다. 핵심은 새로운 방식을 시도해 본다는 것이다. 우리는 이 시도가 듣도 보도 못한 새로운 것이기를 바란다. 온전히 나만의 것이어야 하고 독창적이어야 한다. 그런데 관심 주제에 대한 정보를 수집할수록 이미 누군가가 이 문제를 고민하고 해결해 본 적이 있다는 사실을 발견하게 된다. 어떤 아이디어를 생각해도 완전히 독창적인 것은 없어 보인다. 적잖이 실망스럽다. 울적하고 무능한 기분이 들기도 한다.

하지만 새로운 아이디어나 해결안을 도출하려 할 때 〈독창성originality〉을 얼마나 따져야 할까? 독창성이라는 개념에는 아이디어의 원천이 전 과정을 통틀어 가장 중요하다는 전제가 깔려 있다. 영감은 아이디어를 고안한 사람의 머릿속에서 나와야 하며, 그 사람은 남들이 한 번도 생각해 보지 못한 아이디어를 생각해 내기 위해 노력해야 한다는 것이다. 경험이 쌓여 배운 것이 많아질수록 이 생각은 굳어진다. 왜냐하면 선견지명이 있는 몇 안 되는 혁신가들의 화려한 〈결과물〉만을 계속 접해 왔기 때문이다.

하지만 사실은 대부분의 중요한 미해결 문제들은 상당히 복잡하며 수없이 많은 사람들이 세계 곳곳에서 동시에 그것의 해결을 위해 각자 노력하고 있다. 문제가 복잡할수록 단 한 명의 개인적인 경험과 지식만으로는 해결하기 어렵다.

독창성을 창의성creativity의 핵심 요소로 보는 시각 때문에 문제 해결을 꿈꾸는 사람들은 잘못된 굴레에 갇힌다. 자기 관점만 중요하게 여기거나 심지어 자기 관점에만 전적으로 의존하는 것이다. 이러한 사고에 갇히면 불필요하게 타인의 업적을 무시하게 된다. 아이디어를 내려는 사람은 다른 전문가들이 발명하고 개선시킨 해결안까지도 처음부터 새로 만들어야 한다는 압박에 시달린다.

독창성을 지나치게 중요시하는 시각은 언뜻 보기에 주변의 창의적인 아이디어를 겪어본 경험에서 우러난 것 같지만 곰곰이 따져보면 이는 창의성을 방해하는 주범이다. 연구개발 실무자들과 창의성 전문가들은 이런 경향을 다양한 이름으로 불러왔는데, 대표적으로 자신이 직접 개발하지 않은 연구 성과는 남의 자식 취급하는 〈NIH(not-invented-here, 여기서 발명하지 않았다) 증후군〉과 이미 존재하는 해결안도 처음부터 다시 만들려는 〈수레바퀴부터 새로 발명하기let's-reinvent-the-wheel 증후군〉이 있다. 이름이 어떻든 간에 이런 성향은 다른 사람이 먼저 생각했다는 이유만으로 가치 있는 기존 해결안까지 무시하거나 거부하는 과오를 낳는다.

『표절의 문화와 글쓰기의 윤리*The Little Book of Plagiarism*』에서 법학자인 저자 리처드 포스너는 역사를 통틀어 인류가 어떻게 남의 아이디어를 차용해 발전해 왔는지 살펴본다. 포스너에 따르면 셰익스피어의 시대에는 창의성이란 독창성보다는 모방과 개선에 가까운 개념이었다. 심리학자이자 작가인 애덤 그랜트는 『오리지널스*Originals*』에서 다음과 같이 설명한다. "우리의 생각은 주변 세계로부터 받아들이는 정보의 영향을 받는다는 의미에서 순수하게 독창적인 것은 없다. 우리는 의도했든 의도하지 않았든 끊임없이 다른 사람의 생각을 빌린다." 그랜트는 독창성을 "어떤 분야에 비교적 생소하면서 그 분야를 개선할 잠재력이 있는 아이디어를 도입하고 발전시키는 것"이라고 설명한다.

이와 유사하게, 다큐멘터리 시리즈 「모든 것은 리믹스다Everything Is a Remix」에서 제작자 커비 퍼거슨은 우리 주변의 모든 것이 이미 존재하는 다른 무언가를 교묘하게 재정의한 결과물이라는 관점으로 이 현상을 깊이 탐구한다. 이 시리즈에 등장하는 수없이 많은 혁신적인 아이디어와 해결안은 과거의 아이디어에 기초하지 않았다면 탄생할 수 없었다.

사례는 무궁무진하게 많다. 구텐베르크의 활판 인쇄기는 물론 혁명적인 발명이었다. 하지만 이 같은 첫 기계식 인쇄기를 만드는 데 필요한 부속품들은 이전에도 있었다. 최초로 자동차를 대량생산했던 조립 라인 방식도 헨리 포드가 처음 발명한 것은 아니었다. 현대식 조립 라인의 여러 구성 요소들은 한 세기 전부터 다른 엔지니어와 기업가들이 꾸준히 발명해 왔다. 하지만 헨리 포드는 이 모든 요소를 가장 효과적으로 조합할 수 있었고 결국 이 시스템에서 모델 T 자동차(포드 자동차가 저가격을 원하는 소비자들의 욕구에 부응하여 만든 승용차)를 생산했다. 덕분에 자동차는 과거의 맞춤 제작한 사치품에서 일반인 수백만 명이 구입할 수 있는 표준화된 제품으로 변모했다.

에디슨의 전구 또한 세계 최초가 아니라 과거에 이미 존재한 수많은 설계안들의 개선안이었으며 동시에 가장 상업적으로 현실성 있는 상품이었다. 한편 에디슨이 유성기를 처음으로 발명하긴 했지만 그의 첫 설계안은 별로 쓸모가 없었다. 하지만 알렉산더 그레이엄 벨과 에밀레 베를리너를 비롯해 다른 발명가들이 에디슨의 아이디어를 개선한 후에야 첫 축음기가 탄생했고 그 덕분에 후대에 비틀스와 비욘세가 활동할 수 있었다.

이런 사례를 통해 혁신적인 아이디어의 기준을 알 수 있다. 구성 요소와 원리가 반드시 새로울 필요는 없다. 위대한 발명가들은 다른 사람들의 영감을 가져다가 조합하고 변형하여 중요한 문제를 해결하는 방안으로 만든다. 역사상 가장 창의적인 사람 중 하나였던 아이작 뉴턴은 유명한 편지에서 다음과 같이 적었다. "내가 조금 더 멀리 볼 수 있었다면 그건 거인들의 어깨를 딛고 올라섰기 때문이다." 게다가 이 웅변적인 요점을 설명하기 위해 그는 실제로 5세기 전에 출판된 글에서 그 개념을 끌어와서 그것을 더 유려하게 다듬었다.

뉴턴의 지혜나 퍼거슨의 분석과 마찬가지로 작가이자 창업가인 데이비드 코드 머레이도 『바로잉Borrowing Brilliance』에서 혁신을 추구할 때 〈타인의 경험에서 도움을 받는〉 과정을 설명한다. 그의 주장에 따르면 이 같은 지식의 이동에서 중요한 요소는 거리다.

누군가가 가까이에서, 예를 들면 치열한 경쟁 상대에게서 아이디어를 빌려온다면 훔쳤다는 비난을 피할 수 없다. 윈도우 운영체제가 맥 운영체제의 그래픽 유저 인터페이스를 적용했을 때 애플은 저작권 침해 소송을 걸었다. 세계적인 인기를 누렸던 전설의 록밴드 레드 제플린은 출처를 제대로 밝히지 않고 다른 음악가의 가사나 선율을 차용해 비난받았다. 하지만 멀리 다른 분야에서 빌려온다면 창의적 천재성을 지녔다고 추앙받을 것이다. 찰스 다윈은 지질학자였던 찰스 라이엘과 제임스 허튼의 연구에서 진화론의 영감을 얻었다. 구글의 초기 페이지랭크 알고리즘은 개별 웹페이지의 링크를 분석해 상대적인 중요도를 따졌는데, 이 체계는 학계에서 연구 결과의 학문적 가치를 따질 때 논문의 인용 횟수를 세는 방식과 비슷하다.

독창성은 우리의 한정된 개인적 경험에 달려 있지만, 창의성은 굳이 그럴 필요가 없다. 그러니 다른 사람의 통찰력과 경험을 정당하게 그리고 효과적으로 빌릴 수 있으려면 현재 골몰하는 문제에서 주의를 돌려 저 멀리서 생소한 곳에서 연결고리와 숨은 기회를 찾아야 한다. 하지만 이 경우에도 경험 때문에 우리의 시야가 좁아지면서 경직돼 이런 창의적 탐색 과정에 방해가 될 수 있다.

경험의 굴레에서 벗어나
독창성과 창의성을 위해 필요한 것
—

분명 어떤 문제나 과제에 대한 지식이 어느 정도는 있어야 독창적인 해결책이나 가치 있는 개선안을 생각해낼 수 있다. J. K. 롤링은 『해리 포터』 시리즈 첫 권이 출간되기 한참 전부터 글을 써왔다. 그처럼 오랜 세월 실력을 갈고닦았기에 수많은 독자가 사랑하는 인물과 주제, 설정을 담은 책을 창작할 수 있었다. 제록스 팰러앨토 리서치 센터에서 그래픽 유저 인터페이스를 개발하고 구글의 검색 엔진을 탄생시킨 전문 개발자들 역시 학업이나 연구로 다진 실력이 있었다. 경험이 쌓이면 창의력도 쌓인다. 물론 경험을 제대로 활용하고 체계화해야 가능하다. 그렇다면 창의성을 발휘할 수 있도록 우리의 경험을 〈최적화〉하려면 어떻게 해야 할까?

가치 있는 문제를 발견하고, 타인의 경험을 받아들여 더 나은 해결책을 찾고, 예기치 못한 기회를 포착하도록 시야를 유연하게 조절하려면, 우리 각자가 자율적으로 활용할 수 있는 시간과 공간이 필요하다. 여기에 스스로 목표를 세우고, 다양한 아이디어를 탐색하고, 개인 맞춤 피드백을 받을 수 있다면 더할 나위 없이 좋다. 이때부터는 정말 흥미진진한 일이 펼쳐진다.

여러분은 자신이 즐기는 활동에 몰두하다가 지금 몇시인지, 자신이 어디에 있는지도 완전히 잊은 적이 있는가? 전화나 메시지 확인까지 완전히 잊은 적이 있는가? 이런 일은 운동을 하거나, 예술 활동에 전념하거나, 사랑하는 사람과 시간을 보낼 때에도 일어날 수 있다. 이런 경험을 한 적이 있다면 심리학자 미하이 칙센트미하이가 몰입flow이라고 부른 경험을 한 것이다.

몰입은 난이도가 높으면서 지속적으로 정확한 피드백을 제공하는 일에 크게 흥미를 느낄 때 경험하게 된다. 그동안 다양한 상황에서의 몰입이 연구되었는데, 특히 스포츠에서 선수들이 초인적인 집중력과 성적을 보일 때 가장 두드러졌다. 또한 몰입은 창의성의 과정 중 정점이라고 알려져 있다. 심리학자들은 몰입을 할수록 삶의 만족도가 높아진다고 설명하며, 몰입을 〈최적의 경험〉이라고도 부른다. 몰입은 창의성에 자양분이 되는 경험이다. 또한 사람들이 열정을 느끼고 좋아하는 활동에 깊이 몰두할 때 가장 많이 경험하게 된다.

『엘리먼트The Element』에서 교육학자 켄 로빈슨과 작가 루 애로니카는 인생을 걸 만한 일(각자의 엘리먼트)을 찾는 데 성공하고 그 길로 꾸준히 행복하게 정진해온 사람들의 삶을 추적했다. 책에서 두 저자는 작곡가 폴 매카트니, 코미디 배우이자 작가 존 클리즈, 만화가 맷 그레이닝, 무용가이자 안무가 질리언 린, 연주가 믹 플리트우드처럼 각기 다른 배경에서 성공한 창의적인 사람들이 학창시절에는 특별히 우등생이거나 창의적인 학생이라는 인정을 받지 못했다고 설명한다. 이들은 분명 재능이 뛰어났지만 각자 다녔던 교육기관의 저항과 반대에 부딪혔다. 그럼에도 능력과 열정 있는 분야를 발견하고 단련할 수 있는 행운이 따랐다.

로빈슨과 애로니카는 노벨상을 수상한 경제학자 폴 사무엘슨의 다음과 같은 말을 인용했다. "자신에게 놀이처럼 느껴지는 일을 어린 나이에 발견하는 일은 극히 중요하며 이 중요성을 과소평가해서는 안 된다. 이 발견을 하는 순간, 낙오자의 길을 걸을 뻔한 사람도 행복한 전사로 변한다." 이 발견이 반드시 성공을 보장하는 것은 아니지만 성공을 향한 여정은 분명 더욱 내밀하고 흥미진진하며 즐거워진다.

어릴 때 이런 탐색 과정을 거쳤다면 현재 학생으로서, 예술가로서, 과학자로서, 직원으로서, 창업가로서 더 유능해졌을 테지만, 안타깝게도 우리 대다수는 처음부터 자신만의 다양한 흥밋거리를 찾아나설 시간도 공간도 넉넉하지 않았다. 이처럼 종종 과감한 실험과 시행착오, 낙방, 실패를 거쳐야 하는 극히 중요한 탐색 과정은 많은 사람들의 경험에서 빠져 있으며, 이로 인해 결국 개인의 창의적 잠재성도 발휘하지 못하고 전반적인 행복감도 떨어진다.

이 문제를 해결하는 방법 중 하나는 일터나 학교, 사회생활에서 우리 자신의 창의성 발굴을 위해 개인의 시간과 공간을 확보하는 것이다. 사람들은 이 시간과 공간을 자유롭게 활용해(또는 활용하지 않고) 문제를 포착하고, 다양한 시도를 해보고, 연결고리를 알아차리고, 우연한 발견을 할 수 있다. 그러기 위해 환경을 관리하는 사람들(교사, 상사, 기업주 등)은 전반적인 조직 운영을 매끄럽게 유지하면서도 어느 정도 권한을 내려놓고 예상치 못한 기회를 발굴할 수 있도록 장려해야 한다. 만만치 않겠지만 불가능하지도 않다.

수년 전 우리 저자 중 한 명은 정기적으로 일본의 무술 아이키도를 배웠다. 아이키도 수업에는 유단자부터 초보자까지 다양한 수준의 사람들이 참여했다. 검은 띠를 두른 사람들을 제외하고는 수련생들 사이의 수준 차이는 확연히 드러나지 않았다. 수업은 예상과 달랐다. 첫눈에는 평범해 보였다. 학생들은 모두 이 분야의 최고 전문가(스승 혹은 사범)에게, 또 서로에게 배우기 위해 널찍한 도장에 앉아 있었다. 하지만 수업이 시작되자 매우 생소한 일이 벌어졌다. 사범을 포함해 누구도 입을 열지 않는 것이다.

아이키도에서는 공격해 오는 상대의 힘을 역이용해 상대를 제압한다. 원리가 무척 아름답다. 하지만 이 원리가 실제 효과를 발휘하려면 동작을 구성하는 모든 부분이 조화를 이루어야 하며 조금이라도 조화가 깨지면 역이용의 동력이 깨진다. 훈련생들은 기술을 충분히 이해하고 철저히 연습한 끝에 본능처럼 자연스럽게 수행할 수 있어야 한다. 자전거 타기와 마찬가지로 아이키도 역시 경험을 통해서만 익힐 수 있다. 하지만 자전거 타기와 달리 상대와의 상호작용을 거쳐야 하는데 이 상대 역시 상호작용을 거쳐 경험을 통해 배운다.

이처럼 복잡한 기술을 가르치는 데 말을 전혀 사용하지 않다니, 처음에는 이상할 수 있다. 방법을 말로 설명하는 대신 사범은 참가자 중 누군가를 가리키고, 기술 이름을 모두에게 들리도록 큰 소리로 말한 뒤, 특별한 설명 없이 지명된 학생을 상대로 다양한 속도와 각도로 기술을 선보인다. 나머지 학생들은 말없이 지켜본다.

시범이 끝나면 모두 되는대로 짝을 찾아 연습을 시작한다. 이번에도 별로 대화는 없다. 이 방법대로 연습함으로써 학생들은 자신과 상대가 어떤 관점으로 접근하는지에 온전히 집중하고 미세한 비언어적 피드백에도 주의를 기울일 수 있다. 모두 외부의 방해 없이 지금 이 순간 자신들이 해야 할 것에 곧장 몰입한다. 사범은 지켜보다가 때때로 어느 한 쌍에게 끼어들어 동작을 다시 보여준다. 그리고 수업이 끝나면 학생들은 마치 아무 일 없었다는 듯 흩어져 각자의 삶을 이어간다.

아이키도 수업 전체가 모두 침묵 속에서 이루어지는 것은 아니지만 침묵 속에서 진행될 때에는 학생들이 몰입하고 기술을 단련할 시간과 공간이 주어진다. 이런 수업에서는 아이키도라는 무술을 접하는 학생 개개인의 독특한 접근 방식을 적정한 선에서 존중해 준다. 사범은 학생들이 배우는 과정이나 성취도를 일일이 통제하지 않는다. 기초가 제대로 잡혔는지는 확인하지만 학생들 틈을 헤집고 다니며 모범답안에서 조금이라도 달라질 때마다 교정해 주지는 않는다. 끊임없이 상대와 상호작용하며 각각의 독특한 방식대로 기술을 연마하는 것은 참가자 개인의 몫이다.

무술 도장 밖에서는 경험의 함정을 피하기 위해 이러한 자율적인 시간과 공간이 더 중요하다. 배움에 이런 관점으로 접근하면 아이디어를 내는 사람도 우연히 적당한 곳에서 적당한 때를 만날 가능성이 높아지면서 아이디어의 양과 질도 향상된다. 이때 사람들은 자신뿐 아니라 다른 사람의 창의성이 발현되는 과정도 얼마나 복잡다단한지 직접 보고 인정할 수 있을 것이다. 또한 타인의 경험에서 배우고 타인의 경험을 토대로 자신의 아이디어를 더욱 발전시키는 것도 활성화될 것이다. 언뜻 보기에는 관련 없는 일에 주의를 돌릴 기회도 생기고 그러다가 예상 밖의 수확을 얻을 수도 있다. 또한 각자 관심이 높은 분야나 방식을 찾아내고 거기에 노력을 쏟아부어 자신만의 잠재력을 실현할 수 있을 것이다.

오늘날의 조직과 기관에서는 구성원들에게 자율적인 학습을 할 수 있는 기회를 주려고 적잖이 노력해 왔다. 혁신적인 기업들은 매우 다양한 전략을 시도해 왔다. 3M과 구글 같은 기업은 직원들이 업무 시간의 일부를 할애해 각자 관심 있어 하는 영역을 마음껏 탐구하는 제도를 시행하기도 했다. 이때 기업들은 그런 과정을 통해 나온 직원들의 아이디어에 귀기울이고 몇몇 아이디어에는 투자하기도 하며 이 과정을 통해 복잡하고 예측하기 어려운 사업 환경에 적응하는 역량을 기른다.

이 과정에서 아이디어 중 일부를 실제로 구현하는 일이 핵심 요소임을 유념해야 한다. 제록스 팰러앨토 리서치 센터는 직원들에게 위와 같은 자율성을 충분히 주었고 그 결과 그래픽 유저 인터페이스와 개인용 컴퓨터를 포함한 수많은 혁신적인 결과물을 얻었다. 하지만 경영진은 결과물을 세심하게 검토하고 개발하는 데 실패했다. 아이디어를 도출한다고 해서 실제 구현이나 성공을 보장하는 것은 아니다.

오늘날 해커톤(hackathon, 해커와 마라톤의 합성어로, 소프트웨어 개발 분야에서 연관 직업군의 사람들이 한 장소에서 일정 시간 함께 프로젝트를 진행하는 것)은 다양한 산업 영역에서 열리는데 특히 소프트웨어 분야에서 활발하게 개최된다. 보통 기간을 하루나 이틀로 잡아 개발자들이 팀을 이뤄 아이디어를 도출해 마지막에 발표하는 행사다. 기업과 단체들은 이런 행사를 후원하며 선정된 아이디어와 프로젝트는 후한 상을 받는다.

식스시그마six sigma나 카이젠(kaizen, 개선이라는 의미)처럼 체계화된 방법론은 기업의 프로세스를 정밀하게 점검함으로써 제품과 서비스의 질을 개선하는 데 유용하다. 이런 방법론을 용도에 맞게 개조하면 다양한 의견을 수용하고, 외부의 아이디어를 빌리고, 서로 다른 개념을 조합하는 데 효과적으로 활용할 수 있으며,

장기적으로는 결과물의 품질을 높이고 직원의 행복지수도 높일 수 있다.

큰 조직들도 제품과 서비스 개발에 있어 부서 간 경계를 허물고 직급 체계를 없애 팀원 개인에게 의사 권한을 부여하는 애자일agile이나, 아이디어를 빠르게 최소 요건 제품으로 출시한 뒤 시장의 반응을 보고 다음 제품에 반영하는 것을 반복해 성공 확률을 높이는 린 스타트업lean startup 같은 혁신적인 방법론을 적용해 왔다. 이런 방법론은 프로젝트의 최종안이 나온 뒤 한 치의 오차도 없이 정확히 구현하는 대신 프로토타이핑과 실험, 반복적인 수정 보완을 거쳐 차차 안정적인 경험을 완성해 간다.

지금껏 제시한 방안들은 전부 경험이 창의성을 제한하지 않도록 제동을 거는 역할을 한다. 하지만 안타깝게도 이런 방법들은 모두 일반화되지 않은 특이한 경우에 해당한다. 대다수의 기업과 학교, 조직들은 처음부터 개인의 시간과 공간을 자율에 맡기도록 설계되어 있지 않다. 대부분의 관리자들은 새로운 아이디어를 생각해 내거나 다른 사람이 제안한 아이디어를 검토할 여유를 확보하지 못한다. 대신, 지금의 시스템은 모든 운영을 최적화할 방안을 정하고 한 치의 오차도 없이 수행하기 위해 끊임없이 노력한다. 기본적으로 모범답안 한 가지를 정의해 조직에 도입할 수 있고 그것이 목표한 성과로 이어진다고 전제했기 때문이다. 하지만 이 전제부터 오류가 있다.

따라서 현재의 체계 안에서 개인에게 자율적인 시공간을 제공할 수 있는 방법을 모색해야 한다. 그럼으로써 아이디어의 도출부터 선정 및 개발 과정에 경험의 축적으로 인한 달갑지 않은 왜곡과 필터가 끼어들 수 없도록 막아야 한다. 그 과정에서 어디에도 얽매이지 않는 창의성이 발현되면서 빠르게 변화하는 상황에 대비할 새로운 아이디어가 샘솟을 것이다. (이 책의 마지막 부분에서 이 장의 주제와 연관하여 학생은 물론 조직에 속한 직장인들에게 창의성 함양을 위해 그들만의 시간과 공간을 줄 수 있는 구체적인 방법을 몇 가지 제안하고자 한다.)

우리의 경험에서 놓친 것들, 무시해야 할 것들

—

창의성은 개인과 조직이 불확실성과 복잡성 속에서 길을 찾는 데 반드시 필요하다. 그리고 어떤 경험은 창의성을 발휘하는 데 꼭 필요하다. 하지만 경험에는 은연중에 필터와 왜곡이 들어 있어 우리도 모르는 사이에 경험에 속아 자신과 다른 사람의 아이디어와 창의성의 프로세스를 잘못 판단하기도 한다.

이 장을 마무리하며 지금까지 다룬 핵심 내용을 간략히 요약하면 다음과 같다. 창의성을 발전시키는 과정에서 정작 중요한데도 우리의 경험에서 놓친 것은 무엇인지, 또한 무시해야 하는데도 그러지 못한 것은 무엇인지 다시 한번 확인할 수 있다.

■ 우리의 경험에서 놓친 것

창의성의 프로세스. 우리는 보통 성공한 결과는 접하지만 성공하기까지의 과정을 세세하게 보거나 듣지는 못한다. 즉 타인이 이룬 성공의 결과물은 직접 경험하지만 그들이 그러한 성과를 이루기까지의 수많은 시행착오 과정은 직접 경험하지 못한다. 이처럼 경험에 가로막혀 창의성의 실제 원리를 알아보지 못한다.

타인의 경험. 독창성을 추구할 때 우리는 자신만의 좁은 경험의 세계에 갇힌다. 하지만 다른 사람의 경험에 맞서기보다 그들의 경험을 활용하고, 뉴턴의 말처럼 그들의 어깨를 딛고 올라서면 발전 가능성이 높아진다.

몰입의 즐거움. 몰입은 창의성의 자양분이지만 아쉽게도 일상에서 경험할 기회는 거의 없다. 그렇다고 해결 방법이 없는 건 아니다. 자연스럽게 몰입할 수 있도록 개인 생활과 조직 운영을 바꿔 자유로운 사고와 관심 분야에 대한 탐색을 장려하면 된다.

자율성. 누구든 문제 해결에 몰두하고 관심 분야를 개발할 자유로운 시간과 공간이 필요하다. 각 학교와 조직은 엄격히 통제된 운영 방식 안에서도 조금씩 고삐를 늦추고 새로운 방법을 도입해 학생과 직원이 각자의 창의적 경험을 풍성하게 키우도록 장려할 수 있다.

■ 우리의 경험에서 무시해야 할 것

과거. 혁신은 과거와의 결별이다. 그러니 과거의 경험은 새로운 아이디어의 성공 가능성을 판단할 때 도움이 되지 않는다. 시간이 지나 되돌아볼 때에야 아이디어의 진정한 가치를 알 수 있다.

주의력. 우리는 종종 경험에 이끌려 당면한 문제에만 고집스럽게 집중하는 경우가 있다. 하지만 문제의 맥락이 바뀌면 자신의 경험 때문에 부주의 맹시와 기능적 고착화, 능숙함의 함정에 빠지며, 그 때문에 뜻밖의 좋은 기회를 놓치기 쉽다.

창의성은 긍정적인 놀라움, 즉 개인이나 기업, 산업, 사회, 나아가 인류에 도움이 될 새로운 아이디어를 찾고 개발하는 과정에서의 핵심 동력이다. 자신의 경험을 무조건 따르기보다 조금 더 멀리 본다면 창의적 잠재력을 제대로 알아보고 목적에 맞게 이용할 수 있을 것이다.

2

자신과 타인의

성공과 실패 경험에서

배울 때의

문제점

아침형 인간이 되어라.

아침식사 전 물부터 마셔라.

중요한 일부터 하라.

거절하고 또 거절하라.

회의를 피하라.

운동하라.

투지를 발휘하라.

머물러야 할 때와 떠나야 할 때를 알라.

네트워킹하라.

윈윈 효과를 생각하라.

실패하라.

다른 사람에게 신경 끊어라.

성공한 인생을 살고 싶은가? 그렇다면 이 조언들을 따라야 한다. 이 리스트는 성공한 사람들의 공통점을 분석해 이를 바탕으로 선별한 성공의 원칙들이다. 최고 중의 최고들이 시도하고 검증한 것들이다. 그러니 이들의 경험에서 배우자.

좋다. 그렇다면 잘된 것 아닌가.

우리는 목표를 향해 달릴 때 성공한 사람들의 비결을 배우려 노력한다. 성공 사례가 하나뿐이라면 그저 우연의 일치라고 할 수도 있지만, 여러 성공 사례에 어떤 공통점이 있다면 그것을 아는 것은 꽤 유용할 것이다. 이는 합리적인 접근이다. 하지만 〈성공에만〉 초점을 맞추면 자칫 중요한 사실은 놓치는 동시에 딱히 관련 없는 세부적인 것에 현혹될 수 있다. 이렇게 학습한 내용은 오히려 쓸모 없거나 심지어 목표 달성에 방해물이 될 수 있다. 타인의 성공 사례 그 자체는 신뢰할 수 있는 스승이 아니다.

그렇다면 반대로 실패 사례에서 배워야 할까? 무엇이 잘못되었는지 깊이 파고들면 같은 실수를 반복하지 않을 수 있다. 마찬가지로 실패 사례가 하나뿐이라면 그저 불운의 결과라고 할 수도 있지만, 여러 실패 사례에 어떤 공통점이 있다면 그것을 아는 것은 꽤 유용할 것이다. 이는 합리적인 접근이다. 하지만 〈실패에만〉 초점을 맞추면 자칫 중요한 사실은 놓치는 동시에 딱히 관련 없는 세부적인 것에 현혹될 수 있다. 이렇게 학습한 내용은 쓸모 없거나 심지어 목표 달성에 방해물이 될 수도 있다. 타인의 실패 사례도 그 자체로는 신뢰할 만한 스승이 못 된다.

성공 경험담 또는 실패 경험담 둘 중 하나의 사례에서 배우고 자 한다면 의외로 엉뚱한 결론을 내릴 수 있다. 더 나은 전략은 성공과 실패를 〈모두〉 고려하는 것이며, 그 둘의 차이는 어디서 오는지 신중하게 탐구하는 것이다.

타인의 성공 경험담을
전적으로 믿으면 안 되는 6가지 이유
—

성공에 관한 세미나와 책, 기사, 블로그, 트윗은 무궁무진하게 많다. 이런 매체들은 성공한 사람들의 습관과 행동을 일목요연하게 정리해 소개하고 매력적인 일화와 생생한 경험담을 곁들이기도 한다. 이 장 도입부에 소개한 조언 목록은 성공한 사람들의 공통된 행동으로써 성공 관련 온갖 저명한 출판물을 집대성해서 도출한 것이다. 하지만 이렇게 타인의 성공 경험담에서 뽑은 조언은 오히려 성공 사례에서 배울 때의 〈문제점〉을 정확히 지적할 수 있는 유용한 수단을 제공하기도 한다. 마찬가지로 실패 경험담에서 배울 때의 문제점도 알아볼 수 있다.

물론 성공한 개인이나 조직이 어떻게 했는지 상세히 살펴보는 건 나름의 가치가 있다. 그런 성공담을 보면 성취의 무한한 가능성을 깨닫는다. 또 당장 행동할 수 있는 용기를 얻기도 한다. 성공담은 그만큼 의욕을 고취시킨다. 또한 성공한 사람들의 경험에서 우러난 생생한 조언들은 대부분 현실적이고 합리적이라는 느낌이 든다. 눈길을 확 끄는 내용인데다 별로 반박의 여지도 없어 보인다. 이런 황금 같은 조언을 접한 우리는 기운을 얻어 삶의 운전대를 잡고 성공을 직접 일굴 수 있다는 자신감이 든다.

하지만 잠시 회의론자가 되어보자. 타인의 성공 경험담에서 얻은 교훈이 신뢰할 만하다고 확인하려고 애쓰는 대신, 그것들이 어떻게 우리를 속일 수 있는지 살펴보자.

첫 번째 문제는 성공담의 〈정확성〉이다. 만약 성공담의 교훈 중 어떤 것은 애초에 처음부터 사실이 아니었다면 어떨까? 보통 승자들은 성공을 어떻게 이뤘는지 직접 쓸 기회가 주어지기도 하고 말만 해도 이야기로 구성해 주는 사람들이 줄을 섰다. 그 과정에서 미화되는 것도 있으리라는 것을 어렵지 않게 짐작할 수 있다.

성공한 조직에서는 보통 이해관계자에 따라 한 사건을 서로 다르게 해석하고 심지어 반대로 기억하기도 한다. 회사를 같이 세운 공동창업자도 예외는 아니다. 일부 유명 사례는 「소셜 네트워크The Social Network」(페이스북의 성공 이면을 다룸) 같은 블록버스터급 영화를 통해 상세히 알려졌지만 외부에 알려진 이야기에는 과장과 주관적인 판단, 자의적 편집이 포함될 수 있다.

심지어 우리가 접하는 성공담이 정확하다 해도 문제는 있다.

성공을 다룬 자료나 책 등을 살펴보면 성공한 사람이나 조직의 여러 가지 공통점에 바탕을 둔 많은 조언이 금세 무더기로 쏟아져 나올 것이다. 성공한 사람들의 14가지 공통점, 성공한 리더의 10가지 공통점, 성공한 창업가의 8가지 특징 같은 것 말이다. 우리는 이런 공통점들을 곰곰이 따지면서 여기 등장하는 성공의 주인공 모두가 소개된 전략을 빠짐없이 성실히 따랐다고 생각한다. 공통점이란 모두가 공유한다는 특성이니까 말이다. 하지만 정말로 여기 등장하는 성공한 사람 모두가 이 전략들을 〈전부〉 열심히 실천했을까? 늘? 항상?

자세히 들여다보면 성공담 속 주인공들은 대부분 공통된 성공 전략이라고 하는 것 중 〈일부〉만을 따랐다는 것을 알 수 있다. 그중 여럿은 몇 가지만 실천하고 나머지는 모른 척했는데도 불구하고 성공했다. 이처럼 성공담의 정확성이 떨어지면 타인의 성공으로부터 얻는 교훈을 일반화하기가 어렵다.

두 번째 문제는 성공의 〈인과관계〉이다. 만약 우리가 알고 있는 성공한 사람들의 특징이 성공의 원인이 아닌 〈결과〉였다면 어떨까? 행위와 결과 사이의 인과관계를 밝히는 것은 생각만큼 쉽지 않다. 앞에서 언급한 목록에서 다른 사람은 신경 끄라는 항목, 거절하고 또 거절하라는 항목, 회의를 피하라는 항목, 중요한 일부터 하라는 항목을 생각해 보자. 이 모든 항목은 하나같이 멋지게 들리지만, 대부분의 경우 실제로는 성공한 사람들만이 진정으로 누릴 수 있는 사치일 수 있다.

따라서 성공한 사람들의 공통점은 때로는 성공의 원인이 아닌 결과물일 수 있다. 그걸 모르고 타인의 성공 법칙을 무작정 따라 해 보려다가 일정 수준의 성공을 이루기 전에는 절대로 실천할 수 없다는 것을 깨닫게 되면서 현실에 절망할 수 있다.

세 번째 문제는 〈시간〉이다. 지나고 나서는 결과를 다 아니 성공한 다음에는 성공이 어떤지 정의하기 쉽다. 하지만 과거를 되돌아보며 도출하는 교훈이 미래를 예측하는 데 반드시 도움이 되는 건 아니다. 과거에 대해 "나는 처음부터 알고 있었어."라는 감정 때문에 자칫 미래의 성과를 예측하는 데도 근거 없는 자신감을 내세울 수 있다.

우버를 창립하고 CEO를 지낸 트래비스 캘러닉은 2015년 MIT 슬론경영대학원 강연에서 훌륭한 창업자들이 공통적으로 갖춘 요건을 설명했다. 그가 소개한 것 중 하나는 마법magic이었는데, 캘러닉은 이를 "어떤 것이 정말로 특별하다고 느끼는 마음"이라고 설명했다. 하지만 이런 느낌은 나중에 성공을 한 이후에야 제대로 해석하고 평가할 수 있는 반면 우리가 도전하는 기회들은 불확실한 미래에 존재하기 마련이다. 그래서 기회를 알아보거나 머물 때와 떠날 때를 아는 능력이 그토록 마법 같아 보이는 이유도 이 때문이다.

타인의 성공 경험에서 배우는 데 시간이 방해가 되는 이유는 세상이 끊임없이 변하기 때문이다. 빠르게 변화하는 세상에서는 과거에는 효과적이었던 전략도 더 이상 쓸모가 없어진다. 불과 몇십 년 전만 해도 세계 곳곳에서는 대학 졸업장만 있으면 돈과 명예가 따르는 직업을 어렵지 않게 구할 수 있었다. 오늘날에도 대학 졸업장이 여전히 필요할 수는 있지만 예전과는 달리 대부분의 경우 졸업장이 무언가를 보장해 주기엔 역부족이다. 비슷하게 마케팅이나 생산, 혁신 같은 기업 활동 역시 끊임없이 발전하고 있다. 경쟁 구도가 바뀌고, 기술이 발달하고, 새로운 사회 및 경제 동향이 나타나고, 예측하지 못한 변화가 발생하면서 몇 년 전에는 효과가 있었던 방법이라 해도 금방 효력이 없어질 수 있다.

『판단의 버릇*Think Twice*』에서 컬럼비아대 경영대학원 교수인 마이클 모부신은 투자의 세계에서 성공비법이 얼마나 금방 유통기한을 넘겨버리는지 설명한다. 금융업계에서는 애널리스트들이 과거의 데이터와 동향을 바탕으로 미래 예측을 제시하기 마련이다. 하지만 모부신은 "시간이 흐를수록 시장의 통계적 특성도 변하기 때문에 어느 투자자든 어느새 수중에 엉뚱한 자산만 보유하게 될 수도 있다."라고 주장한다. 따라서 과거의 교훈도 끊임없이 새로 업데이트되어야 한다. 시간이 흐를수록 교훈의 효력도 줄어들기 때문이다.

네 번째 문제는 〈취사선택〉이다. 타인의 성공담에서 교훈을 얻을 때는 선택의 문제도 고려해야 한다는 것이다. 만약 실패 사례는 조직적으로 걸러지고 이것이 통계학자들이 말하는 선택 편향으로 이어진다면 어떻게 될까?

이 책 서론에 등장한 사혈요법을 되새겨보자. 죽은 자는 말이 없고 과도한 사혈로 사망한 환자들은 그 치료법에 반대한다는 의견을 피력할 수조차 없다. 반면 생존자들은 사혈이 자신을 살렸다고 믿을 뿐 아니라 이 깨달음을 다른 사람들과 거리낌 없이 나눌 수 있다. 결국 살아남은 자들의 증언에 생생히 담긴 회복의 집단 경험 때문에 사혈요법이 효과적이라는 맹신만 강해진다.

경제학자 로버트 H. 프랭크는 『실력과 노력으로 성공했다는 당신에게Success and Luck』에서 어떤 분야든 고성과자들은 실력과 성실함을 두루 갖췄다고 평한다. 이들은 이른바 생존자로서 (본인을 포함해) 지켜보는 사람들에게 능력주의가 제대로 돌아간다는 인상을 남긴다. 하지만 안타깝게도 실력과 노력이 성공에 필요하기는 해도 그것만으로는 충분하지 않다. 어느 분야든 실력을 갖추고 열심히 노력하는데도 성공하지 못한 사람들을 어렵지 않게 볼 수 있다.

선택의 필터 때문에 일명 생존자 편향(survivorship bias, 성공적으로 살아남은 생존자만을 샘플로 해서 분석하는 오류)이 생긴다. 생존자 편향은 교묘하게 우리의 통제 밖에서 작용하며, 마치 성공을 보장하는 특별한 방법이 있다는 착각을 불러일으킨다. 그렇다면 그만큼 성공하지 못한 사람들은 대체 뭘 잘못한 건가? 아침에 일찍 일어나지 못해서 성공하지 못한 건가? 제때 물을 마시지 않아서 인가? 아니면 운동을 안 해서인가? 기상 시간과 수분 섭취, 운동량 등이 무능력의 지표인가? 물론 그럴 수도 있다. 하지만 수없이 많은 사람들이 할 일을 전부 제대로 하고도 실패했을 가능성이 더 높다.

특히 실패가 성공보다 훨씬 많은 분야에서는 실패자라고 해서 이미 알려진 성공 방법을 생각해 보지 않은 건 아니다. 단순 명쾌한 성공 방정식일수록 성공하지 못한 사람이 미숙하거나 현명하지 못하다는 전제를 바탕에 깔고 있다. 이는 최선을 다하지만 불의의 사고나 어쩔 수 없는 상황 때문에 실패하는 사람들에게 큰 무례를 저지르는 것이다.

다섯 번째 문제는 〈복잡성〉이다. 현실 속 성공 사례에 바탕을 둔 교훈은 우리가 바라는 만큼 광범위하게 적용 가능한 보편적인 법칙으로 확대하기에는 무리가 있다. 특히 개인의 경험담이나 몇 안 되는 사례에서 뽑은 교훈일 때는 일반화하기가 더 어렵다.

현실 세계에는 개인별 다양성이 존재한다. 따라서 상황에 따라 결과에 영향을 주는 다양한 요인들을 제대로 파악하려면 풍부한 증거를 바탕으로 체계적인 분석을 해야 한다. 이에 따라 어떤 사람들은 복잡성 속에서도 보편적인 결론을 내리기 위해 설문조사와 관찰 등으로 수집된 객관적 데이터에 기반한 통계적 분석에 기댄다. 그런 다음 "○○○ 전략을 채택하면 바람직한 결과에 도달할 가능성이 현저히 높아질 것입니다."라는 식의 주장을 펼친다.

그러나 주장의 바탕을 이루는 조사의 통계적 신뢰성이 높다 해도 결론은 그 데이터의 모집단 내에서만 유효하다. 개인 간에는 크고 작은 차이가 있기 때문에 일률적인 해결책은 효과가 없다. 인생살이의 복잡한 문제가 거의 다 그렇듯이, 어떤 성공 전략이든 상황과 맥락에 따라 그 가치가 달라진다.

극단적인 사례를 하나 보자. 담배가 건강에 미치는 악영향을 고려했을 때 누군가에게 금연하라고 충고하는 건 그리 이상한 일이 아니다. 담배를 피우지 않을수록 건강하게 오래 살 가능성이 높아지니 말이다. 하지만 만약 그 사람이 목숨을 잃을 수도 있는 격렬한 전쟁터의 최전선으로 향하는 군인이라면 어떻겠는가? 담배가 일반적으로 건강에 해롭다 한들 지금 이 군인에게도 심각한 문제일까?

이 정도로 극단적이지는 않다 해도 단순한 성공비법들은 사실상 같은 문제를 안고 있다. 관심 분야를 향해 끈질기게 나아가는 투지를 성공의 열쇠로 규정하는 경우를 생각해 보자. 이를 증명하는 관련 연구는 충분히 과학적이고 유의미하다. 상황이나 전략이 잘 맞아떨어진다면 투지와 끈기는 성공의 필수 요소일 것이다. 하지만 사람들은 저마다 다른 방식으로 투지를 실천하는데 이는 보통 잘 드러나지 않는다. 그래서 우리는 성공의 최종 결과물은 보면서도 성공에 이르는 복잡하고 개별적인 과정은 보지 못한다. 그 결과 시시각각 변화하는 환경 속에서 엉뚱한 목표를 향해 무턱대고 달리는 것이 얼마나 무의미한지 놓칠 수 있다.

변화하는 상황에 적응하기를 거부하기보다는 계획을 자주 갱신하고 우연한 만남을 찾아 나서고 역량을 두루 갖추는 것이 보다 영리한 접근일 수 있다. 그렇게 볼 때 투지는 쉽게 도매금으로 매겨질 때도 있지만 실제로는 상황에 따라 조금씩 다르게 해석할 수 있는 섬세한 개념이다. 심리학자 앤절라 더크워스는 그의 저서 『그릿Grit』에서 투지라는 주제를 다방면으로 심도 있게 다룬다. 마찬가지로 운동해라, 실패해라, 윈윈 효과를 생각해라 같은 보기보다 훨씬 미묘한 다른 조언들도 심도 있게 분석함으로써 단순함 뒤의 복잡성을 드러내야 한다.

여섯 번째, 성공에 대해 배울 때 성공한 경우에만 집중함으로써 얻는 게 있으면 그만큼 잃는 것도 있다는 혹독한 〈등가교환〉의 원리를 경시하게 된다. 성공은 비록 때로 외적이고 변하지 않는 가치로 취급받지만, 현실에서는 지극히 사적이고 내적인 개념이며 시간에 따라 달리 정의되는 상태라고 봐야 한다. 미국의 싱어송라이터 밥 딜런은 다음의 한마디로 성공의 지극히 사적인 면을 탁월하게 표현했다.

"누구든 아침에 일어나서 밤에 잠자리에 들고 그 사이에는 원하는 일을 한다면 성공한 삶이지요."

옥스퍼드 영어 사전은 성공을 더 직설적으로 "목표나 목적을 완수하는 것"으로 정의한다. 그렇다면 우리 자신의 목표나 목적은 무엇인가? 타인의 성공담이 주는 교훈이 자신에게도 실제로 통하려면 성공했다고 여기는 사람과 자신의 출발선, 능력, 선호도, 원하는 바가 비슷해야 한다. 하지만 이런 상세한 정보를 늘 접할 수 있는 건 아니다. 우리는 성공했다고 추앙받는 누군가와 직업과 가족, 사회생활, 우선순위, 능력, 꿈 등이 현저히 다를 수 있다. 그들이 그 자리에 서기까지 포기해야 했던 것들을 알고 나면 그 자리에 서고 싶지 않을 수도 있다. 그런데도 타인의 성공을 대할 때는 그들이 개인적으로 희생해야 했던 것들을 전략상 못 본 체하기도 한다.

성공을 추구하다 보면 혹독한 대가를 치를 때도 있다. 아침형 인간이 되려다가 새벽같이 일어나 일하는 바람에 정작 밤에 해야 할 일은 기운이 빠져 못하기도 한다. 또는 남들보다 일찍 부를 축적하기 위해 끊임없이 노력하는 동안 사랑하는 이들과 마음을 나눌 시간을 희생해야 할지 모른다. 무엇을 중요하게 여기는가에 따라 이런 희생이 견디기 힘들 정도로 클 수도 있다. 그러니 어떤 성공을 원하든 먼저 무엇을 포기해야 하는지 고민할 필요가 있다.

심지어 어떤 사람이나 조직은 성공을 위해 불공정과 속임수, 그 밖의 비윤리적인 행동을 불사할 수도 있다. 우리가 최종 성과물만을 경험하고, 분석하고, 꿈꾸고, 칭송할 때 이런 부정적 비용은 간과되기 십상이다. 하지만 성공적인 결과가 비윤리적인 수단을 정당화할 수는 없음을 깨달아야 한다.

지금까지 살펴본 모든 이유로 〈타인의 성공〉에만 초점을 맞춘 교훈은 제아무리 그럴싸하고 강력해 보인다 해도 신뢰해서는 안 된다. 그런 교훈은 자칫하면 성공을 실제보다 객관적으로 평가하고 정확하게 예측할 수 있다는 잘못된 믿음을 남길 수 있다.

자신의 성공 경험은
자기중심적으로 해석한다
—

그렇다면 우리 〈자신〉의 성공 경험에서 배우는 건 어떤가? 애석하지만 이 경우도 타인의 성공 사례에서 배울 때와 같은 오류에서 자유롭지 못하기 때문에 특별히 더 나을 게 없다.

남들이 자신들의 성공담을 이리저리 손보는 것처럼 우리라고 크게 다르지 않다. 우리는 드러나지 않는 복잡한 현실이 아닌 눈앞의 이익과 관심사에 맞춰 자신의 성과를 자기중심적으로 해석해 버린다. 예를 들어 순전히 운이 좋아 뛰어난 성과를 냈다 해도 자신의 능력 때문이라고 내세우고 싶어 한다. 또 우리가 관여한 프로젝트에서는 자신의 기여도를 실제보다 부풀려 기억할 수도 있다. 게다가 결과가 좋으면 일을 진행하는 과정 중에 잘못한 일이나 잘못될 뻔한 일들을 축소하기도 쉬워진다.

때로는 원인과 결과가 뒤죽박죽 뒤바뀔 때도 있다. 성공의 원인이라고 생각한 습관과 특성이 실제로는 성공의 결과일 수도 있다. 인적 네트워킹에 능해 영향력 있는 기업인들과 관계를 잘 구축했다면, 이것은 원래부터 갖춘 능력 때문이 아니라 직업적으로 성공한 결과로 영향력 있는 기업인들과 관계를 맺게 된 것일 수도 있다.

또 자신의 성공에서 배운 것을 지나치게 신뢰해 자칫 잘못된 일반화에 빠져 성공 요인을 지나치게 단순화할 수도 있다. 자신이 택한 길과 결정은 생생하게 와닿기 때문에, 다른 사람이 비슷한 길을 가고 비슷한 결정을 내릴 경우 상황이 약간만 달라져도 전혀 다른 결과를 얻을 수 있다는 가능성을 전혀 이해하지 못한다. 그 때문에 다른 사람이 자신과 거의 비슷하게 행동하고도 미처 예측하지 못하거나 통제 밖의 요인 탓에 동일한 결과를 얻지 못하면 생생하게 기억에 남는 자신의 지난날의 영광에 눈이 멀어 그 사람의 원인 모를 실패를 얕보게 된다.

때문에 괜히 다른 사람들의 실패와 비교해 자신의 능력을 과신하고 근거 없는 자신감만 얻는다. 사연 많은 복잡다단한 과정을 거쳐 이룬 결과임에도 그저 자신의 영리하고 시의적절한 전략 덕분이라고 해석하고 싶어 근질근질해 한다. 또한 성공의 결과에 도취된 나머지 성공을 이루기까지 자신이 무엇을 포기해야 했는지 깨닫지 못하거나 인정하지도 못한다.

결국 성공을 어떻게 정의하든, 성공의 원인을 조금이라도 심도 있게 분석하고자 한다면 주의하자. 우리 것이든 남의 것이든 성공 경험만 따져서는 원하는 것을 얻지 못한다.

타인의 실패에서 배울 때도
함정이 도사리고 있다
—

그렇다면 이제 동전을 반대편으로 뒤집어서 실패에서 교훈을 얻는다면 어떨까? 일단 실패는 성공보다 훨씬 재미없다. 실패를 좋아하는 사람은 없다. 따라서 실패의 경험담에서 배울 때 괴로움을 덜기 위해 내가 아닌 남의 불행을 소재로 삼고자 하는 건 어쩌면 당연하다. 다른 사람들이 이미 거기에 있었고, 그렇게 했고, 그래서 원치 않는 결과까지 얻었는데 굳이 나까지 나서서 사서 고생할 필요가 있을까. 그러니 불행히도 타인의 실패에서 배운다는 것은 말이 쉽지 실행은 훨씬 어렵다.

창업을 예로 들어보자. 창업은 비교적 실패가 흔하고 또 그런 대로 실패가 용인되는 영역이다. 스타트업 문화에서는 도전정신으로 무장한 창업가라면 실패를 자연스럽게 얻는 삶의 경력이자 미래의 성공으로 향하는 길을 다져나가는 훌륭한 스승이라고 여긴다. 이 문화에서는 특히 타인의 실수에서 배우라고 추천하고 독려하는 분위기다.

지난 20년 동안 우리 저자 중 한 명은 여러 스타트업을 설립하고 관리하고 관찰하는 다양한 역할을 해왔다. 새로운 아이디어를 개발하고 발전시키고 마케팅을 할 때면 늘 다른 회사가 실패한 시도, 전략, 결정을 먼저 검토하는 것이 합리적이었다. 특히 투자 규모가 클수록 타사에 대한 분석은 필수였다. 하지만 이러한 접근은 종종 어려울 때도 있었고 때로는 전혀 엉뚱한 방향으로 흘러가기도 했다. 왜냐하면 성공 사례에서 배울 때와 똑같은 함정이 실패 사례에서 배울 때도 도사리고 있기 때문이다.

우선 정확성부터 의심할 수 있다. 실패담도 성공담과 마찬가지로 누가 이야기하는가에 따라 내용이 달라지기 때문에 실제로 어떤 일이 벌어졌는지 객관적으로 판단하기 어렵다. 실패한 결정이나 프로젝트일수록 물밑에서 어떤 일이 일어났는지 상세히 알기 어렵다. 설사 어쩌다 특별한 경우에 이런 정보에 접근한다 해도 동일한 사건에 대해 공동창업자마다, 관리자마다, 의사결정권자마다 자기중심적으로 기억하고 공개하게 되어 있다. 이것은 마치 결혼생활이 왜 실패했는지 알아보기 위해 이혼한 부부 양쪽에서 각자 따로 이야기를 듣는 것과 같다. 그들은 상대의 입장은 무시한 채 자신의 입장과 주장만 내세울 것이다. 그러니 우리가 실패의 사례에서 얻을 수 있는 교훈은 그것이 어떤 것이든 불명확하고 편향될 수밖에 없다.

인과관계 역시 희미해진다. 실패의 원인은 다양하다. 그 중에는 인간의 힘으로는 어찌할 수 없는 원인도 있다. 때로는 실패로 이어지고 다른 때는 그렇지 않은 원인도 있다. 또 실패하기 때문에 특정 행위를 하는 것이지, 특정 행위 때문에 실패를 하는 게 아닌 경우도 있다. 어떤 기업의 창업자가 경영 방식을 바꾸었는데 나중에 그것 때문에 프로젝트가 실패했다는 평가를 들을 수 있다. 하지만 역으로 사업에 문제가 드러났기 때문에 경영 방식을 바꿨을 수도 있다. 이처럼 그럴듯한 인과관계를 만들어 낸다고 해서 그 내용이 늘 정확한 건 아니다.

시간도 실패로부터 배우려는 우리의 노력을 복잡하게 만들어 버린다. 실패를 이해하고 설명하는 것도 실패를 한 이후에나 가능하다. 하지만 당시에 구할 수 있었던 정보 수준을 감안한다면 좋지 못한 결과를 이후에 분석하면서 당시의 잘못된 전략만 탓할 수는 없다. 게다가 실패의 원인은 시간이 지나면서 바뀔 수 있다. 어떤 아이디어나 프로젝트는 단순히 너무 늦거나 너무 빨리 나왔기 때문에, 즉 때를 잘못 만나 실패했을 수도 있다.

우리 저자의 지인 중 큰 꿈을 안고 수십 년 전 개발도상국에서 점적관개(작은 관을 따라 흐르는 물이 원하는 지점에서 방울방울 배출되도록 하는 관개 방법) 비즈니스에 뛰어든 사업가가 있었다. 그는 실패했다. 다들 사후에 그의 실패를 되돌아보면서 그의 사업 계획과 실행에 결함이 있었다고 평가했다. 하지만 불과 몇 년 후, 같은 시장에서 같은 사업이 그와 거의 비슷한 계획과 실행을 거쳐 대성공을 거뒀다. 알고 보니 이 사업가가 실패한 건 무엇보다 시기를 못 맞췄기 때문이었다. 이후에 성공한 사람들보다 오히려 한발 앞섰던 것이다. 그는 시장을 읽고 남들보다 먼저 아이디어를 펼쳤지만, 너무 앞서갔다.

선택도 심각한 문제다. 종종 과장되게 떠들어대기 때문에 성공 사례는 세상에 널리 알려지지만, 실패 사례는 대부분 잘 드러나지 않고, 설사 그 사례를 찾아 나선다 해도 접하기가 어렵다. 실패한 아이디어와 프로젝트는 우여곡절 끝에 마침내 힘겹게 성공한다 해도 밖에서 지켜본 사람들은 창업가들이 마지막 승리를 거두기 전 수없이 쓰러진 경험은 보지 못하고 넘어간다. 이처럼 선택의 과정 중 드러나지 않는 은근한 검열 때문에 우리는 실패의 실제 원인을 보지 못한다.

복잡성과 등가교환의 원리도 실패의 교훈을 왜곡한다. 우리보다 앞서 실패를 겪은 사람이나 조직은 우리와 전혀 다르다. 우리의 목표와 상황도 그들 혹은 그때와 전혀 다를 수 있다. 실패의 정의나 수준도 사람별로 조직별로 달라진다. 따라서 비슷한 실수에서 전혀 다른 교훈을 도출할 수도 있고, 그 때문에 어떤 교훈이 적절한지 판단하는 일도 생각보다 복잡하다.

비단 창업 분야뿐 아니라 다른 영역에서도 타인의 실패에서만 배우기에는 무리가 따른다. 실패의 교훈에 몰두한다고 해서 우리의 성공을 보장하는 비법을 얻는 건 아니다.

실패 경험에만 집중하면
그 원인을 착각하게 된다
—

그렇다면 고통스럽더라도 자신의 실패에서 배우면 어떨까? 지금
껏 살펴본 성공이나 실패의 교훈에 비해 자신의 실패를 통해 배
울 때면 왜곡이나 오류에서 자유롭지 않을까? 애석하게도 그렇
지는 않다.

　『블랙박스 시크릿*Black Box Thinking*』에서 매슈 사이드는 자신의
실패에서 배우는 것이 그리 자연스럽지도, 정확하지도 않다고 주
장하며 그·이유를 설명한다. 사이드에 따르면, 일이 잘못되었을
때 우리는 남에게 손가락질하는 데는 도사가 되지만 자기 실수는
어떻게든 인정하지 않으려 한다. 자신의 실패는 조용히 덮으려고
하거나, 처음부터 목표를 모호하게 잡아 일이 예상대로 풀리지
않아도 체면은 지키려 한다.

　또 실패의 쓰라린 현실을 피하려 하다가 다른 문제가 발생할
때도 있다. 어떤 전략이 당시 구할 수 있던 정보 수준에서는 괜찮
아 보였는데 다 지난 후 불확실성이 걷히고 모르던 것들이 명확
해진 다음에는 오히려 그것이 실수였다고 낙인찍힐 때가 있다.

반대로 어떤 행동이 장기적으로는 이득이 되는데도 당장에는 실수라고 낙인찍기도 한다. 이런 복잡함 때문에 자신의 실패에서는 올바른 교훈을 도출하기가 어려워진다.

상황을 더 복잡하게 만드는 것은 우리가 실패를 솔직하게 인정한다 해도 그로부터 올바른 교훈을 익히지 못할 수 있다는 것이다. 특히 성공과 차별화되는 요소를 제대로 밝히기 어려울 것이다. 예를 하나 들어보자. 당신은 최근에 과거 자신이 한 투자 실적을 면밀히 분석하기 시작했다. 당신의 투자를 받은 대상은 모두 당신이 공들여 조사한 특정 산업에 속한 중견기업들이다. 이 중 몇 개 기업은 실적이 매우 뛰어났고, 몇 군데는 그럭저럭 괜찮은 정도이며, 몇 군데는 보통 이하, 몇 군데는 극도로 나쁜 성과를 거두었다.

당연히 성공한 투자는 만족스러울 것이다. 하지만 투자를 잘하는 것은 근본적으로 당신이 해야 하는 기본적인 일이다. 한편 실패는 예상하지 못했기에 더욱 상심이 크다. 이 산업과 그 기업들을 충분히 잘 알고 있거나 적어도 잘 안다고 생각했기 때문이다. 이제 당신은 지난 경험을 되돌아보고 앞으로의 투자 실적을 향상시키기를 원한다. 그러기 위해서는 실패 사례를 골라낸 다음 거기서 교훈을 얻어 앞으로는 비슷한 실수를 피해야겠다고 생각한다. 그렇다면 실패 사례에서 드러난 공통적인 특징은 무엇인가? 다음에는 어떻게 해야 같은 실수를 하지 않거나 최소한으로 줄일 수 있을까?

당신은 실패 사례를 자세히 분석한 뒤 충격적인 사실을 발견하게 된다. 과거 당신이 한 최악의 투자 중 70퍼센트는 회계, 보안, IT 관리 등 핵심 기능을 외주화한 기업에 투자한 경우였다는 것을 알게 되었다. 전에는 이런 동향을 알아차리지 못했지만 이제는 이 공통점이 똑똑히 보인다. 업계에서 이 정도 아웃소싱은 실적에 해로운 것 같다.

자, 이제는 똑똑히 깨달았다. 제대로 배웠으니 다음부터는 투자를 결정할 때 기업의 전체 예산 중 외주 비율을 중요하게 따진다. 외주 비중이 높으면 적신호다. 알았으니 앞으로는 성공 확률이 높아질 것이다. 그렇지 않은가? 그러나 꼭 그렇지만은 않다. 이 교훈은 아무 쓸모도 없을 뿐 아니라 오히려 미래의 투자 실적에 해를 끼칠 수 있다.

그렇다면 투자 성공 사례는 어떤가? 실적이 훨씬 좋은 기업들도 투자 실패 기업과 똑같은 경영 전략을 구사했다면? 만약 당신의 포트폴리오에서 가장 우수한 실적을 낸 기업 중 80퍼센트가 외주 업체들에게 실패한 기업들과 비슷한 비율로 예산을 썼다면? 이제 명확해진다. 실패 사례에 집중함으로써 당신은 방금 그럴듯해 보이지만 실제로는 전혀 존재하지 않는 인과관계를 찾아냈을 뿐이다. 이 발견은 자칫 잘못하면 큰 손실로 이어질 수 있다.

하지만 잠깐, 여기서 끝이 아니다. 만약 반대로 실패에서 배우는 데 골몰하다가 정작 실제로 존재하는 가치 있는 인과관계를 놓치면 어떻게 될까?

당신이 실패한 투자 사례를 면밀히 분석할 때 점검했던 변수가 또 하나 있었다. 교육이나 보건 의료 서비스, 출장 비용, 그 밖의 여러 가지 혜택 등 각종 복리후생비 비중이었다. 예전에는 이런 지출이 자칫 낭비로 이어질 수 있다고 생각해 왔다. 하지만 실제 데이터를 보니 실적이 나쁜 기업 중에는 이런 혜택에 돈을 많이 쓴 곳이 있는가 하면 적게 쓴 곳도 있었다. 그렇다면 경험에 비춰 볼 때 복리후생에 대한 예산 지출과 조직의 저조한 실적 사이에 는 아무런 상관관계가 없다.

자, 이제는 똑똑히 깨달았다. 그 결과, 당신은 생각을 고쳐 복리후생비라는 변수가 실패의 원인이라는 가설을 머릿속에서 지운다. 이제 제대로 알았으니 앞으로는 시간과 노력을 적게 들이고도 투자에 성공할 것이다. 그렇지 않은가? 하지만 그렇지 않다. 경험에 드러나지 않는 유용한 교훈이 아직 남아 있을 수 있다.

그렇다면 투자 성공 사례는 어떤가? 실적이 훨씬 더 좋은 기업들이 체계적으로 다른 전략을 구사했다면 어떨까? 만약 당신의 포트폴리오에서 가장 우수한 실적을 낸 기업 중 90퍼센트가 예산의 상당 비중을 복리후생비에 할애했다면 당신은 어떤 인식을 갖게 될까? 성공한 투자와 실패한 투자 사이에 이처럼 결정적인 차이가 있다면 복리후생비라는 변수가 이 업계의 실적에 정말 아무런 영향을 미치지 않았는지 재점검해야 할 것이다.

위의 사례에서 알 수 있듯이, (내 것이든 남의 것이든) 오로지 실패에만 초점을 맞춰 분석한다면 그 실패의 원인을 엉뚱하게 착각할 수 있다. 존재하지도 않는 규칙성을 보거나 실제로 존재하는 규칙성을 전혀 보지 못할 수도 있다. 심지어 이 과정에서 마치 귀중한 교훈을 얻은 것 같은 착각에 빠지기도 한다.

겉으로 드러나지 않는 경험,

그곳에 성공과 실패를 가르는 차이가 숨어 있다

—

성공 〈또는〉 실패에서 배우는 것은 실제로 무슨 일이 일어나고 있는지 설명하기보다는 우리의 직관을 왜곡하기 쉽다. 경험에서 올바른 교훈을 얻으려면 성공과 실패 〈모두〉 살펴보아야 한다. 이때 가장 중요한 첫 단추는 성공과 실패가 자신에게 어떤 의미인지 정의하는 것이다. 나에게 성공이란 무엇인지, 실패란 무엇인지를 먼저 정의해야 한다.

나만의 기본 정의 없이는 타인과 자신의 경험에서 무엇을 취하고 무엇을 버릴지 알기 어렵다. 기준점이 없으니 성공이나 실패가 실제로 눈앞에 있어도 알아볼 수가 없고 거기서 배울 기회도 놓친다. 더욱이 성공이나 실패를 내적 기준이 아닌 외적 기준으로 규정한다면 원하지도 않는 성과를 무턱대고 좇는가 하면 정작 원하는 성과는 이루지 못한다. 의미도 없는 실패 가능성 때문에 미리 불안에 떨면서 결국 치명적인 실패 가능성은 사전에 대비하지 못하는 꼴이 된다.

성공과 실패에 대해 자신만의 기본 정의를 내린 그 다음으로는 성공과 실패를 가르는 〈결정적 차이〉를 이해하도록 노력해야 한다. 언론인이자 작가 데이비드 맥레이니는 자신이 운영하는 블로그 〈당신은 그렇게 똑똑하지 않다You Are Not So Smart〉에 제2차 세계대전 당시 파손된 전투기에 대한 이야기를 실었다. 전쟁 중 미 공군 요원들은 전투를 마치고 기체에 총알구멍이 무수히 뚫린 채 귀환하여 비행장에 착륙하는 전투기들을 매일 매일 보고 또 보았다. 이러한 관찰을 통해 얻은 정보를 미 공군 엔지니어들은 어떻게 활용해야 할까? 당연히 다음 전투에 복귀하기 전까지 이 비행기들의 망가진 부분을 수리해야 한다. 뻔한 것 아닌가. 거기다 여력이 된다면 적의 탄환에 가장 빈번히 망가지는 부분을 찾아내 제조 공장에 알려주고 다음에는 이 부분을 강화하라고 요청해야 한다. 이것은 경험상 올바른 조치다.

하지만 여기서 잠깐! 탄환에 망가진 부분은 미 공군의 궁극적 목표에 비하면 그다지 중요하지 않다. 공군의 최상위 목표는 전투 중 기체가 손상을 입어 추락하는 것을 막는 일이다. 엔지니어들이 경험에서 접한 것은 탄환에 맞았는데도 안전하게 귀환한 전투기뿐이다. 탄환에 맞아 손상된 부분으로는 추락이 발생하지 않았다. 그러니 귀환한 전투기에서 발견된 탄환 자국은 보기보다 큰 의미가 없는 것이다.

통계학자 에이브러햄 왈드는 이를 깨닫고 탄흔이 발견된 곳을 수리하고 보강하는 것이 실제로는 비효율적이라고 미 공군에게 경고했다. 왈드는 무사 귀환한 전투기만 보지 말고 공중전에서 생사가 갈렸을 결정적 차이를 찾아내야 한다고 주장했다. 그는 추락한 전투기를 직접 정밀 감식하는 것은 불가능하지만 귀환한 전투기에서 탄흔이 발견되지 않은 부위를 집중적으로 보면 된다고 제안했다.

왈드의 추론에 따르면, 귀환한 전투기들이 총탄에 맞고도 추락을 면했다면 추락한 전투기들은 그곳 말고 다른 곳에 손상을 입었기 때문일 가능성이 높다. 따라서 무사 귀환한 전투기에서 가장 깨끗하고 손상을 입지 않은 부분이 추락의 주범일 것이다. 이 부분이야말로 특수 보강이 가장 필요한 곳이다. 왈드는 성공과 실패를 가르는 차이를 밝히기 위해 보통의 경험을 넘어서는 날카로운 분석을 해야 했다. 왈드의 업적이 뛰어난 이유는 실패 사례들이 대부분 전투 중 격추되어 관찰할 수 없는 와중에서도 그와 같은 분석을 해냈기 때문이다.

하지만 〈성공한 사람들의 몇 가지 습관〉 같은 것들이 인기를 끌고 널리 퍼지는 것을 보면 우리가 보통은 그러한 구조적인 차이에 관심을 두지 않는다는 뜻이다. 우리는 주로 생존자와 그들의 경험에서 보고 배운다. 더 놀랍고 명백한 것일수록 더 좋다. 그러나 성공과 실패를 결정짓는 요인을 제대로 이해하려면 둘 간의 차이를 알아보고 분석할 수 있도록 우리의 경험에서 놓친 것들을 밝히려는 노력이 필요하다.

페일콘FailCon과 페일 페스티벌Fail Festival 같은 실패 관련 행사들도 도움이 된다. 기업의 의사결정권자들이 무대에 올라 실패 경험을 이야기하는 행사들이다. 추락한 전투기처럼 영원히 묻힐 뻔한 이야기들을 꺼내놓는 것이다. 이런 자리가 있으니 청중들은 성공 대비 전체 실패 건수(성공률)를 보다 근접하게 추정할 수 있다. 또한 실패로 끝난 일의 의사결정 과정에서 구체적으로 어떤 일이 있었는지 보다 명확히 알 수 있다. 그 과정에서 효과적이었던 프로세스와 그렇지 못했던 프로세스를 제대로 비교할 수 있고, 성공과 실패의 차이를 밝힐 수 있다.

여간해서는 〈세상에 드러나지 않는 경험〉에 대해 프린스턴 대학교 교수 요하네스 하우쇼퍼는 최근 독특한 관점을 제시했다. 우선 그는 누구나 부러워할 만한 경력을 지녔다. 그의 이력서에는 세계적인 명문 대학의 교수, 유명 학술지 논문 수록, 화려한 수상 경력과 연구 기금 지원, 수행 중이거나 수행 예정인 연구 과제들이 화려하게 나열되어 있다. 하지만 이력서만 봐서는 어떻게 해야 다른 학자들도 그와 비슷한 학문적 성과를 낼 수 있을지에 대한 그 어떤 단서도 찾아내기가 어렵다. 그의 프로필에 드러나지 않은 다른 학자들과의 미묘한 차이점은 무엇이고 그가 성공을 위해 치른 대가는 무엇일까? 또 그의 성공률은 어느 정도일까?

하우쇼퍼의 〈실패 이력서〉는 이런 궁금증을 조금은 해소해 준다. 그는 동료학자 멜라니 스테판의 조언에 따라 자신의 실패 경험을 쭉 나열하고 요약한 문서를 공개했다. 그의 실패 이력서를 읽자마자 수년 간 하우쇼퍼 본인과 그의 연구에 퇴짜를 놓은 기관과 학술지는 물론 그의 학위 과정도 한눈에 볼 수 있었고 전체 성공률 또한 보다 폭넓게 이해할 수 있었다. 특정 기간 동안 그가 얼마나 많은 연구를 제안했는지, 그 연구들이 점차 어떻게 발전해 나갔는지도 조금은 볼 수 있었다. 이처럼 그의 정식 이력서와 실패 이력서를 비교해 보면 얼마나 많은 빙산의 아랫부분이 차갑고 어두운 실패와 거절의 바닷속에 깊숙이 잠겨 있는지 알 수 있다.

하지만 성공과 실패의 차이를 알아볼 때에도 함정이 몇 가지 있기 때문에 주의해야 한다.

첫째, 이런 접근 방식으로 꼭 인과관계의 방향성을 제대로 파악할 수 있는 건 아니다. 물론 성공과 실패는 다르지만, 이 차이 때문에 성공하는 게 아니라 성공을 한 결과 그와 같은 차이가 발생하는 것일 수 있다. 제2차 세계대전 전투기 사례에서는 인과관계가 뚜렷하다. 총탄에 뚫린 구멍 때문에 전투기가 추락하는 것이다. 하지만 비즈니스나 사회생활처럼 보다 복잡한 영역에서는 행위와 결과 사이의 관계가 훨씬 미묘하고 암호처럼 해독하기 어려울 수 있다. 어떤 전략은 성공한 이후에야 펼칠 수 있는데도 성공의 원인으로 오인되기도 한다.

둘째, 성공률이 낮을 때는 무작위성이 결과에 결정적인 역할을 할 수도 있다. 모집단이 충분히 크다면 갖가지 결과를 뜯어보고 시시콜콜 따진 다음 마치 이럴 줄 알았다는 듯이 사후 해석을 덧붙이면 된다. 하지만 그렇다고 해서 성공과 실패의 차이를 자유자재로 통제하고 관리할 수 있는 건 아니다. 이런 차이가 아무리 결과에 결정적인 영향을 준다 해도 말이다.

셋째, 성공과 실패의 차이는 시간의 흐름에 따라 변할 수 있다. 이런 진화 과정을 유념하지 않으면 자칫 오해에 빠질 수 있다. 세상의 변화에 따라 성공의 비법 역시 변할 수밖에 없으며, 성공에 대한 조언도 시대에 뒤처지게 되어 있다. 그러니 성공과 실패의 차이를 분석한 결과도 정기적으로 점검해 가며 낡은 것을 새로운 것으로 대체해야 한다.

결론을 내리자면 타인과 자신의 경험에서 성공과 실패의 교훈을 얻는 것은 겉으로 보기보다 복잡 미묘한 과정이다. 신중하게 접근하지 않으면 정확성과 인과관계, 시간, 취사선택, 복잡성, 등가교환의 원리 등에 관한 문제는 우리가 결정을 내릴 때 감지하기 어려운 오류를 유발한다. 교훈을 얻었다고 느낀 순간 그 교훈 속에 등장하는 단순하고 매혹적인 이야기들은 실제보다 더 환상이 될 수 있다.

마음속으로는 모두 인생의 많은 어려운 문제들에 대해 마법의 해결책 같은 특효약은 없다는 것을 알고 있지만 경험에서는 전혀 다른 결론을 얻을 수도 있다. 예전에 성공한 전략이 지금도 유효한지 점검하지도 않고 무조건 따르고 싶을 수도 있다. 또 위기가 닥쳤을 때는 그것을 의심하기보다는 늘 하던 대로 습관적인 행동을 반복하고 싶어 한다. 더 좋은 전략은 아이디어가 떠오르는 대로 빠르게 시험해 보고 안 좋은 예감은 빨리 떨쳐버리는 것이다.

『린 스타트업*The Lean Startup*』의 저자인 창업가 에릭 리스는 기업, 특히 스타트업은 과학적인 학습 방법을 도입해야 한다고 주장한다. 성공한 창업가들은 과거 경험에 도취해 자신의 능력을 과신하면서 자신이 제품이나 서비스의 성공 여부를 예측할 수 있다고 생각한다. 하지만 과거 경험의 교훈에 만족하지 말고 아이디어에 대한 반응을 신속하게 점검하고 어떤 부분이 뛰어나고 어떤 부분이 비현실적인지 체크해야 한다.

이 개념이 바로 디자인 씽킹 전문가 피터 스킬먼이 고안하고 톰 우젝 덕분에 유명해진 마시멜로 챌린지Marshmallow Challenge의 원리다. 마시멜로 챌린지는 스파게티 면, 테이프, 실을 재료로 탑을 쌓아 꼭대기에 마시멜로를 올려놓는 대회다. 목표는 제한 시간 내에 가장 높이 쌓는 것이다.

스킬먼과 우젝은 보통 유능한 성인보다 유치원생들이 이 대회에서 우수한 성적을 낸다고 입을 모으며, 평균적으로 최하위 성적을 내는 건 경영학 대학원생이라고 말한다. 그 이유는 아이디어를 일찍 그리고 효과적으로 시험해 보지 않기 때문이다. 이 대회를 쭉 지켜봐온 스킬먼은 "여러 아이디어를 시험하고 또 그 아이디어를 계속해서 고치는 팀이 첫 아이디어를 끝까지 구현하려는 팀을 거의 항상 이긴다."라고 설명한다. 아이들은 다양한 아이디어를 당장 이리저리 시도해 보는 반면, 어른들은 하나의 세련된 계획을 세워 성실하게 작업한 뒤 마지막 순간에야 마시멜로를 위에 올린다. 이때 "짜잔!" 하고 마무리하는 효과를 기대하지만 대부분의 경우 실망스럽게 "아이고, 이런!"으로 끝난다고 우젝은 설명한다.

마시멜로 챌린지를 통해 어느 분야에서든 통하는 성공 전략의 단서를 잡을 수 있다. 우선 성공과 실패에 대해 기본 정의를 내리고 거기에 따른 성공률이 대강 어느 정도인지 감을 잡으면 성공 전략 또는 조언을 하나 골라 투입 비용 대비 성과를 시험한다. 그 후 시험해본 절차와 아이디어, 제품, 서비스에 특정 요소를 더하거나 덜어내며 차츰 결과를 확인해볼 수 있다. 예를 들면 지금부터 운동하기, 타인에게 신경 끄기 또는 삶에 도움이 되는 어떤 전략이든 실천해 보고 투입한 노력 대비 이득을 평가할 수 있다. 이득이 더 높다면 희소식이다. 그렇지 않다면 다른 전략을 골라 효과를 시험해본 다음 최대한 객관적으로 투입 대비 효과를 평가하면 된다.

우리의 경험에서 놓친 것들

—

실패를 피하고 성공을 얻고자 노력할 때는 다음의 네 가지 영역에서 경험의 교훈을 얻을 수 있다. 바로 지금까지 이 장에서 살펴본 타인의 성공, 자신의 성공, 타인의 실패, 자신의 실패가 그 네영역이다. 이 중 어느 것이든 한 가지만 봐서는 엉뚱한 결론을 내릴 수 있다.

이 장을 마무리하며 지금까지 다룬 핵심 내용을 간략히 요약하면 다음과 같다. 자신의 경험은 물론 타인의 경험을 통해 성공과실패의 비법을 배우고자 할 때 정작 놓친 것은 무엇인지 다시 한번 확인할 수 있다.

■ 우리의 경험에서 놓친 것

정확성·인과관계·시간·취사선택·복잡성·등가교환의 원리. 성공 또는 실패 경험 한 가지에서만 교훈을 얻는다면 무엇이잘되고 무엇이 잘못되었는지 실제 차이를 전혀 깨닫지 못할 것이다.

기본 정의. 어떤 맥락에서든 자신에게 성공이나 실패가 어떤 의미인지 직접 정의 내리지 않으면 눈앞의 결과를 정확하게 평가할 수 없다. 더욱이 성공이나 실패를 내적 기준이 아닌 외적 기준으로 규정한다면 결국에는 자신이 들인 노력도, 얻은 결과도 아쉽게 느낄 수밖에 없다.

성공률. 전체 결과 중 성공하는 비율이 낮다면 성공을 보장하는 쉬운 길이 있을 리 만무하다. 따라서 도전하려는 분야의 일반적인 성공률을 알아내는 것이 성공을 이루기 위해 배워야 할 구체적인 성공 방정식이 있는지 판단하는 데에 가장 중요한 절차라 할 수 있다.

결정적 차이. 어디가 잘되고 어디가 잘못되었는지 그 차이를 면밀히 분석하기란 쉽지 않지만 이렇게 함으로써 성공이나 실패의 요인을 보다 정확히 알아낼 수 있다. 하지만 그렇다 해도 인과관계와 불확실성, 시간에 따른 변화 때문에 문제가 생기지는 않는지 주의해야 한다.

테스트. 성공과 실패를 가르는 요인이 무엇인지 나름의 가설을 세웠다면 이 가설을 검증해야 한다. 처음에는 합리적인 것 같았던 아이디어도 실망스러운 결과로 이어질 수 있지만 미리 테스트해 본다면 이런 사태를 예방할 수 있다.

성공에 혈안이 된 현대사회에서 우리는 모두 성공의 결정적 한방, 원하는 결과를 보장하는 마법의 총알과도 같은 성공비법을 꿈꾼다. 타인과 자신의 경험을 무비판적인 자세로 부주의하게 대충 훑어보면 마치 이런 비법이 진짜 있기라도 하는 것처럼 보일 수 있다. 하지만 이것들은 대부분 착각이나 망상으로 밝혀진다. 다행히도 경험에 보다 과학적으로 접근하면 비록 각자의 성공을 보장하지는 못한다 해도 성공 가능성을 현저히 높일 수는 있다.

3

우리의 경험은

행복에

어떤 영향을

끼치는가

당신은 지금 산 정상에 서 있다.

몇 주 전만 해도 이 외딴곳에 별로 오고 싶지 않았다. 이곳은 최근에 스키장으로 인기가 높아졌다. 요 몇 년 사이 당신은 스키 여행에 점점 흥미를 잃어 비용도 시간도 많이 들고, 춥고, 사람도 많은데다 조금만 잘못해도 다치기 쉬운 여행이라고 생각했다. 하지만 친구들이 이번 여행을 제안했을 때는 도저히 거절할 수가 없었다. 우선 여태까지 스키 실력을 갈고닦는 데 상당한 시간과 노력을 들였으니 그렇게 쌓인 경험을 썩히고 싶지 않았다. 또 당신의 친구, 직장동료, 지인 중 스키를 좋아하는 사람은 모두 이 산에 한 번쯤 다녀갔다. 심지어 직장상사까지 최근 이곳의 매혹적인 모습을 담은 사진을 소셜미디어에 올렸다. 이번 여행은 그들 모두를 따라잡을 수 있는 특별한 기회가 될 것이다.

그래서 당신도 가기로 했다. 그렇게 해서 첫날 아침, 집에서 이

곳까지 오는 지치고 기나긴 여정을 마친 후 옷을 잔뜩 껴입고 위험하기 짝이 없는 산등성이에 올라 얼어붙은 공기를 들이마시며 두 발이 평생 이만큼 불편한 적이 있었는지를 되새기며 지금 여기 서 있는 것이다.

하지만 잠깐……, 아직 희망이 있다.

주위를 둘러보자 경외감에 절로 숨을 몰아쉬게 된다. 눈앞에 펼쳐진 장관은 숨이 막힐 지경이었다. 끝도 없이 이어지는 하늘은 평생 한 번도 본 적 없는 밝은 기운을 머금고 있다. 저 멀리 여유롭게 떠다니는 커다란 뭉게구름의 윤곽선 하나하나가 뚜렷이 눈에 들어온다. 주위를 둘러싼 산과 골짜기의 웅장함에 가슴이 벅차오르면서 자신이 한없이 작아진 기분이 든다. 들리는 소리라고는 바람의 날카로운 휘파람뿐이다. 주위에 서 있는 사람들 모두 이 장관에 홀린 듯하다. 어떤 사람들은 감동에 젖었고 한두 명은 소리 없이 눈물을 흘리고 있다. 무릎에 힘이 풀리고 팔다리가 덜덜 떨리지만 추위 때문만은 아니다. 몸을 움직일 수도 없고 머릿속도 멍하다. 그저 깊은 숨만 내쉴 뿐이다.

바로 이 순간, 당신은 깊은 행복감에 잠긴다. 문득 이번이 당신 인생 중 최고의 여행으로 손꼽힐 것이란 예감이 든다. 이 산의 정상에 오르지 않았다면 평생에 한 번 있을까 말까 한 이 경험, 이 기적을 놓칠 뻔했다. 더욱이 일기예보를 보니 여행 기간 내내 날씨까지 무척 좋을 예정이다. 그러니 한 주 내내 근심 걱정 없이 눈이 가득한 낙원에서 실컷 즐길 수 있을 것이다. 앞으로 다시 올 수 있을지 없을지는 모르지만 이곳이 존재하는 한 이 순간을 소중히 간직하고 여행 기간 내내 행복하게 지내겠다고 다짐한다.

좋다. 그렇다면 잘된 것 아닌가.

하지만 갈수록 이 다짐을 지키기는 쉽지 않았다. 하루하루 지날수록 처음 느낀 강렬한 기쁨은 서서히 시들어 간다. 여러 날 똑같은 산의 정상에 올라가 똑같은 황홀경을 맛보지만 그것도 몇 번 보니 이제는 별다른 감흥이 없다. 한편 발에 생긴 통증이 가시지 않아 슬슬 다른 일에 집중하기가 어렵다. 드디어 여행 마지막 날이 왔고, 당신은 똑같은 산에 올라 마지막으로 한 번 더 활강을 하려 한다. 여행 기간 동안 스키 실력도 늘고 친구들과 즐거운 시간을 보냈기에 이번 여행 자체는 만족스러웠다. 한 주 내내 맛있는 음식을 즐기고 밤에는 잠도 푹 잤다. 열심히 운동한 탓인지 몸도 슬슬 피로해지기 시작했고 뭔가를 많이 이룬 것 같아 뿌듯하기도 하다. 한 주 동안 열심히 연습해 실력을 키웠으니 마지막으로 짜릿함을 즐겨야겠다는 생각에 난이도는 더 높지만 더 빠른 경로를 택해 활강한다. 내려가면서 집으로 돌아가는 여정과 일상으로 돌아갔을 때 할 일들을 떠올린다.

하지만 잠깐……, 무언가 한참 잘못되었다.

갑자기 나타난 얼음 덩어리에 걸려 당신은 중심을 잃게 된다. 스키 한 짝이 떨어져 나간다. 동시에 제어할 수 없을 정도의 빠른 속도로 내려간다. 속도를 늦추기 위해 일부러 몸을 던져 넘어지지만 아무 효과도 없이 몸은 계속 슬로프 옆쪽으로 미끄러져 간다. 피곤했던 탓인지 몸이 말을 듣지도 않는다. 이제는 멈출 방법이 없다는 생각이 들자 더럭 겁이 난다. 몸이 얕은 절벽 아래로 떨어져 날아간다. 커다란 바위와 가장자리가 뾰족한 나무 그루터기가 눈에 들어온다. 당신은 눈을 감고 목청껏 소리 지른다. 그리고 둔탁한 소리를 내며 떨어진다.

의식이 있는 듯 없는 듯 시간이 흘러간다. 조금씩 깨어나 무슨 일이 벌어졌는지 살펴보려 하지만 정신을 가다듬기 힘들다. 소리를 들은 사람들이 쓰러진 당신을 발견하고 도우러 온다. 달려온 사람들이 외친다.

"괜찮으세요?"

"도와드릴까요?"

"들리세요?"

다행히 잘 들린다. 이제 괜찮아진 것 같다. 팔과 다리, 등이 욱신거리지만 별문제 없이 움직일 수 있다. 다시 보니 눈을 흠뻑 뒤집어쓴 상태다. 주변을 둘러보니 아슬아슬하게 바위와 나무를 피해 그 둘 사이 푹신한 눈더미에 떨어졌다는 것을 알게 된다. 사람들의 도움으로 장비를 다시 갖추고 정신은 좀 없지만 그래도 멀쩡한 상태로 천천히 슬로프를 내려온다.

하지만 잠깐……, 여기서 끝이 아니다.

방에 도착해 보니 지갑이 없어졌다. 상의 주머니 지퍼를 완전히 잠그지 않았더니 넘어지면서 지갑이 떨어진 것 같다. 현금과 신용카드, 신분증이 모두 들어 있던 지갑이다. 친구들과 한 시간 이내에 리조트를 떠나야 하기 때문에 지갑을 찾을 길은 없다. 이제는 슬슬 기분이 언짢아진다. 신용카드 분실 신고를 해야 하고 친구들에게 현금도 빌려야 하는데다 집에 가면 느려 터진 행정 처리를 참아내며 지갑 속을 다시 채워야 한다. 속상해서 폭발하기 직전이다.

자, 그럼 이제 새로운 시각으로 지난 한 주를 돌아보자. 이번 여행은 괜찮은 여행이었는가? 이 여행을 어떻게 평가하겠는가? 첫날 느꼈던 것처럼 평생 잊지 못할 가슴 벅찬 여행이었는가? 만족스러운 여행이었는가? 아니면 속상하고 정신 사나운 여행이었는가? 나중에 이번 여행을 돌아볼 때 당신은 어느 부분을 더 생생히 기억하게 될까? 또 어느 부분을 잊게 될까?

이 산꼭대기 모험담은 실화에 바탕을 두고 있다. 뒷부분에서 이 이야기를 되짚어보면서 행복을 이루는 데 경험이 어떤 역할을 하는지 다양한 관점으로 살펴보고자 한다. 마음속 여러 가지 필터와 그 각각의 필터가 우리의 경험에 미치는 영향을 인식한다면 각자의 타고난 기질에 얽매이지 않고 보다 폭넓은 관점에서 자신의 행복을 가늠할 수 있을 것이다.

시간이 흐르면서
부정적인 경험은 행복을 되찾아 주고,
긍정적인 경험은 행복을 방해한다

—

〈시간〉은 경험에 대한 우리의 감정을 크게 좌우한다.

인생은 때로 참담한 경험의 연속일 수도 있다. 매일 수많은 사람이 예상치 못한 순간에 예상치 못한 방식으로 세상을 떠나 사랑하는 이들을 충격과 비탄에 빠뜨린다. 그보다 더 많은 사람들은 장애나 질병, 폭력, 전쟁, 기아, 참혹한 사고, 장기 실업, 열악한 노동 환경, 가난 등으로 고통을 겪는다. 사회는 이런 문제를 예방하거나 완화하기 위해 노력하고 있으며 상황은 점점 개선되는 듯하다. 분명 좋은 일이다. 하지만 이런 반갑지 않은 경험은 늘 존재해 왔고, 지금도 존재하며, 가까운 미래에도 존재할 것이다.

다행히 우리는 〈적응하는 능력〉을 갖고 있다. 부정적인 사건을 겪었을 때 시간이 좀 지나 초기 충격에서 벗어나게 되면 마음은 적정한 수준의 행복으로 서서히 되돌아간다. 물론 얼마나 빨리, 얼마나 잘 적응하는가는 사건의 성격과 강도 그리고 개인의 성격과 처한 상황에 따라 달라진다. 마음이 모든 상황에 적응한다는 보장은 없지만 부정적인 경험을 견뎌내는 데 분명 시간은 약이 된다. 어떤 학자들은 적응을 쳇바퀴를 돌리는 행위에 비유했다. 행복에 관한 한 우리는 어느 길을 가든 새로운 상황에 적응하고 이전의 마음 상태로 되돌아가는 능력을 지녔다.

이처럼 사람들로 하여금 적응을 가능케 하는 원리 중 하나로 문제 등에 둔감해지는 탈감각화를 들 수 있다. 원하지 않는 경험에 계속 노출되다 보면 결국 그 경험에 익숙해지게 되고 그 경험이 행복에 미치는 악영향도 줄어든다. 마치 악취에 익숙해지는 과정과 비슷하다. 처음 악취를 맡을 때는 도저히 참을 수 없을 것 같지만 시간이 조금 지나면 악취가 없어지거나 약해진 것도 아닌데도 코는 급속도로 무감각해지며 악취에 적응해 간다.

적응의 또 다른 원리는 가장 최근의 경험을 더 잘 기억하는 〈최신 효과〉다. 만약 나쁜 경험을 오래전에 겪었다면 최근에 겪은 더 새롭고 좋은 경험 때문에 과거의 경험이 현재의 기분에 미치는 영향은 약해질 수 있다. 이 덕분에 사람들은 먼 과거에 일어난 불행한 사건으로 평생 멍에를 짊어지고 사는 대신 삶을 계속 이어가고 발전시킬 수 있다. 이렇게 경험을 평가하고 경험에서 배우는 과정이 있기에 우리는 절망을 딛고 다시 일어설 수 있으며, 단 한 번의 불운이나 오랫동안 이어진 불행의 영향도 평생 지속되지는 않는다. 적응의 과정을 통해, 최근의 경험은 우리가 더 행복해지도록 도와준다.

하지만 안타깝게도 똑같은 과정이 반대 방향으로도 작용한다. 이 경우 효과는 더 강력할 수 있다.

인생에는 기쁜 일도 많다. 매일 수많은 아이들이 태어나 부모에게 기쁨을 안긴다. 사람들은 맛있는 음식을 먹고, 탐내던 물건을 구입하고, 새로운 친구를 사귀고, 사랑하는 이들과 시간을 보내고, 사랑을 나누고, 결혼을 하고, 새로운 것을 배우고, 먼 곳으로 여행을 떠나고, 병에서 치유되고, 서로 돕고, 새로운 아이디어를 떠올리고, 목표를 향해 나아간다. 이런 경험을 하며 행복을 느낀다. 하지만 적응하는 능력 때문에 이런 행복한 경험이 주는 긍정적인 효과도 기대만큼 오래가지는 않는다.

다시 산꼭대기 스키장 이야기로 돌아가면, 산 아래 펼쳐지는 장관을 처음 봤을 때는 황홀한 느낌이었을지 모르지만 비슷한 장면을 몇 번 보면 처음의 감동은 현저히 줄어들 것이다. 또한 과거에 느낀 만족감에 금세 둔감해지면서 더 심한 자극을 찾게 되고, 스키 여행 사례에서처럼 마지막 한 번은 더 위험한 경로를 선택한다. 이와 마찬가지로 인생에서 더 많이 소유하고 더 높은 지위를 얻을수록 시간이 지나면 처음의 극렬한 기쁨도 점차 익숙한 수위로 내려간다. 설상가상으로 처음에 느낀 강렬한 흥분에 맛들이면 점점 더 많은 것을 소유하고 더 높은 지위에 올라야 한다는 압박감을 느낀다. 그러다 보니 현재 손 안에 든 행복을 원하는 만큼 많이 또 오래 누리지도 못하게 된다. 그 어떤 산봉우리도 충분히 높게 느껴지지 않고, 충분히 짜릿하게 느껴지지 않는 것이다.

행복을 억누르는 쳇바퀴에 올라타는 것은 한편으로는 계속 발전하고 창의적 도전을 하는 데 도움이 된다. 그 덕분에 목표를 이루었을 때에도 멈추지 않고 끊임없이 노력해서 더 앞으로 나아간다. 하지만 다른 한편으로는 이 같은 쳇바퀴 때문에 더 많이 소유하고 더 많이 성취하고 더 높이 오르면 훨씬 더 행복해지리라는 착각에 빠지기도 한다. 또 남의 떡이 더 커보이기도 한다. 그러다가 그 떡을 집어 드는 순간 금세 그것에 적응해 또다시 더 큰 떡을 갈망하는 악순환에 빠진다. 이렇듯 적응은 행복에 지대한 영향을 미친다. 경험을 많이 쌓으면 슬픔을 점차 딛고 일어서는 데도 도움이 되지만 기분이 최고조인 절정의 상태에서는 행복을 점차 끌어내리는 데도 효과가 있다.

경험을 쌓을수록 땅에 구덩이를 파고 들어가는 것과 비슷해진다. 파놓은 구덩이를 즐기고 구덩이가 깊어질수록 더욱 큰 기쁨을 느낀다면 그보다 좋을 수는 없다. 하지만 파놓은 구덩이를 원망하기 시작하고 깊이 팔수록 행복감이 줄어든다면 경험에 스스로 갇히는 꼴이 된다.

가까운 인간관계와 직장은 장기적으로 중요하면서 이런 효과에 취약한 영역이다. 둘 다 처음에는 긍정적인 감정과 좋은 의도로 시작된다. 이러한 감정과 의도는 장기적으로 우리를 진정 행복하게 해줄 잠재력이 있다. 하지만 만약 그 경험을 신중하게 선별하고 키워가지 않으면 처음의 들뜬 기분에 점차 적응해 가면서 상황에 지쳐 싫증을 느끼면서도 그때껏 쌓은 경험을 저버리지 못해 이러지도 저러지도 못한 채 갇힌 기분이 든다. 이를 해결하기 위해 더 많은 노력을 쏟아붓게 되는데 그러면서 오히려 갇힌 기분은 더 커지는 악순환에 빠진다.

결과적으로 더 많은 경험은 사람들을 점점 불행한 상태에 가둘 수 있다. 한 길을 고수하는 것에 끊임없이 후회하면서도 과거를 통째로 잃을지도 모른다는 두려움 때문에 방향을 틀기도 점점 더 어려워진다.

우리는 경험을 〈취사선택〉해 기억한다
—

시간과 마찬가지로 〈기억〉 역시 경험에 대한 느낌을 좌지우지한다. 사람들은 동일한 상황을 서로 다르게 경험하고 기억할 수 있으며 그에 따라 행복의 수위도 제각각이 된다.

이 책의 도입 부분에서 우리는 경험을 주변 상황과의 순간적인 상호작용(과정)이면서 그 결과로 우리에게 남는 교훈(최종 결과물) 모두를 포괄하는 것으로 정의했다. 행복의 관점에서는 이 두 차원을 따로따로 취급해야 한다. 『생각에 관한 생각Thinking, Fast and Slow』에서 대니얼 카너먼은 전자를 〈경험하는 자아experiencing self〉, 후자를 〈기억하는 자아remembering self〉라고 부른다.

경험하는 자아는 우리가 매 순간 어떻게 느끼는지만 집중적으로 다룬다. 음악의 선율이나 음식의 맛, 산 정상의 경치를 즐기는 순간 등을 다루는 것이다. 기억하는 자아는 이런 순간이 모여 형성된 전체 사건 안에서 우리가 무엇을 기억할지 결정짓는다. 따라서 기억하는 자아는 실제 일어난 일을 바탕으로 이야기를 정리하고 구성하는데, 이 이야기를 어떻게 구성하느냐에 따라 노래를 듣거나 식사를 하거나 여행을 하는 행위에 대한 장기적인 만족도가 달라진다.

결정적으로 기억하는 자아는 경험하는 자아가 실제로 겪었던 일을 이야기로 구성할 때 〈편집의 재량〉을 마음껏 발휘한다. 예를 들어 스키 여행 막바지에 지갑을 잃어버린 일은 전체 여행의 만족도에 어떻게 영향을 끼치는가? 그 순간이 오기 전까지 친구들과 어울려 대화하고 식사하며 느낀 기쁨과 즐거움을 무색하게 할 정도로 강력한가? 그렇다면 산 정상에서 느꼈던 행복의 정점은 어떻게 기억될 것인가? 우리는 어쩔 수 없이 전체 여행 중에서 특정 부분을 더 생생하게 기억한다.

특히 각종 연구 결과에 따르면, 사람들은 과거의 경험을 평가할 때 시작 부분과 절정 부분 그리고 마지막 부분을 비중 있게 느끼고 나머지는 적당히 압축하는 경향이 있다. 이를 〈피크-엔드 법칙peak-end rule〉이라고도 한다. 이는 과거의 경험에 대해 평가를 내릴 때 가장 절정을 이루었을 때peak와 가장 마지막의end 경험을 평균하여 결정한다는 법칙으로, 경험은 피크점과 마지막점이 중요하다는 뜻을 내포한다. 전체 경험의 만족도를 평가할 때 우리는 그렇게 선발된 특정 순간의 느낌을 훨씬 중요하게 평가한다. 반면 그 외 나머지 순간들은 상대적으로 짧게 평가하며 폄하하게 되는데 이런 경향을 〈지속 시간 무시duration neglect〉라고 한다.

실제로 피크-엔드 법칙과 지속 시간 무시는 사람들이 이야기를 만들 때 따르는 기본 절차다. 이 장 도입부의 스키 여행에 대한 설명도 두 번의 정점, 즉 처음의 즐거운 순간과 마지막의 우울한 순간에 초점을 맞춰 서술했다. 하지만 같은 스키 여행을 두고 전혀 다르게 설명할 수도 있다. 경험의 실제 지속 시간을 좀더 충실히 반영했다면 이 장의 도입부는 전혀 다른 모습을 띤 채 다음과 같이 기이하고 지루하게 시작되었을 것이다.

스키 여행을 떠나기 위해 당신은 비행기로 근처 도시까지 이동해야 했다. 공항에서는 게이트 앞에서 17분을 기다린 후 비행기에 올랐다. 별로 불편하지는 않았다. 줄 서서 기다리는 동안 물을 조금 마셨다. 앞에 선 승객 두 명이 외국어로 대화했고 당신은 3분 동안 관심 있게 들었다.

비행기에 오르려는데 탑승교에 들어서자 정말 춥다고 느꼈다. 걸음을 늦추고 스웨터를 꺼내 입으며 천천히 비행기로 다가갔다. 추위가 조금 가셨다. 자리를 찾기까지는 2분이 걸렸다. 휴대한 짐을 안전하게 올린 뒤 자리에 앉아 가져온 신문을 읽었다.

처음 읽은 기사는 새로운 발명에 관한 이야기였다. 다 읽으니 4분
이 지났다. 이 아이디어가 얼마나 성공할지 상상해 봤다. 이 기술이
하루빨리 대중화되었으면 좋겠다는 마음이 들었다. 그러면 생활이
훨씬 편리해질 텐데. 두 번째 기사도 4분 정도 걸려 다 읽었다. 기사
내용은……
〔산 정상에 오르기까지 이 같은 내용이 50쪽가량 더 이어진다.〕

실제 삶에서는 특정 사건에 대한 만족도를 평가할 때 전체 경
험에서 무엇을 선별할지를 기억이 결정한다. 이러한 경향 덕분
에 우리는 경험의 핵심을 기억에 남길 수 있으며, 길고 지루하고
상대적으로 의미가 약한 부분이 기억의 자리를 잡아먹는 일은
없게 한다.

이렇게 경험을 취사선택하는 기억의 성향 덕분에 우리의 행복
지수도 높아질 수 있다. 이륙하기를 기다리며 아무 신문이나 집
어 들고 읽던 순간처럼 상대적으로 지루한 순간이 기억 속에 들
어설 자리가 최소화되는 것이다. 반면 좋은 순간이라 해도 피크-
엔드 법칙의 틀에 맞지 않으면 충분히 기억에 남지 못한다. 스키
여행의 경우 충분히 길었던 달콤한 숙면의 시간, 친구들과의 유
쾌한 대화, 사소하지만 기뻤던 순간들이 고작 "즐거운 시간을 보
냈다"라는 일반적인 한마디로 압축되는 반면, 극단적으로 좋거
나 나빴던 순간들이 기억의 대부분을 차지하게 된다.

이런 공통적인 성향을 넘어선 개인 차이도 있다. 똑같은 경험을 했는데도 사람마다 각자 다르게 기억하는 것이다. 이는 사람마다 타고난 기질, 주의력, 성격, 기존의 경험, 기분, 기대한 바와 목적 등에 따라 다른 필터를 거치기 때문이다. 똑같은 여행에서 똑같은 순서로 무언가를 겪어도 사람에 따라 더 즐겁거나 덜 즐겁기도 하다. 기억에 주관적인 면이 있는 한 이런 차이를 피할 수는 없다.

많은 사람들이 어느 경험이든 부지런히 사진이나 영상을 찍는 것도 이런 이유 때문이다. 의미 있는 순간처럼 다가오면 모두 최대한 객관적으로 포착하고자 하는 것이다. 특히 긍정적인 경험이나 최고의 순간이 있다면 모두 간직하고 싶어 한다. 우리가 만족한 경험에 대해서는 기억하는 자아가 영구적인 기록을 보유하길 바란다. 이런 기록을 바탕으로 미래의 경험까지 선택할 수 있다. 또한 그 순간을 다른 사람들과 나누고 공동의 기억으로 만들고 싶어 한다.

그래, 그럴 수 있다. 하지만 행복에 관한 한 적당함이 핵심이다. 기억하는 자아를 위해 경험의 매 순간을 빠짐없이 포착하려고 애쓰는 것은 경험하는 자아에게 악영향을 미칠 수 있고, 경험하는 바로 그 순간의 기쁨 또한 줄어들 수 있다.

결국 누구든 자기 안의 경험하는 자아를 돌보거나 기억하는 자아를 살찌우는 것 사이에 균형을 잘 잡아야 하며, 이는 개인에게는 어려우면서도 중요한 인생의 숙제가 되었다. 이 두 자아의 작동 원리를 익힌다면 우리의 만족도 또한 높아질 것이다.

비교 대상에 따라
같은 경험도 전혀 다른 결과를 낳는다
—

자신의 경험을 다른 사람들의 경험과 비교하는 것 또한 행복에 영향을 미친다.

인터넷에서 실망한 메달리스트disappointed medalists 사진을 검색해 보자. 세계 최고의 선수들이 꿈에 그리던 대회에서 금메달을 따지 못해 불행해 보이는 사진들이 많이 나올 것이다. 그 중 유명한 사례는 미국 체조선수 매케일라 머로니로, 2012년 런던 올림픽에서 은메달을 수상하는 순간 얼굴을 잔뜩 찡그린 모습이 미디어를 통해 전 세계로 보도되었다.

이 현상에 흥미를 느낀 사회심리학자 빅토리아 메드벡과 동료학자들은 올림픽 메달리스트들을 대상으로 행복의 정도를 조사했다. 예상대로 금메달을 받은 선수들의 만족도가 가장 높았다. 하지만 일반적으로 동메달을 딴 선수들이 객관적으로 더 나은 위치인 은메달을 딴 선수에 비해 만족도가 더 높았다. 메드벡과 그의 동료학자들에 따르면, 은메달을 딴 선수는 자신의 성과에 기

미국 체조선수 매케일라 머로니의
2012년 런던 올림픽 시상식 모습

뻐하면서도 잘하면 자신이 주인공이 될 수도 있었을 금메달에 대한 미련을 떨칠 수가 없었다. 이 같은 금메달 획득 실패에 대한 아쉬움 때문에 은메달 선수들의 행복감은 낮았다. 반면 이와는 대조적으로 동메달을 딴 선수들은 자신의 성과를 메달 순위권 밖의 선수들과 비교했기에 진심으로 기뻐할 수 있었다.

우리도 이런 올림픽 메달리스트와 비슷한 자세를 보일 때가 있다. 과거 경험이나 타인의 경험처럼 구체적인 기준점을 정해놓고 자신의 경험을 그것과 비교한다. 따라서 비교 대상이 무엇이냐에 따라 똑같은 경험이 전혀 다른 결과를 낳는다. 하지만 이런 상대평가 때문에 외부 상황에 금세 휘둘려 쉽게 불안감에 사로잡히기도 한다.

기업 등 대부분의 조직들은 위계질서가 강한 직급체계를 갖추고 동료들 간의 비교를 부추긴다. 경제학자 로버트 H. 프랭크는 『사치열병Luxury Fever』에서, 남들과 비교해 얼마를 소유하고 있고 어떤 지위에 있는지를 바탕으로 자기평가를 한다면 모두 이른바 끝없는 군비경쟁에 휘말려 얼마를 가졌든 불만족의 늪에 빠지기 마련이라고 경고했다. 매우 극단적인 예로 2000년에 나온 영화 「아메리칸 사이코American Psycho」의 유명한 회의 장면을 들 수 있다. 주인공 패트릭 베이트먼이 동료들과 명함을 비교하다가 자신의 명함이 종이 재질이나 색감, 서체 면에서 뒤떨어진다는 평가를 받자 굴욕감에 치를 떠는 장면이 나온다.

소셜미디어와 온라인 플랫폼이 일상화되면서 기준점이 점점 많아지고 접하기 쉬워지면서 자신의 경험을 평가할 때 이런 기준점에 의존하기 쉽다. 우리는 소셜미디어와 온라인 플랫폼을 통해 자신의 생활을 공개하고 타인의 생활을 엿볼 수 있다. 온라인에서의 개인 프로필과 활동 이력은 삶에서 점점 중요한 부분을 차지한다. 덕분에 그 안에서 새로운 생각을 익히고 뉴스를 접하고 사람을 사귀는 등 가치 있는 활동을 한다. 이런 경험이 우리를 행복하게 해줄 수도 있다. 하지만 금세 신뢰성 없는 기준점과 편향된 피드백을 끊임없이 제시받기도 한다.

예를 들어 스키 여행에 당신은 빠진 채 친구들만 다녀왔다고 치자. 친구들이 소셜미디어에 올린 사진과 글에는 아마도 경비가 얼마나 많이 들었는지, 거리가 얼마나 멀었는지, 날씨는 또 어찌나 추웠는지, 활강 코스는 어찌나 사람이 북적대고 부상당하기 쉬웠는지 등의 시시콜콜한 이야기는 빠져 있을 것이다. 당신의 상사 역시 가장 즐겁고 아름다웠던 순간은 올렸지만 여행 세 번째 날에 배우자가 황당한 사고를 당해 어깨 관절이 탈구된 일은 굳이 올리지 않았을 것이다.

이처럼 선택적 공유를 특징으로 하는 플랫폼에서는 필연적으로 타인의 경험에 대해 〈편향된 경험〉을 하게 된다. 그리고 사람들이 포스팅 내용을 더 선별적으로 올릴수록 이 같은 상황은 점점 심해진다. 이는 마치 할리우드 영화에서 같은 장면을 여러 번 찍지만 상영할 때는 최고의 장면 딱 하나만 스크린에서 보여주고, 어쩌면 관객들의 즐거움을 최대한으로 높이기 위해 각종 특수 효과까지 동원하는 것과 같다.

이런 영화가 마치 실제인 것처럼 위장하기 시작하면 우리는 마음속에서 각 장면을 현실에 맞게 조율하기 어려워진다. 그러면서 자신의 삶이 타인의 삶에 비해 훨씬 지루하고 보람 없다고 느끼게 된다. 행복을 평가하는 잣대를 잘못 정한 탓에 결론도 엉뚱하게 난다. 최근의 연구 결과에 따르면, 소셜미디어에서 타인의 삶중 빛나는 순간을 수동적으로 소비할 때 자기 삶을 더 부정적인 눈으로 바라보게 된다고 한다.

그렇다면 그런 수동적 소비 대신 적극적으로 포스팅과 업로드를 한다면 어떨까? 우리가 올린 내용에 타인이 반응하고, 좋아요를 누르고, 공유를 하면 기분이 좋을 수 있다. 하지만 적극적인 활동에도 어두운 면이 있다. 어떤 사용자는 자신의 포스팅과 프로필을 계속 확인하며 좋아요 개수와 공유 횟수, 현재 상태를 실시간 확인하려 한다. 또한 다른 사람의 신규 포스팅과 프로필 업데이트에도 실시간 알람을 받는다. 자신이 올린 내용이 다른 사람들에게 좋은 반응을 얻으면 잠시 행복할 수 있다. 하지만 끊임없이 교류하고 더 많은 포스팅을 놓치지 않으려는 충동이 강해지기도 한다. 게다가 반응이 시원찮으면 우울해지기도 한다.

이처럼 일터와 소셜미디어에서의 사회적 경험 속에는 우리의 행복을 방해하는 요소가 적지 않다. 하지만 시간이나 기억, 비교 등 행복에 악영향을 줄 만한 다양한 경험 기반 요소를 알아둔다면 만족감을 높이기 위한 첫발은 뗄 수 있다.

경험에서

적당한 정도의 굴곡은 오히려 도움이 된다

—

미국 대법원장 존 G. 로버츠 주니어는 2017년 아들의 졸업식 연설에서 졸업생들에게 미래의 경험에 대해 조언을 남겼다. 특히 그는 학생들에게 앞으로 닥칠 불행과 불운에서 삶의 중요한 가치를 배우라고 당부했다. 이따금 불운도 겪어봐야 성공과 실패가 늘 정당하지만은 않다는 것을 깨닫게 될 것이다. 비슷하게 때때로 불공정과 배신, 외로움, 고통을 겪음으로써 정의와 신의, 우정, 연민에 감사하게 될 것이다.

즐거운 일과 성공, 긍정적인 감정을 경험할 때 가장 행복하다는 믿음은 언뜻 타당해 보인다. 또한 괴로운 일, 실패, 부정적인 감정은 최대한 겪지 않아야 할 것 같다. 하지만 로버츠 대법원장의 당부처럼, 경험에서 적당한 정도의 굴곡은 오히려 도움이 된다. 적응할 때의 부작용을 덜 겪고 기존 관행의 진가를 알아볼 수 있기 때문이다.

그 이유를 몇 가지 살펴보자.

첫째, 누구든지 삶에 아무 문제가 없기를 바라는 것부터가 비현실적이다. 누구나 안 좋은 일을 겪기 마련이다. 그런 이유로 저널리스트 올리버 버크먼은 『합리적 행복*The Antidote*』에서, 안간힘을 다해 행복을 좇을수록 오히려 불만만 가득해질 수 있다고 경고한다. 비교적 쉽게 행복을 찾고 유지하려 한다면 실망만 잔뜩 겪을 것이라는 주장이다.

둘째, 역경을 경험하는 것은 특히 장기적인 관점에서는 생각만큼 많은 불행을 야기하지 않을 수도 있다. 『행복에 걸려 비틀거리다*Stumbling on Happiness*』에서 심리학자 대니얼 길버트는, 우리 안에는 불행과 맞서는 심리적 면역체계가 있어 우리 마음은 "현재 상황을 견딜 수 있도록 적당히 만족하면서도 변화를 시도할 정도로 적당히 불만족하는 감정의 균형" 상태를 조성한다고 주장한다. 예상 밖의 불행한 일을 당하면 평생 상처를 안고 살 것이라 생각할 수 있다. 하지만 이렇게 상상하는 것과 실제 시간이 흐른 뒤 느끼는 감정은 현저히 다르다.

셋째, 지금 당장은 불행한 일도 오랜 시간이 흐른 뒤에는 행복의 원천이 될 수 있다. 심리학자 소냐 류보머스키는 『행복의 신화The Myths of Happiness』에서 역경을 경험해야 회복탄력성을 키우고, 자기 정체성을 확립하며, 낙관적인 생각을 일굴 수 있다고 설명한다. 따라서 분노와 걱정, 슬픔을 경험하고 나면 미래에 이러한 감정과 관련된 상황을 겪게 될 때 보다 더 잘 이겨낼 수 있다.

이와 같은 이유로 삶에서 적당한 정도의 굴곡을 경험하는 것은 장기적으로 행복에 도움이 된다. 스키 여행에서 접한 산 정상의 경관도 종일 자욱하게 낀 안개가 가까스로 걷힌 뒤에 보게 된다면 더욱 감동적으로 다가올 것이다.

지금 〈경험하지 않는 것〉 때문에 행복할 수 있다
—

세상에서 우리가 경험할 수 있는 것은 즉시 접할 수 있는 것과 볼 수 있는 것에 한정되어 있다. 아무리 겉으로 보이는 것이 전부가 아니라 해도 경험의 눈으로는 보이는 것이 전부처럼 느껴진다. 경험의 눈으로 볼 때는 실제로 일어나지 않은 사건은 고려하지 않는다.

다시 스키 여행으로 돌아가 보자. 만약 마지막으로 슬로프를 내려오다가 사고를 당했을 때 수북한 눈더미 대신 바로 옆의 거대한 바위나 뾰족한 나무 그루터기에 머리를 박았다면 어땠을까? 그런 끔찍한 일이 일어났다면 얼마나 더 큰 고통을 겪어야 했을까? 하지만 이런 불운을 피했다는 안도감은 순식간에 지나가 버린다. 지갑을 잃어버렸다는 고통이 혼수상태에 빠질 수도 있었을 상황을 피했다는 기쁨을 압도하는 것이다.

우리는 잃어버린 기회를 한탄하고 슬퍼하는 데는 능하지만, 불행에 빠질 뻔한 문제를 용케 피했을 때는 금세 무덤덤해진다. 또 타인이 선별적으로 공유하는 멋진 경험에 쉽게 현혹되어 자신과 비교하며 우울해한다. 그럼으로써 스스로를 비운의 은메달리스트로 취급하고 우리 마음속의 금메달, 심지어 남이 정해놓은 금메달을 끊임없이 갈망한다. 또 시상대 위에 당당히 올라선 메달리스트가 되어도 스스로의 성과를 제대로 인정하거나 온전히 기뻐하지 못한다.

인지심리학자 힐렐 아인혼은 암으로 젊은 나이에 안타깝게 사망하기 몇 개월 전, 그리고 거대 소셜미디어가 존재하기 한참 전인 1986년에 흔치 않게 인터뷰를 남겼다. 그는 어느 날 중국 음식점에서 저녁을 먹은 뒤 후식으로 나오는 포춘 쿠키에서 뜻하지 않게 깨달음을 얻었다고 한다. 과자 안에는 운세가 적힌 쪽지가 들어 있는데 그날의 쪽지에는 "당신이 원하지도 않고 갖고 있지도 않은 것들에 대해 생각해 보세요."라는 글귀가 적혀 있었다. 어리둥절해진 아인혼은 처음엔 고개를 갸우뚱했다. 하지만 차차 행복은 원하는 것과 가진 것 사이의 함수 관계라는 생각을 발전시키기 시작했다.

아인혼은 이 관계를 네 가지 영역으로 나눴다.

첫 번째는, 원하면서 이미 가진 것들이다. 대부분의 인간관계와 소유물이 여기에 해당한다. 현재 우리를 행복하게 해주는 것들이다.

두 번째는, 원하지 않지만 가진 것들이다. 건강 이상, 과체중, 재정적 어려움 등이 여기에 해당한다. 현재 우리를 불행하게 만드는 것들이다.

세 번째는, 원하지만 갖지 못한 것들이다. 더 큰 돈, 더 나은 직업 등이 여기에 해당한다. 이 항목에 해당하는 것들을 손에 넣어 첫 번째 영역으로 옮겨갈 수 있다면 행복하겠지만, 적어도 현재는 우리를 행복하게 해주지 못한다.

이 세 가지 영역은 어렵지 않게 떠올릴 수 있는 것들이며 우리가 행복을 따질 때 기준점으로 삼는 것들이다. 또 우리 경험의 대부분을 차지하기도 한다. 눈으로 직접 확인하고, 존재를 느끼고,

또렷하게 떠올리고, 다른 사람과 쉽게 이야기할 수 있는 영역이기도 하다.

하지만 보통 우리 경험에서 빠져 있는 네 번째 영역이 있다. 바로 〈원하지도 않고 갖고 있지도 않은 것〉들이다. 적어도 지금 이 순간만큼은 천만다행으로 경험하지 않은 건강 이상과 재정적 어려움, 사회적 문제들이 여기에 해당한다. 이는 누구도 경험하길 원치 않는 것들이다. 실제로 개인이 속한 사회가 발달하고 가족과 주변 공동체가 경제적 여유를 누릴수록 이 영역은 더욱 커진다.

네 번째 영역에 속하는 것들은 지금은 일어나지 않았지만 혹시라도 발생하면 우리를 불행에 빠뜨릴 만한 사건들이다. 보통 이 부분이 없다고 해서 삶이 더 행복하다고 느끼는 건 아니지만 적어도 어느 정도는 그래야 할 것이다. 아인혼은 결과적으로, 경험이 말해 주는 것보다 우리는 실제로 더 행복하다고 주장한다.

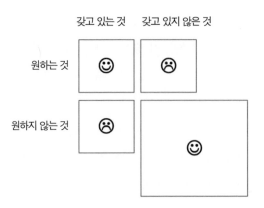

우리의 경험에서 놓친 것들, 무시해야 할 것들

—

행복은 무척 개인적인 개념이다. 또한 마음대로 통제할 수도 없다. 하지만 경험이 행복에 어떻게 영향을 주는지 이해하면 확실히 도움이 된다.

처음에는 행복했던 일에도 점차 적응해 가면서 무덤덤해지는 한편 더 높이 오르려 애쓰다가 불행에 빠질 수 있다. 상황에 대한 인식도 마찬가지다. 취사선택된 기억, 타인이 선별해서 보여주는 경험, 그리고 원하지 않는데 일어나지도 않은 사건을 제대로 고려하지 못하기 때문에 상황을 실제보다 안 좋게 인식한다.

이 장을 마무리하며 지금까지 다룬 핵심 내용을 간략히 요약하면 다음과 같다. 자신의 행복을 평가할 때 정작 놓치고 있는 것은 무엇인지, 또 무시해야 하는데도 그러지 못하고 있는 것은 무엇인지 다시 한번 확인할 수 있다.

■ 우리의 경험에서 놓친 것

적응. 인간은 상황에 기막히게 적응하는 능력을 지녔다. 인간의 행복지수는 긍정적 또는 부정적 사건을 겪은 뒤에도 처음 상태로 되돌아가는 경향이 있다. 앞으로 더 행복해지기 위해 변화를 생각할 때는 자신이 상황에 적응하는 정도와 적응의 속도도 함께 고려해야 한다.

지속 시간. 과거의 경험을 되돌아볼 때 보통 처음과 마지막, 피크의 순간만 기억에 남는 반면 전체 경험의 지속 시간은 무시하기 쉽다. 따라서 긍정적인 경험이 오래 이어졌다 해도 기대하는 만큼 전반적인 행복도는 올라가지 않을 수 있다.

경험의 굴곡. 소유를 늘려 행복을 얻었다가도 그것에 금세 적응되면서 행복이 흐려지기도 한다. 반면 굴곡 있는 경험을 통해 얻은 행복은 더 크게 느껴질 뿐 아니라 더 오래 영향을 미친다. 그 이유는 행복한 경험을 어떻게 기억할지 스스로 통제할 수 있기도 하고, 그 경험이 자신에게 어떤 의미인지 타인을 설득할 필요가 없기 때문이기도 하다.

■ 우리의 경험에서 무시해야 할 것

비교. 행복의 감정은 상대적이다. 개인의 기대와 기준점에 못미칠 경우 긍정적인 경험도 부정적인 영향을 줄 수 있다. 반면 부정적인 경험도 생각보다 괜찮다면 긍정적인 감정으로 이어진다. 따라서 경험을 평가할 때는 기준 설정이 중요하다.

이용 가능성. 쉽게 접할 수 없는 것이 행복에 똑같이 중요할지라도 우리의 경험은 손쉽게 볼 수 있는 것에 크게 좌우된다. 이를테면 원하지도 않고 갖고 있지도 않은 것들은 어쩌면 우리를 가장 행복하게 해줄 수 있는데도 마음속에 생생히 기록되지 않는다. 상대적이고 선별된 경험이 우리 인식에 악영향을 주지 않도록 제동을 걸기 위해서는 반사실적 사고(counterfactual thinking, 어떤 사건을 경험한 후에, 일어날 수도 있었지만 결국 일어나지 않았던 가상의 대안적 사건을 생각하는 것)가 필요하다. 이러한 사고를 함으로써 스스로 생각하는 것보다 훨씬 더 행복하다는 사실을 깨달을 수 있다.

좋은 쪽으로든 나쁜 쪽으로든 경험이 우리의 행복을 어떻게 만들어 가는지 이해하면 더 만족스러운 선택을 할 수 있다.

4

일상의 경험은

재난을 대비하는 데

걸림돌이 된다

당신이 공룡이라고 상상해 보자. 벨로키랍토르, 사우로포세이돈, 트리케라톱스, 스테고사우루스, 티라노사우루스 렉스 중 어느 것이든 상관없다. 뼛속까지 공룡이 되어보자.

공룡으로서 당신은 위험을 피하고, 먹이를 구하고, 번식을 하며 평범한 생활을 한다. 지금까지의 경험 덕택에 생존하는 법을 익혔다. 먹이를 쉽게 구할 수 있는 장소도 본능적으로 안다. 특정 시기에 특정 장소가 생존에 위험할지 안전할지 구분하는 감각도 발달했다. 이처럼 경험은 오랜 세월 당신의 든든한 아군이었다. 또 유전자 안에 새겨 있기도 하다. 각 개체가 지닌 공룡으로서의 본능은 종 전체의 경험이 축적된 결과다. 수백만 년 동안 공룡 조상들은 환경에 적응해 왔고, 그 결과는 공룡이 된 당신의 생존에 도움이 된다.

하지만 어느 날 잠에서 깼더니 느낌이 안 좋다. 주변 환경이 너무나도 급격히 변해 적응을 할 수가 없다. 지금까지의 경험으로는 이런 변화가 일어날 수 있는지 생각조차 하지 못했다. 이런 새로운 상황에서는 현재의 경험도, 조상들의 축적된 경험도 전혀 효과를 발휘하지 못한다. 당신의 유전자에는 지금처럼 변화된 환경에서 살아갈 능력이 전혀 들어 있지 않다. 이제 곧 생활이 극도로 어려워져 생존할 길마저 없게 된다. 당신은 죽고 같은 종의 공룡들뿐 아니라 다른 종도 죽는다. 이런 상황이 온 게 당신 탓은 아니다. 이 상황을 예측하고 예방할 방법도 없었다. 명복을 빈다.

이 이야기는 약 6,600만 년 전에 일어난 실제 사건을 바탕으로 한 것이다. 과학자들은 이 시기 지구에 소행성이 충돌해 생태계가 파괴되었다고 추정하고 있다. 충돌 직후에 죽은 생물도 많고, 충돌 후 격변하는 환경에 적응하지 못한 채 고통받다가 영원히 사라진 생물도 있다. 공룡을 비롯한 당시 생명체들의 입장에서 보면 인간은 종말 이후의 세계에 살고 있는 것이다.

우리는 인류 전체, 국가, 조직, 개인으로서 다양한 형태와 규모의 재난을 겪어왔고 앞으로도 겪으리라는 사실을 잘 알고 있다. 미래에 닥칠 재난을 제대로 예측하고 대응하기 위해서는 모든 역량을 총동원해야 한다. 인간도 공룡과 마찬가지로 경험에서 배우고 경험을 신뢰한다. 또 과거를 기록하고 현재를 관찰한다. 그러니 미래에 어떤 위험이 도사린다 해도 바로 알아차리고 최대한 효과적으로 대응할 수 있을 것이다.

좋다. 그렇다면 잘된 것 아닌가.

하지만 안타깝게도, 재난을 극복하는 데 있어 개인의 일상적인 경험은 신뢰할 만한 스승이 되진 못한다. 경험에서 배운 내용에만 절대적으로 의존한다면 관련 없는 것만 배우고 정작 중요한 정보는 놓칠 수 있어 재난에 취약해질 수 있다. 우리 인간도 공룡들만큼 무력해질 수 있다. 심지어 공룡과는 달리 인간 스스로가 초래한 재난에 당할 수도 있다. 따라서 우리 일상 경험 속의 갖가지 필터링 현상과 왜곡을 있는 그대로 인정해야 재난의 가능성을 미리 알아보고 대처 방법도 제대로 시의적절하게 결정할 수 있다.

가장 큰 문제는 치명적으로 파괴적인 결과를 초래하는 전대미문의 많은 사건들은 직접 경험한 적이 없어 깜빡 속기 쉽다는 사실이다. 또 이런 무시무시한 재난은 경고도 없이 슬그머니 다가온다.

나심 탈레브는 자신의 저서 『블랙 스완*The Black Swan*』에서 매우 드물면서도 강력한 영향을 미치는 사건이 어떻게 발생하는지 설명한다. 만약 사건이 한쪽 방향으로 단순하게 발전한다면 점차 그에 대한 대처법을 익히겠지만 이런 경우는 거의 없다. 오히려 눈에 보이지 않게 잠복해 있거나 매우 천천히 다가와 사람들이 인식하지도 못하는 사이에 별안간 폭발하듯이 모습을 드러내 충격을 안기면서 되돌릴 수 없는 결말을 초래한다. 평온하고 친숙해 보이는 현재 모습에 가려 곧 들이닥칠 재난을 제대로 볼 수 없어 희생자들은 비극적일 만큼 준비도 없이 당하고 만다.

따라서 과거에 흰색 백조만 봐왔다고 해서 다음번 백조가 검은색이 아니라고 확신할 수 없다. 경험이 있다고 해서 지금으로는 가능성이 거의 없어 보이는 사건의 존재를 미리 알 수 있는 것도 아니며 사건의 파급력 또한 짐작할 수 없다. 경험에만 의지하다가는 전례 없는 큰 재난이 다가오는지도 모른 채 방심하기 십상이다. 다행히 우리는 공룡과 달리 전문가인 과학자들이 있어 경고를 받을 수 있다. 과학자들은 한정된 개인의 일상적인 경험에 의존하지 않고 정확한 통계 분석을 바탕으로 가장 합리적인 안을 도출할 수 있다. 내일의 재앙을 예측하고 준비할 때 과학자들의 혜안은 인류의 큰 자산이다.

하지만 전문가의 경고는 종종 현재의 편안함과 안락함을 위협하고 일상의 경험과는 맞지 않을 때도 있다. 그래서 경고를 듣고도 문제의 심각성을 인지하지 못한다. 무엇을 믿고 무엇을 무시해야 할지 어려워한다. 전문가의 의견이 현재 우리가 일상적으로 경험하는 것과 맞지 않으면 결국 필요한 예방조치를 적극적으로 취하기 어렵게 된다.

재난을 직접 겪는다면 경험을 통해 재난을 배우기에는 그 대가가 너무 크다는 것을 알 수 있다. 재난은 절망적이며, 우리는 애도하고 충격을 받는다. 이 일을 반드시 기억하고 다시는 이런 일이 벌어지지 않도록 준비하고 예방하겠다고 다짐한다. 하지만 시간이 지날수록 기억은 희미해지고 마음의 긴급성 또한 사라진다. 재난의 여파와 그 결과로 생기는 새로운 상황에 적응해 갈수록 어쩔 수 없이 현재의 경험이 우리의 생각을 지배한다. 또한 타인에게 닥친 재난에서 교훈을 얻기는 더욱 어렵다. 자신이 희생자가 된 시나리오를 힘들여 상상하지 않는 한, 간접 경험으로는 늘 당하는 건 내가 아닌 남이라는 생각만 강해지고, 자신은 실제보다 안전하다는 근거 없는 자신감만 생길 뿐이다.

재난을 정확히 예측하고 예방하는 때도 있는데 이는 분명 좋은 일이지만 이런 예방 사례는 잘 드러나지 않는다. 예방조치의 특성상 그 결과가 큰 변화를 일으키는 것이 아니라 그저 계속해서 평소와 같은 일상을 누리게끔 해주기 때문에 우리는 마치 아무 일도 없었다는 듯이 삶을 이어간다. 예방조치를 실행했는지조차도 모르고 넘어가는 것이다. 그러니 예방의 효과를 명확하게 체감하지도 못한다. 어떤 예방책을 취했는지 들을 일도 없고, 만에 하나 그 예방책이 실패해 재난을 피하지 못했을 때 어떤 일이 벌어질지도 직접 경험할 수 없기 때문이다. 눈에 보이는 피해가 없으니 애초부터 위험은 없었다는 착시가 생긴다.

이런 이유로 경험이 있으면 매일의 일상에서의 생존 가능성은 높아지는 반면, 재난 상황을 예측하고 대응하는 능력은 떨어질 수 있다. 따라서 다음과 같이 묻는 게 현명하다. 경험을 통해 배우기에는 너무 큰 대가를 치러야 하는 사태, 평소에는 볼 수 없는 단서가 있어야 예측할 수 있는 뜻밖의 끔찍한 사태가 있을까? 애석하게도 그런 사태는 차고 넘친다.

눈치챌 틈도 없이 밀려드는 재난들, 우리의 경험으로는 예측할 수 없다

—

공룡뿐 아니라 누구에게나 자연은 위험한 곳이 될 수 있다.

시간도 결과도 예측할 수 없는 재앙으로 〈전염병〉을 빼놓을 수 없다. 현대 사회의 장점인 고도의 연결성은 뒤집어 보면 전염성이 강한 질병을 빠른 속도로 전파시켜 인류의 생존을 위협하는 통로가 될 수 있다. 불과 100년 전, 일명 스페인 독감은 전 세계 인구의 3분의 1을 전염시켰고 몇 달 안에 수천만 명을 죽게 했다. 하지만 이 사건의 교훈은 어느덧 희미해진 것처럼 보인다.

새로운 바이러스가 출현해 인간의 통제를 벗어나게 되면 인류가 그 파괴력을 알아볼 무렵이면 이미 때는 늦을 수 있다. 2019년에는 이러한 재난이 현실과 동떨어진 피상적인 것으로 보였다. 하지만 안타깝게도 2020년 봄, 코로나 바이러스가 전 세계적으로 유행하며 세계를 마비시키고 있다. 이는 각국의 의료체계와 경제체계에서 예상하지 못했던 사건으로 전 세계에 치명적인 결과를 불러왔다.

우리의 과거 경험으로는 이러한 재난이 다가오리라는 것과 그것의 파괴력을 사전에 눈치챌 수 없다. 뿐만 아니라 그 피해를 경감하려고 노력하는 중에도 거듭 속아 넘어간다. 감염 사례가 기하급수적으로 증가하는 상황에서 불과 몇 주 만에 수백만 명씩 감염되고 그 중 수십만 명이 죽음에 이를 수 있다는 사실부터 받아들이기가 힘들다. 잠복기와 무증상 감염 탓에 감염의 확산을 막는 중요한 사전 예방조치들이 효과를 나타내기까지는 시간이 걸리기 때문에 사람들이 이 조치의 필요성에 공감하기도 어렵다. 그 결과 예방조치 없이 시간을 끄는 동안 바이러스는 빠르게 전파되고 확산을 막는 조치는 더욱더 어려워진다.

소행성이 공룡을 지구상에서 몰아냈듯이 코로나 바이러스가 인류 전체를 멸종시키지는 않을 것이다. 하지만 피해 규모는 개인의 건강 문제뿐 아니라 세계 경제와 전 세계 인구의 삶의 질에 장기적인 위협이 되고 있다. 인류가 이 전염병에서 살아남은 뒤에는 또 다른 팬데믹을 일으킬 만한 원인을 찾아내 사전에 막아야 할 것이다. 감당할 수도 없고 겪어서는 안 될 다른 재앙도 찾아내어 새로운 시각으로 바라보아야 할 것이다.

예를 들어 기후 변화는 오랫동안 환경과 정치, 경제 분야에서 논란의 중심이 되어 왔다. 지구 온난화의 양상을 볼 때 그것은 앞으로 재앙이 될 만한가? 하지만 대부분의 사람들에게는 아직 크게 와닿지 않는다. 일부 지역만 그 심각성을 경험했지 자신이 사는 곳에서는 그 폐해를 직접적으로 경험한 적이 별로 없기 때문이다. 따라서 그동안의 경험은 지구 전체의 온난화라는 개념을 아직은 받아들이기 어렵게 해 전염병 사례의 경우처럼 꼭 필요한 조치를 취하는 데 방해만 될 뿐이다. 물론 최근에 유난히 더운 여름을 한두 번 겪었을 수는 있다. 또는 최근 몇 년간 평소보다 허리케인이나 산불이 많았을 수도 있다. 하지만 대다수에게는 어김없이 가을 뒤에 추운 겨울이 뒤따랐고 허리케인은 한해 중 매우 짧은 기간 동안만 지나갔을 뿐이다. 대부분의 사람들에게 일상은 계속되며 이 때문에 기후 변화 문제를 시급한 사회, 정치, 경제 문제보다 중요하게 다루기가 어려워진다.

하지만 미항공우주국과 미국글로벌연구변화프로그램의 분석에 따르면 상황이 정말로 변하고 있다. 여러 징후가 있지만 극지방의 만년설과 히말라야 산맥 빙하가 빠르게 녹고 있으며 이산화탄소 배출량은 사상 최대치를 기록하고 있다. 또 지구의 평균 기온도 서서히 오르고 있으며 이에 대해 과학자들은 입을 모아 문제를 되돌리기에는 점점 더 어려워지고 있다고 주장한다. 머지않아 해수면 상승, 기상이변의 빈도 증가, 공기의 질 저하, 가뭄의 반복 등이 어느 선을 넘으면 세계 인구 대다수에게 신체적, 경제적 해악을 끼칠 것이 분명하다. 그뿐 아니라 인류의 전 생애에 걸쳐 악영향을 미칠 것이다.

이와 비슷한 사례로 항생제 내성의 위험성을 들 수 있다. 이는 어떤 세균을 치료하기 위해 사용되는 항생제에 대해 특정 조건에서 그 항생제에 견뎌내는 유해한 세균이 발생하는 현상을 말한다. 이렇게 되면 약물을 복용한 효과가 떨어지는데 어떤 경우에는 전혀 효과가 없기도 한다.

내성이 완전히 새로운 현상은 아니다. 내성은 인류가 항생제를 발명하기 전, 더 나아가 인류가 존재하기 전부터 있어 왔다. 대부분의 미생물은 시간이 지날수록 생물학적인 적군에게 저항하는 능력을 갖추게 되었고 인간도 비슷한 과정을 거쳤다. 하지만 인류가 항생제를 발명한 이후 항생제 내성이 급속도로 증가하기 시작했다. 개인과 산업계에서 과도하게 그리고 부적절하게 항생제를 사용한다면 어떤 세균은 기록적인 속도로 진화해 인간의 생물학적 방어체계를 무너뜨릴 수 있다.

세계보건기구는 항생제 내성이 점점 강해지고 있으며 앞으로는 그 위험성이 치솟을 수 있다고 발표했다. 하지만 지구 온난화와 마찬가지로, 이 문제 역시 사람들의 일상적인 경험에는 거의 영향을 끼치지 못한다. 오히려 사람들은 항생제를 사용하면 좋은 결과를 경험한다. 심지어 대부분의 사람들은 과도한 복용(필요 없는 경우에도 복용)이나 불충분한 복용(처방보다 적게 복용)에도 별다른 문제 없이 넘어간다. 이런 경험 때문에 항생제 내성이 심각한 문제가 아니라고 믿게 된다.

하지만 직접적인 경험을 통해 이 같은 위험을 배우기에는 너무나 큰 대가가 따른다. 약물 저항성을 지닌 미생물에 취약한 기저 질환이 있다면, 또 큰 수술이나 항암 치료처럼 항생제를 다량 투여해야 하는 강도 높은 치료가 필요하다면 항생제 내성은 특히 치명적인 결과를 가져온다.

인류 역사가 증명하듯 전쟁 가능성도 겪을 수 있는 재앙 중 하나다. 갈등과 분열은 보통 서서히 고조되다가 결국 군사적 충돌로 이어진다. 그 중 최악의 세계적 위기는 핵전쟁 발발일 것이다. 하지만 일상적인 경험은 이런 참사를 피하기 위해 우리가 무엇을 해야 하는지 준비시키지 못한다. 과거 두 세대 동안 이어져 왔던 핵무기 경쟁과 점진적인 핵무장 확산을 두 눈으로 보아왔기 때문에 오히려 지금은 안전하다는 비뚤어진 인식만 퍼질 수 있다.

경제위기가 진행되는 모습도 경험으로는 포착하기 어렵다. 2008년 세계 금융위기는 사전 경고도 없이 진행되었고, 특히 가장 큰 대가를 치러야 했던 일반 대중은 전혀 눈치챌 수 없었다. 현재에도 우리는 코로나 바이러스가 초래할 경제 불황이 얼마나 심각하게 오랫동안 이어질지 아직 모른다. 이런 사건의 결과를 직접 경험을 통해 배우기에는 너무 큰 대가가 따른다. 하지만 일상에서 보고 들은 것에만 의존해서는 사태의 심각성을 깨닫지 못하다가 댐이 무너질 때가 되어서야 알게 된다.

전 세계적 참사의 후보는 더 있지만 세계적인 규모의 재난만 있는 것이 아니다. 동네와 지역에 닥치는 재난도 수천 수백만 명의 사람들에게 끔찍한 피해를 줄 수 있다. 우리 인간은 여기서도 무사안일주의에 빠져 동네와 지역의 재난이 몰고 오는 위험을 무시하는 경향이 있다. 일상의 경험에는 별다른 영향이 없어 보이기 때문에 현재의 평온한 일상에 이끌려 위험천만하게도 전혀 대비를 하지 않는다.

하나하나 따져보면 많은 재난이 일어날 것 같지는 않다. 그러나 전부 모아서 함께 고려해 보면 가까운 미래에 어떤 일도 일어나지 않을 확률은 상당히 작아진다. 특히 인류 역사상 그 어느 때보다도 수명이 길어지고 발전의 속도도 빨라지고 있다는 점을 고려하면 더욱 그렇다. 불행히도, 코로나 바이러스는 이 추리가 옳다는 것을 증명했다.

재난 대비에 관한 한 우리의 일상적인 경험만으로는 재난의 발생 가능성이나 심각성, 파괴력을 예측하기 어렵다는 현실을 인정해야 한다. 이런 뜻밖의 끔찍한 사태에 제대로 대응하기 위해서는 〈경험의 한계〉를 넘어설 방법을 찾아야 한다.

전문가의 분석 vs. 일반인의 경험,
무엇이 더 그럴듯하게 다가올까

—

경험 밖에 있으면서 언제 덮칠지 모르는 재난을 어떻게 대비해야 할까? 우선은 재난의 발생 가능성과 그 영향력을 예측하려 노력할 수 있다. 하지만 경험에서 배운 것은 확률에 대한 인식도 왜곡시킬 가능성이 있다.

우리는 확률을 직접 보지 못한다. 어떤 사건은 일어나거나 일어나지 않거나 둘 중 하나다. 동전을 던지면 앞면이나 뒷면이 나온다. 머리로는 두 가지 결과가 50퍼센트의 확률로 나타난다고 알고 있지만, 단 한 번의 동전 던지기로 이 확률을 모두 직접 보지는 못한다. 같은 일이 자주 발생하는 경우에는 확률에 대한 감각이 조금 더 정확하다. 자주 벌어지는 일일수록 결과를 많이 접하게 되고 여러 결과를 한꺼번에 조망할 수 있다. 또 전체 대비 한 가지 결과의 빈도를 따져 확률을 비교적 정확히 알 수 있다. 이론상 동전을 1,000번 던지면 표본오차를 감안해도 절반쯤은 앞면이 나올 것이다. 여러 번 던질수록 오차는 점점 줄어든다. 이렇게 되면 앞면(또는 뒷면)이 50퍼센트 정도의 확률로 나온다는 사실을 직관적으로 느낄 수 있다.

하지만 재난은 자주 발생하는 사건이 아니다. 복잡도도 높고 전례가 없는 경우도 많다. 오히려 그 때문에 피해가 더 심각해지기도 한다. 그와 같은 재난에 대한 충분한 경험이 없기 때문에 명확한 종합적 견해를 갖추기도 힘들다.

이때 〈전문가〉가 등장한다. 그들은 뛰어난 통계적 분석력으로 무장하고 어느 개인의 경험에 국한되지 않는 넓은 범위의 사건을 연구하는 사람들이다. 그들 전문가들은 분석 결과를 바탕으로 설명하고 해결책을 제시한다. 하지만 연구에 따르면, 전문가들의 설명은 일반인들의 인식과 상당히 다르다. 이 두 가지가 서로 다른 이야기를 할 때는 충돌이 벌어진다.

같은 1퍼센트의 확률이라도 머리로 접할 때와 직접 겪을 때는 다르다. 실패 확률이 1퍼센트인 투자 상품을 생각해 보자. 금융 상담사가 "고객님의 투자금 모두를 잃을 확률은 100분의 1입니다."라고 말한다. 이 설명을 듣고 어떤 느낌이 드는가? 가능성이 무척 낮긴 하지만 돈을 완전히 잃을 수도 있다. 투자금을 모두 잃을 수 있는 단 한 번의 경우가 손에 잡힐 듯 생생하게 느껴질 것이다. 대부분의 사람들은 이 단 한 건에 집착하고 전전긍긍할 수밖에 없다.

하지만 같은 실패 확률을 전적으로 경험을 통해 배운다면 어떤 느낌일까? 누구도 1퍼센트의 확률에 대해 설명해준 적 없다 치자. 그럼 직접 투자를 하거나, 시간을 두고 다른 사람의 투자 결과를 관찰하면서 감각으로 익히는 수밖에 없다. 그리고 다음과 같은 결과가 나온다. 수익, 수익, 수익, 수익, 수익, 수익, 수익,

수익, 수익. 이 결과는 손실 확률이 1퍼센트로 설정된 시뮬레이션을 9번 시행한 후 나온 것이다. 1퍼센트의 실패 확률이라면 대형 손실이 발생할 확률은 현저히 낮기 때문에 표본이 작을 때는 잘 드러나지 않는다. 따라서 투자가로서 이 같은 경험을 한다면 그것만이 가장 확실한 교훈처럼 보일 것이다. 또한 작더라도 손실이 나는 경우도 확률적으로 매우 드물기 때문에 비슷하게 겪고 비슷하게 느끼는 사람이 많을 것이다. 다른 투자자들과 한 잔 기울이며 결과를 비교해 보면 손대는 것마다 이익을 보는 사람들을 많이 만날 것이다.

이런 상황에서는 통계적 분석에 바탕을 둔 전문가의 설명이 과도하게 〈격정〉을 안긴다면, 개인이 접하는 작은 표본에 바탕을 둔 경험은 과도하게 〈안정감〉을 준다. 이익이 한 번 발생할 때마다 투자자의 자신감도 올라간다. 자신감이 붙은 투자자는 더 큰 위험 부담을 감당하려 할 테고, 따라서 예방책은 물론 대형 손실을 막는 조치도 취하지 않으려 할 것이다.

재난도 마찬가지다. 사람들은 자신의 경험에서 나온 직감만을 믿고 대참사의 발생 가능성을 과소평가한다. 그래서 무책임하게 행동하게 된다. 이에 비해 전문가들이 이야기하는 확률은 비합리적으로 들릴 수 있다. 사안이 복잡할 때는 데이터와 분석 결과 역시 복잡해진다. 그래서 전문가들의 설명은 대체로 명쾌하지 않은 데다 불확실성을 수반하는 경향이 있다. 또한 미래의 발생 가능성을 점치기 때문에 어떤 재난이 언제 어디서 일어날지 정확히 알 길이 없다. 피해도 얼마나 될지 확신할 수 없다. 그러니 일반인들의 경험에서 나온 것은 늘 단순하고 생생하고 그럴듯해 보이는 데에 비해, 전문가들의 판단은 소화하기가 어렵다.

혼란스럽기로 악명 높은 생일 문제를 〈전문가의 분석 대 일반인의 경험〉이라는 두 가지 관점에서 생각해 보자. 문제는 이렇게 시작된다. 무작위로 선발된 사람 25명으로 이루어진 그룹에 생일이 같은 사람이 두 명 이상 될 확률은 얼마나 될까? 경험에 비춰보면 이것은 그다지 가능성이 높지 않다. 우리는 살면서 여러 사람을 만나지만 생일이 같은 사람을 만난 적은 거의 혹은 전혀 없다. 또한 여러 명이 생일이 같아 같은 날 동시에 축하하는 사례를 본 기억도 별로 없다. 따라서 일반인인 우리의 경험에 비춰봤을 때 생일이 같은 경우는 매우 드물고, 무작위로 선발된 25명은 이런 우연이 나오기엔 표본이 작아 보인다.

반면 전문가의 분석에 따르면 25명이 있는 그룹에서 적어도 생일이 같은 사람 두 명을 찾아낼 가능성은 그렇지 않은 경우보다 높다. 생일이 같은 두 사람을 찾아낼 실제 확률은 56퍼센트에 달한다. 게다가 무작위로 5명을 그 그룹에 더 들여보내면 확률은 70퍼센트로 훌쩍 뛴다! 이게 어떻게 가능할까? 이에 대해 전문가가 설명하기 시작하지만 그는 종이 한 장을 방정식으로 가득 채운다. 보기만 해도 복잡해 보인다.

여기서 주의할 것은, 질문이 25명인 그룹에서 〈누구든〉 생일이 같은 두 명을 물었다는 사실이다. 그 안에서 〈여러분 자신〉과 생일이 같은 사람을 찾는 것이 아니라는 뜻이다. 즉 성격도 전혀 다르고 훨씬 복잡한 질문을 한 것이다. 이 문제는 조합론이라는, 수학에서 비교적 복잡한 분야로 설명할 수 있다. 25명으로 구성된 그룹에서 두 명씩 짝지으면 300가지 조합이 나오기 때문에 생일이 일치하는 쌍을 찾을 확률은 생각보다 무척 크다. 또한 새로운 사람이 추가될 때마다 확률은 언뜻 생각하는 것보다 훨씬 빠른 속도로 증가한다.

이와 비슷하게 전염성 높은 바이러스 역시 초기 단계에서는 일상적인 계절성 독감처럼 보인다. 전염 사례와 사상자 수가 독감과 비슷한 정도이기 때문이다. 하지만 전문가들은 전염 사례가 기하급수적으로 늘면 독감과는 달리 최종 피해 규모가 심각해진다는 사실을 대중들에게 설득하려 할 것이다. 바로 조치를 취하지 않으면 머지않아 사상자 수가 폭발적으로 증가할 거라고 말이다. 하지만 전문가의 경고는 별로 타당한 것 같지도 않고 설득력도 없어 보인다. 그들이 말하는 것이 우리의 경험상으로는 일어날 것 같지 않아 보이는 것이다. 그렇다고 해서 그들의 의견이 틀린 건 아니다. 시스템 전체를 뒤흔드는 위험, 극히 드물게 발생하는 재난에 대한 확률도 이렇게 작용한다. 이처럼 재난 발생 가능성이나 잠재적 피해를 이해하는 데 우리 각자의 개인적이고 일상적인 경험은 큰 도움이 되지 못한다.

재난을 한번 겪었는데도
다음번 재난을 대비하지 못하는 (혹은 않는) 이유
—

물론 재난이 발생하면 교훈을 얻을 기회 역시 주어진다. 우리는
우선 충격을 받아들인다. 문제가 무엇인지, 파급력이 어떤지도
알아차린다. 또 문제를 깊이 분석한다. 그러니 합리적인 관점에
서는 재난의 경험에서 의미 있는 교훈을 얻을 것만 같다. 하지만
실제로는 이런 일이 얼마나 일어날까? 와튼스쿨의 위험관리 및
의사결정 과정 센터의 로버트 마이어와 하워드 컨루서는 『타조의
역설The Ostrich Paradox』에서 이 질문을 분석한다. 책에서 두 사람
은 재난을 겪은 지역이 다음 재난을 제대로 대비하지 못했다가
비슷한 일이 또 닥쳤을 때 끔찍한 피해를 입은 경우를 소개한다.
　2008년 텍사스 주 갤버스턴 섬을 덮친 허리케인 아이크도 그
중 하나였다. 허리케인은 전에도 있었다. 약 100년 전, 갤버스턴
은 비슷한 사태로 비슷한 피해를 겪었다. 당시에 지역 관료들은
이 끔찍한 경험을 교훈으로 삼았고 도시를 재건할 때 충분한 예
방조치를 취했다. 하지만 각종 증거에 따르면 시간이 지날수록
교훈은 현저히 퇴색해 갔다. 2008년 당시에는 도시를 방어하는

방조제가 특히 허술했다. 군데군데 노후했고 약해져 있었다. 심지어 새로 지어진 동네는 방조제를 처음부터 아예 생략하기도 했다. 상황이 심각하다는 예보에도 불구하고 허리케인이 다가올 때 대부분의 주민들은 초기 경고를 무시했다. 원래 재난에 취약한 지역인데도 피해를 입은 주민 수천 명 중 필요한 보험에 가입한 사람은 39퍼센트뿐이었다. 이런 실책이 쌓이고 쌓여 끔찍한 인명과 재산 피해로 이어졌다.

이런 갖가지 비극적인 일화를 바탕으로 마이어와 컨루서는 우리에게 피해를 주는 경험에 의해 촉발된 2가지 원리를 소개한다.

첫째, 우리가 극단적인 사건을 잊지는 않지만(사건을 마음속 깊이 새기기 위해 기념물도 세우고 안전대책에 투자하기도 한다.) 지역 공동체가 겪은 심리적 외상은 서서히 흐려진다. 상처가 완전히 사라지지는 않겠지만 심리적으로 견딜 수 있는 수준으로 낮아진다. 이러한 〈심리적 회귀 현상〉은 자전거를 타다 넘어지거나 테니스 경기에서 지는 것처럼 일상 속에서 자주 겪는 자잘한 실패에는 무척 유용하다. 실패할 때마다 사사건건 정신적 충격에 빠진다면 새로운 시도도 못하고 역량도 키우지 못할 테니까 말이다. 마찬가지로 허리케인으로 도시가 파괴된 뒤 사람들이 다시는 도시를 짓지 않는다면 문명은 발달을 멈추고 정체될 것이다. 하지만 반대로 이 심리적 회귀 현상 때문에 우리는 무모해지기도 하며 미래에 닥칠 재난에 대비하지도 못한다.

특히 재난을 직접 겪지 않았다면 초기의 충격이 가신 뒤에는 재난에 대한 기억과 각종 수치, 경고가 전만큼 고통스럽게 다가오지는 않는다. 오히려 과거의 충격보다는 최근의 평온한 기억이 곧 우세해진다. 또 과거의 재난보다는 눈앞에 닥친 생생한 일상의 걱정거리가 우리의 생각을 차지해 버린다. 심지어 최근에는 재난이 일어나지 않았으니 어떤 위험은 기회처럼 보이기도 한다. 시간이 지나면 재난 지역 한가운데 있는 부동산은 상대적으로 저렴해 보인다. 한동안 별일 없었으니 왠지 남는 장사처럼 느껴진다.

마이어와 컨루서가 논하는 두 번째 원리는 예방조치에 대한 대중의 인식과 관련 있다. 발생 빈도가 낮은 재난일수록 사람들은 대비책의 필요성에도, 그 유용성에도 공감하지 못한다. 모범시민들은 피해를 막을 태풍 셔터를 설치하는 등 값비싼 예방조치를 감수하기도 하지만 다른 시민들은 같은 비용으로 새 TV를 사서 즐긴다.

게다가 거짓 경보라도 울리게 되면 예방조치를 취하지 않은 사람은 근거 없는 과도한 자신감을 갖게 된다. 관계자들은 나중에 후회하는 것보다는 미리 조심하는 편이 낫다는 생각에 우선 경보부터 울릴 수 있다. 하지만 잘못된 경보를 몇 차례 겪으면 사람들은 재난 같은 건 없으며 재난 대비책에 투자하는 사람들만 손해를 볼 뿐이라고 넘겨짚기 시작한다. 태풍 경보를 접한 뒤 힘들게 태풍 셔터를 친 주민들마저도 잘못된 경보에 몇 번 속고 나면 불만을 느끼고 다음 경보가 울릴 때는 이웃들처럼 TV 앞에서 쉬겠다고 다짐할 수 있다.

이제 서서히 공동체 전체는 확실히 예방조치를 포기하기로 결정한다. 건축 규제와 특별 보험 계획 같은 중요한 대비책을 무시하게 되고 이로 인해 재난에는 더욱 취약해진다. 궁극적으로는 일상의 경험에 무분별하게 의존하면 과거에 이미 피해를 입고 고통을 겪었어도 똑같은 피해를 또다시 입을 가능성이 커진다. 이는 자연재해에만 해당하는 문제는 아니다.

금융 분야 연구 결과에 따르면, 사람들은 투자 결과를 평가할 때 오래전 과거보다 〈가까운 과거〉를 더 비중 있게 평가한다. 가까운 과거의 경험이 더욱 생생하고 현실을 정확하게 반영한다고 믿는 것이다. 즉 과거에 큰 손실을 보았어도 가장 최근에 수익을 냈다면 다음에도 수익을 낼 거라고 믿는다. 점진적인 변화를 겪을 때는 이런 성향이 도움이 되며 그 덕분에 시대의 흐름을 따라가고 좋은 성과를 낼 수 있다. 하지만 역설적으로, 이 성향 때문에 예기치 않은 위험에 대해서는 지나치게 방심하게 된다. 과거에 세계적인 불황을 겪었다고 해서 앞으로 비슷한 실수를 저지르지 않으리라는 보장은 없다. 하지만 불황 없는 세월이 어느 정도 이어지면 미래의 어려운 상황을 대비해 세워두었던 예방 정책이나 경보 시스템까지도 슬슬 폐기하고 싶어진다.

세계 평화 유지 문제도 보자. 각국은 지난 세기에 전략적 국제

동맹을 적극적으로 맺어 동맹국 사이에 폭력과 전쟁을 피하고자 했다. 하지만 국가 간 갈등이 야기했던 절망과 고통이 점점 희미해지면서 전략적 동맹 같은 안전 장치의 중요성도 흐려졌다. 그 결과, 동맹이 서서히 약해지거나 해체되면서 동맹 관계를 갱신하거나 새로운 동맹으로 대체하려는 노력도 소홀해지면 국가 간 긴장감이 다시금 상승할 수밖에 없다.

마찬가지로 전염병의 위험도 있다. 우리는 백신 접종을 시행하면서 여러 가지 전염병을 퇴치한 뒤 이러한 전염병이 한때 얼마나 큰 피해를 입혔는지 잊은 듯하다. 오늘날에는 예방 접종에 반대하는 백신 반대 운동이 소셜미디어와 유명인들의 공개적인 지지에 힘입어 힘을 얻고 있다. 하지만 많은 사람들이 중요한 백신 접종을 거부한다면 이미 박멸에 성공한 질병도 재발할 수 있다. 따라서 과거의 재난 경험과 미래에 대형 참사가 발생할 가능성을 고려했을 때, 모든 분야에 걸쳐 시의적절하고 효과적인 예방조치가 필요하다는 데 모두가 공감해야 한다. 하지만 안타깝게도 이처럼 꼭 필요한 보호조치도 우리의 일상적 경험에 가려 흐지부지된다.

재난 〈후의〉 해결책 vs. 재난 〈전의〉 예방책,
사람들은 무엇에 더 열광할까

—

전 세계에 빠른 속도로 확산되고 있는 특정 전염병이 있다고 상
상해 보자. 처음에는 지구 한구석 작은 마을에서 시작해 장거리
를 이동하는 사람들을 매개로 전 세계적으로 퍼져나갔다. 원인
은 잘 알려진 바이러스의 새로운 변종이고 치사율은 50퍼센트로
매우 높다. 수만 명이 죽고 더 많은 사람들이 전염된 후 〈마크 질
슨〉 박사가 이끄는 연구팀은 밤낮없이 연구개발에 매진한 끝에
치료제 개발에 성공한다. 거의 모든 환자에게 예외 없이 효과를
발휘하는 신비의 치료약이다. 질슨 박사는 영웅 대접을 받는다.
여기서 잠깐, 그는 정말 영웅인가? 물론 영웅이 틀림없다.

하지만 다른 전개를 상상해 보자.

지구 한구석 작은 마을에서 바이러스의 변종이 전염되기 시작
한다. 이 바이러스는 치사율이 높고 빠르게 퍼진다. 불과 몇 주
만에 동네에서 수십 명이 죽고 동네를 드나드는 사람들이 있는
상태에서는 확산을 막는 게 불가능해 보인다. 다행히 〈질 마크슨〉
박사가 이끄는 연구팀이 때마침 이곳에 상주하고 있었다. 전염병
확산 가능성을 알아본 이 팀은 목숨을 걸고 전략적인 역학조사와
철저한 격리조치, 핵심 예방조치를 병행하여 확산을 성공적으로
막는다. 사건은 국지적인 규모로 마무리되고 곧 바이러스 박멸에

도 성공한다. 마크슨 박사와 연구팀은 전 세계 수만 명의 목숨을 앗아갔을지도 모르는 팬데믹을 성공적으로 예방했다. 여기서 잠깐, 마크슨 박사는 정말 영웅인가? 물론 영웅이 틀림없다. 그렇다면 그녀는 영웅 대접을 받을까? 아마 받지 못할 것이다.

위의 두 사건을 보통 사람들이 경험하고 평가하는 데는 큰 격차가 있다. 질슨 박사와 마크슨 박사는 둘 다 수많은 생명을 살리는 값진 행동을 보여줬다. 우열을 가리기 어려울 만큼 모두 탁월한 업적이다. 하지만 우리의 경험 때문에 둘 중 한 사람만 정당한 평가를 받을 것이다.

첫 번째 사례에서는 치명적인 피해가 발생한 후에 〈해결책〉이 등장한다. 사건의 전개 또한 널리 알려졌고 누구나 쉽게 그 피해를 접할 수 있으며 그 규모 또한 엄청났다. 이에 따라 질슨 박사의 행동은 널리 인정받는다. 여기서는 수많은 사람들이 재난을 직접 경험했기 때문에 질슨 박사가 제시한 해결책이 얼마나 중요한지 제대로 알아본다.

한편 두 번째 사례에서는 치명적인 피해가 발생하기 전에 〈예방책〉이 등장한다. 직접 보거나 들을 만한 엄청난 사건이 전개되지도 않았으며 세계인이 널리 그 상황을 경험하지도 않는다. 물론 이는 천만다행이다. 하지만 바로 이 이유로 마크슨 박사의 노력은 해결책을 제시한 경우만큼 인정이나 보상을 받지 못할 것이다.

더 치명적이게도, 재난을 사전에 예방했기 때문에 일반 대중은 그 파괴력을 모른 채 넘어갈 수 있다. 하지만 재난의 피해가 클수록 직접 경험하기에는 대가가 클 뿐 아니라 예방도 보다 더 중요해진다. 다행스럽게도 현실 세계에는 가상의 마크슨 박사처럼 자신의 사명을 묵묵히 수행하는 사람들이 많이 있다.

지난 수십 년간 과학자와 보건의료 종사자들은 치명률이 높은(세계보건기구에 따르면 평균 50퍼센트) 전염병인 에볼라의 확산을 막기 위해 꾸준히 애써왔다. 이들의 노력에 힘입어 놀라운 성과가 뒤따랐다. 보도에 따르면 몇몇 치료제는 전기 공급이 불안정한 지역에까지도 전달돼 극도로 낮은 온도에서 보관되고 있다고 한다. 지역별 치료센터도 활발히 설립 중이다. 에볼라 환자의 밀접 접촉자들에게는 백신을 접종하고 에볼라의 진실과 거짓 정보에 대해서도 지역마다 활발히 홍보한다. 이 모든 노력은 안전의 위협 속에서도 꾸준히 이루어지고 있다.

다행히 각종 발표에 따르면 머지않아 확실한 에볼라 치료제가 개발될 것 같다. 좋은 소식이다. 하지만 이것에 들떠 치료에 선행하는 장기적인 안목이 필요한 정책과 예방조치를 과소평가해서는 안 된다. 코로나 바이러스의 확산 사례를 보면 재난이 이미 전개되는 와중에는 예방대책을 마련하는 것이 얼마나 어렵고 시간이 많이 소요되는지 알 수 있다. 그러므로 재난이 발생하기 전에 예방조치를 생각해야 한다.

예방조치의 역설,
재난을 학습할 기회를 빼앗는다
—

하지만 예방책 역시 〈경험의 저주〉에서 자유롭지 못하다.

첫째, 문제를 예방하려면 우선 문제가 존재한다는 사실과 그것의 잠재적 영향력을 인정해야 한다. 하지만 우리의 과거와 현재 경험으로는 미래에 다가올 재난이 있다는 것도, 그것이 어떤 규모인지도 알기 어렵다. 공룡들을 떠올려보자. 공룡의 경험으로는 우주에서 날아오는 거대한 폭탄과 그것이 일으킬 자신들의 멸종에 대해 알 길이 없었다.

둘째, 재난을 막는데 성공하면 그 재난을 경험하지 않는다. 따라서 그 재난의 존재나 잠재적인 충격을 실제로는 학습하지 못한다. 이 때문에 점차 비슷한 재난을 예방하기가 점점 어려워진다. 그 결과, 오히려 예방책이 다음 예방책의 성공을 방해할 수 있다. 그러나 예방에 성공한 사례를 인정하고 보상하는 데는 걸림돌이 또 하나 있다. 문제를 일으켰을 장본인을 처벌하는 문제다. 결국 누군가가 실수를 저질렀기 때문에 무언가를 막아야 했을 것이다. 하지만 조직과 공동체는 이런 실패가 부끄러워 공개를 꺼린다. 그 결과 예방에 성공한 영웅들을 접하기가 어렵게 된다.

설상가상으로 경험을 통해서는 예방의 효과에 대해 제대로 배울 수 없기 때문에 우리는 예방에 성공한 사례를 제대로 인정하거나 충분히 보상하지 못한다. 그 결과 예방 사례가 더 줄거나 제때 조치를 취하지 못해 늦어질 수도 있다. 혹시 아는가? 몇 명의 노력 덕분에 몇 년 전에 이미 큰 금융위기를 한번 막았을지도 모른다. 우리에게 알려지지는 않았지만 말이다. 외교적인 노력과 무역 협정으로 얼마나 많은 갈등과 전쟁을 예방했는지도 정확히 알기는 어렵다. 큰 위기와 재난에 희생당하거나 이득을 본 인물들을 다룬 책과 영화는 많지만, 재난을 예방한 사람이나 예방하기 위해 노력하다가 실패한 인물은 책과 영화에 별로 등장하지 않는다. 이런 현상을 〈아르키포프-페트로프 수수께끼Arkhipov-Petrov puzzle〉라고 부를 수 있다.

바실리 아르키포프Vasili Arkhipov는 1960년대 소련의 잠수함 함장이었다. 아르키포프는 쿠바 미사일 위기 당시 대원들이 미국과 소련 사이에 전쟁이 일어났다고 굳게 믿는 상황에서도 핵공격 승인을 거부함으로써 핵전쟁 발발을 막았다. 오경보일 수도 있다고 직감한 아르키포프는 핵미사일을 발사하려는 동료 고위 장교 두 명을 만류했다. 그럼으로써 전 세계 수백만 명의 생명을 구할 수 있었다. 아르키포프는 결단력 있게 행동함으로써 결코 겪어서는 안 될 대참사를 막았다.

스타니슬라프 페트로프Stanislav Petrov는 1983년에 소련 공군 대령으로 복무하고 있었다. 페트로프 역시 냉전 중 긴장감이 팽배하던 시절 그의 지혜로 핵전쟁을 막았다. 이번에는 소련군에게 미국의 미사일 발사 경보를 알리는 사전 경보 시스템이 희귀한 기후 현상을 대륙간탄도미사일 발사로 오인했다. 하지만 페트로프는 미국에 대한 공격 경보를 울리지 않고 시스템의 오작동을 보고했다. 만약 그가 오작동을 알아차리지 못했다면 수백만 명이 목숨을 잃었을 것이다. 페트로프는 결단력 있게 행동함으로써 결코 겪어서는 안 될 대참사를 막았다.

예방에 성공한 영웅 중 운이 좀 더 따르는 경우도 있다. 아르키포프와 페트로프도 결국 공을 인정받았다. 뒤늦게라도 인정을 받았으니 그나마 다행인 셈이다. 그래도 폴 크루첸과 마리오 몰리나, 프랭크 셔우드 롤랜드 이야기는 훨씬 희망차다. 이들 세 과학자는 인공 화학물의 오존층 파괴 효과를 알리고 당장 세계적인 규모로 예방조치를 취해야 한다고 목소리를 높였다. 세 과학자는 그 노력을 인정받아 1995년 노벨상을 수상했다.

하지만 리처드 밸러리 무조코 키붕의 사례는 전혀 다르다. 키붕은 전염병 학자로서 세계보건기구에 합류해 에볼라의 확산을 막기 위해 노력했다. 2019년 봄, 키붕은 에볼라 치료를 위해 분투하던 중 총격을 당해 숨졌다. 키붕은 많은 이들을 죽음에서 구했고 아마도 사고만 아니었다면 더 많은 생명을 구했을 것이다. 하지만 그는 사망했고 그 소식을 접한 의료계 전문가와 기관들은 위협을 느꼈을 것이다. 덕분에 안타깝지만 앞으로 에볼라 예방활동이 여러모로 어려워질 수 있다. 현재 리처드 밸러리 무조코 키붕을 아는 사람은 별로 많지 않다. 애석한 일이 아닐 수 없다.

재난을 막기 위해 분투하는 사람들을 별도로 표창하고, 포상하고, 인정해야 한다. 아직 사회에서는 이들을 충분히 인정해 주지 않고 있다. 파괴력이 크고 되돌릴 수 없을 참사를 효율적으로 예방한 사례들을 널리 발굴하고 포상해야 한다. 교통과 운송, 공학, 보건의료, 경제, 환경 등 생활에 큰 영향을 미치는 분야에서 대형 사고를 예방한 사람들을 위한 국제적인 상을 제정할 수도 있을 것이다. 그 상을 아르키포프-페트로프 상이라고 부르면 어떨까.

일촉즉발의 상황을 경험할수록
다음 재난의 경고 신호를 무시한다

—

예방의 가까운 사촌은 〈위기일발〉 상황으로, 이는 성공을 가장한 실패다. 이때는 안 좋은 일을 가까스로 모면함으로써 눈앞의 위기는 똑똑히 파악하면서도 피해는 겪지 않아도 된다.

위기일발 상황은 귀중한 정보로 가득하다. 하지만 안타깝게도 그 상황에서 교훈을 얻기는 쉽지 않다. 기억을 더듬어보자. 최근에 이처럼 위기를 간신히 모면하고 안도의 한숨을 내쉰 게 언제였는가? 운전 중 아주 잠시 휴대폰을 봤다가 고개를 든 순간 충돌을 아슬아슬하게 피했을 수 있다. 우리 대부분은 이런 사건을 한 번쯤 혹은 여러 번 겪었다. 하지만 이런 위기일발 상황에서는 혹독한 대가를 치른 실수에서 배우는 것만큼 충분히 배우지 못한다. 이런 사건이 일어났다 해도 끔찍한 경험으로 이어진 건 아니기 때문이다.

조직에서는 위기일발의 상황을 촉발시킨 사람들이 사건을 은폐하고 축소하는 경향이 있다. 누구라도 끔찍한 실수를 저지를 뻔한 일을 굳이 보고하지는 않는다. 조직 내 성과 보상 체계상 이런 일은 일어나지 않는다. 결국 구성원들은 타인이 저지를 뻔한, 어쩌면 자신에게도 일어날지 모르는 사고를 타산지석으로 삼을 기회를 놓친다. 심지어 위기일발 사건이 조용히 묻히면 오히려 다음번에 실제로 위기가 발생할 가능성이 높아진다. 실수를 했지만 문제로 이어지지는 않았다면 언젠가는 문제가 될 것이다. 피해가 없었기 때문에 대부분의 사람들은 같은 과정을 반복하겠지만 물밑에서 위험 요소는 계속 도사리고 있는 것이다.

이런 이유로 제조나 항공, 보건처럼 안전이 중요한 산업에서는 위기일발 상황을 반드시 주의 깊게 검토해야 한다. 이런 산업에 속한 기업에서는 문제되는 상황을 인지한 사람들이 필요시 익명으로도 상급 관리자에게 보고할 수 있는 체계를 갖추고 있다. 이런 보고체계 덕택에 이들 기업은 제때 예방조치를 취해 대형사고를 피할 수 있다. 일례로 항공기에 문제가 생겼으나 안전하게 착륙할 수도 있다. 이런 위기일발의 사건을 잠재적 대형사고로 취급하면 실제 사고를 예방하는 데 큰 도움이 된다.

그런데도 아직 위기일발의 상황을 통해 교훈을 얻는 사례는 일반적인 것이 아닌 이례적인 일이다. 이는 재난 발생 가능성이 높고 파급력이 큰 경우라고 해서 그리 달라지지 않는다.

2004년, 허리케인 이반은 멕시코만과 카리브해, 미국 남동부를 강타하며 막대한 피해를 입히고 대혼란을 초래했다. 그 중 위기일발의 상황도 있었다. 기상 예측 결과로는 이 허리케인이 뉴올리언스를 정면으로 덮칠 예정이었다. 예보를 접한 뉴올리언스 지역 인구의 3분의 1이 대피하기 시작했다. 결과적으로 대피 과정 차제는 끔찍했고 비용도 엄청났다. 도로체계가 엉망인 탓에 사람들은 대피하는 중에 교통체증으로 도로에 갇혀 꼼짝달싹하지 못했다. 어떤 이들은 대피할 방법조차 없었다. 천만다행으로 허리케인 이반은 뉴올리언스를 비껴갔다.

이 사건 당시 사회학자 셜리 라스카는 뉴올리언스에서 자연재해가 그 지역에 입힐 잠재적 피해를 연구하고 있었다. 라스카의 집도 직장도 뉴올리언스였기 때문에 허리케인이 덮치면 도시 전체가 살아남기 어렵다는 사실을 그는 똑똑히 보고 있었다. 이런 위기일발의 상황을 본 라스카는 이 기회에 모든 우려사항을 분석 보고서에 담았다. 허리케인 이반 직후 라스카는《내추럴 해저드 옵저버Natural Hazards Observer》에 「만약 허리케인 이반이 뉴올리언스를 비껴가지 않았다면?」이라는 제목으로 글을 실어 당시 수집했던 증거를 바탕으로 가상의 피해 시나리오를 상세히 소개했다. 미국 하원에서 라스카의 노력을 알아보고 그에게 증언을 요청했다. 라스카는 의회에 출석해 비슷한 허리케인이 뉴올리언스에 닥칠 경우 수백 명이 사망하고 사회적 취약 계층을 중심으로 수만 명이 절망적인 상황에 빠질 것이라고 증언했다.

라스카가 제시한 시나리오는 불행히도 추측으로만 끝나지 않았다. 라스카가 경고한 지 1년도 채 지나지 않아 허리케인 카트리나가 뉴올리언스를 정면으로 강타했다. 허리케인이 닥치기 3일 전, 미국 기상청이 라스카에게 연락해 조언을 부탁했다고 한다. 하지만 이때는 이미 늦었다. 그 결과 수백 명이 사망하고 취약 계층을 중심으로 수만 명이 절망적인 상황에 빠졌다.

이 경우, 과거 허리케인 이반의 경험은 신뢰할 만한 스승이 되어주지 못했다. 뉴올리언스 지역은 원래 상습 피해 지역이었다. 게다가 확실한 전문가가 이전의 위기일발 상황을 바탕으로 엄중한 경고를 보냈다. 하지만 이 중 어떤 것도 허리케인 이반이 비껴간 이전의 경험을 이기지 못했고, 바로 그 경험 때문에 사람들은 결국 더 위험에 취약해졌다. 위기일발의 상황을 무사히 넘긴 1년 전의 경험 때문에 다가오는 경고의 신호를 눈여겨보지 않은 것이다. 이번에도 허리케인이 그 지역을 비껴가리라 믿은 것이다.

이와 비슷하게 사스와 메르스 같은 전염병은 전 세계 사람들의 삶에 끼친 위험이 상대적으로 작았다는 점을 감안할 때, 그들은 코로나19가 초래한 재앙 직전에 인류가 겪은 아슬아슬한 위기일 발 사태였다고 간주될 수 있다. 하지만 인류가 두 전염병 경험에서 제대로 배우지 못했다는 것을 이제 전 세계가 똑똑히 알았다.

2008년 라스카는 허리케인 카트리나 발생 전과, 그 기간 중, 또 이후에 걸친 노력을 인정받아 미국 사회학회에서 공로상을 수상했다. 이는 분명 좋은 일이다. 하지만 만약 라스카의 경고가 실제로 받아들여지고 카트리나의 파괴력을 성공적으로 막았다면 그때도 라스카가 상을 받고 대중에게 알려졌을까? 아무도 모른다. 그렇다 해도 라스카 같은 사람들이 널리 알려지고 더 많은 사람들이 비슷한 업적을 이루고자 노력해야 한다.

경험 너머의 진실 포착하기

—

이처럼 우리가 재난을 예측하고, 대비하고, 피하는 데 있어 경험으로부터 유용한 교훈을 배우는 것을 극도로 어렵게 만드는 문제에는 여러 가지가 복잡하게 얽혀 있다. 이를 해결할 만한 도구나 방법도 있지만 그것을 실제로 활용하는 데는 장애가 많다. 대표적으로 〈전문가의 분석 대 일반인의 경험의 격차〉, 즉 통계적 지식으로 무장한 전문가들의 인식을 개인의 경험으로는 따라가지 못한다는 어려움이 있다. 또 확률 계산으로 나타나는 현실이 개인의 경험에 기반한 직관과 일치하지 않는다는 어려움도 있다.

전문가들의 동기와 그들의 이해관계 역시 전적으로 중립적이기는 어렵기 때문에 사태는 더욱 복잡해진다. 전문가라고 주장하는 사람들은 자격이 충분한가? 그 중 이해관계 때문에 분석과 판단, 제안의 정확도가 떨어지는 경우는 없는가? 불확실성이 너무 높아 애초에 전문가가 존재하기 어려운 분야도 있을까? 실제로 전문가의 견해가 틀렸던 경우도 많다. 그러니 오늘날 전문가라고 해서 늘 옳기만 하다는 보장이 있을까?

이런 걱정도 무리는 아니다. 하지만 이런 태도는 도를 지나칠 수 있다. 정치학자 톰 니콜스는 『전문가와 강적들The Death of Expertise』에서 일반인이 전문가의 의견에 강하게 반대하거나 적대적인 태도를 취해서는 안 된다고 경고한다. 특히 전문가의 의견이 개인의 직감과 충동할 때일수록 조심해야 한다고 주장한다. 의심은 인간에게 귀중한 자산이다. 하지만 이 의심 중 다만 일부라도 전문가가 아닌 자신의 경험과 거기서 비롯된 직관을 향해야 하지 않을까?

이 주장을 재난이라는 맥락에 대입하면 전문가의 분석과 일반인의 경험 간의 격차를 능숙하게 관리할 수 있다. 일례로 1987년 9월 16일에 채택되었던 〈오존층 파괴 물질에 관한 몬트리올 의정서〉가 있다. 당시 제조 화학 물질이 점점 지구의 오존층을 급속히 파괴하고 있었다. 이는 처음 접하는 문제였기에 경험으로 예측할 수는 없었지만 전문가의 과학적 연구를 통해 오존층의 파괴는 지구 환경과 인류의 건강에 회복할 수 없는 피해를 남긴다는 사실이 밝혀졌다. 결국 사람들은 전문가의 의견에 귀기울여 다양한 혁신으로 문제를 해결하기로 뜻을 모았다. 그러한 노력이 결실을 맺어 지구의 오존 수위는 2050년과 2070년 사이에 1980년대 수준으로 회복되리라는 전망이다.

어떻게 하면 위와 같은 사례를 본보기 삼아 재난을 미리 알아보고 제때 효과적으로 대처할 수 있을까? 우선 우리 모두 통계에 대한 이해력을 넓혀야 한다. 이는 단순히 학교에서 확률과 통계 수업을 듣는다고 해결되지는 않는다. 1992년부터 2017년까지 미국의 최고 통계 책임자를 지낸 캐서린 월먼은 통계 이해력을 "일상 곳곳에 스며 있는 통계의 결과를 이해하고 비판적으로 평가하는 능력이면서 공적, 사적, 직업적, 개인적 결정에서 통계적 사고가 얼마나 중요한지 아는 능력"이라고 정의했다. 이러한 통계 이해력을 갖추기 위해서는, 우선 대중이 통계적인 안목을 갖도록 평생을 바친 과학자들의 연구 업적과 주장을 찾아 읽고 되새겨야 한다. 그들은 전문가들의 의견을 일반인도 충분히 이해할 수 있도록 발 벗고 나서서 돕는 전문가들이기 때문이다.

그 중 가장 유명한 사람은 『팩트풀니스Factfulness』를 집필한 작고한 한스 로슬링이다. 그는 복잡한 경제적, 사회적 데이터를 이해하기 쉽게 나타내는 방법을 많이 개발했다. 수년 간 우리 저자들도 게르트 기거렌처, 하워드 웨이너, 나심 탈레브, 데이비드 스피겔할터, 벤 골드에이커, 필립 테틀록, 앤드류 갤먼, 존 앨런 파울로스, 샘 새비지, 에드워드 터프티, 스피로스 마크리다키스를 비롯한 많은 이들의 연구와 논의에서 배워왔다. 각자 전문 영역이 다르며 이 책 곳곳에서 이들의 시각을 언급했다. 이들 전문가들은 주관이 강하고 모든 영역에 서로 의견이 일치하지는 않는다. 하지만 이들은 모두 통계의 언어를 풀이해 줌으로써 보통 사람들도 전문가들의 주장을 쉽게 이해하게끔 이끌어준다. 이는 보통 사람들도 중요한 결정을 앞두었을 때 현실을 정확히 보고 판단하도록 도우려는 것이다.

재난에 대해서도 통계에 대한 이해력을 갖추면 우리의 경험 너머에 있는 진실을 포착해낼 수 있는 날카로운 직관이 생긴다. 뿐만 아니라 전문가의 조언 중에서도 옥석을 가릴 수 있게 된다. 그것은 전문가의 인식과 개인적 경험 간의 격차를 알아차리게 하고, 우리가 관찰할 수 있는 것과 들은 것 사이의 단순한 충돌을 기초로 한 최악의 시나리오를 확대해석하는 극단에 빠지지 않도록 도움을 줄 것이다. 또한 재난의 싹이 장기간에 걸쳐 서서히 자라는 모습을 더 객관적으로 추적하고, 설득력이 부족하거나 의심스러운 분석은 조기에 차단하고, 설득력 있는 주장에는 귀기울이고, 과거의 비극에서 제대로 배우고, 이후 어떤 행동을 취하거나 취하지 않을지 현명하게 결정할 수 있게 해준다.

통계적으로 사고함으로써 우리는 경험과 분석의 효용뿐 아니라 한계까지 겸허히 받아들일 수 있다. 그렇기 때문에 과학자들과 정책 수립자들은 재난을 대비할 때 사전 예방의 원칙을 생각한다. 그 원칙은 경험은 신뢰할 수 없고 과학적 지식은 없거나 부족한 상황에서 중요한 결정을 내려야 할 때를 다룬다. 그 원칙에 따르면 다음과 같이 질문해야 한다. 비록 현재까지의 경험과 증거로는 발생 가능성이 낮아 보여도 예상되는 피해가 치명적이라면 사전 예방을 고려해야 하는가? 새로운 분야를 발전시키는 길이 여러 갈래 있다면 그 중 어느 갈래를 선택해야 돌이킬 수 없는 재난이 발생할 가능성이 낮아질까?

게놈 편집은 사전 예방적인 접근이 중요한 분야다. 급속도로 발전하는 첨단기술 분야로 장기적으로 큰 영향을 미치기 때문이다. 예를 들어 우리는 유전자를 아주 조금만 변형해도 예측할 수 없는 방향으로 미래 세대에 영향을 끼칠 수 있다는 사실을 잘 안다. 장기와 혈액을 구성하는 체세포의 경우 유전자 변형을 한다 해도 대체로 치료를 받는 당사자만 영향을 받는다. 하지만 정자와 난자를 구성하는 생식세포는 후손에게 유전자를 전달하며, 이 세포를 변형할 경우 자연적인 진화 과정에 돌이킬 수 없는 지장을 줄 수 있다. 따라서 대부분의 과학자들은 이 같은 생식세포의 유전자 변형을 극도로 경계하며, 어떤 유전자 변형법은 기술이 준비되었다 해도 반대하거나 금지하는 경우도 있다. 이것은 엄밀히 말하면 사전 예방의 원칙을 실제로 적용하는 경우다.

하지만 이 원칙을 현실에 적용하는 건 그리 간단하지만은 않다. 최근 수십 년 동안 생식세포 유전자를 변형하는 소규모 실험이 조금씩 알려졌다. 임신 성공률을 높이거나 특정 질병에 대한 저항력을 높이는 데 사용된 사례가 있었다. 다른 알려지지 않은 사례들도 여럿 있을 수 있다. 이런 시도들은 윤리성과 현실성 측면에서 과학자들 사이에 논란의 대상이었다. 이런 변형이 장기적으로 어떤 영향을 가져올지 아직 확신할 수 없다. 그렇다면 이 같은 변형의 한계선은 어디로 정해야 하는가? 그 한계선을 어떻게 정하는가? 그 다음에는 무엇을 어떻게 해야 하는가?

이는 경험에서 배운 것에만 의존해서는 풀기 어려운 복잡한 문제다. 그 중 어떤 시도로는 불가피하게 판도라의 상자를 열게 될 것이며, 그럼으로써 당장은 예측하기 어려운 치명적인 결과를 초래할 수도 있다. 따라서 아무리 의도가 좋고 예방을 잘해도 장기적으로는 재난을 완전히 막기는 어려울 것이다. 하지만 재난을 완화하고 피해를 최소화하려면 경험에 의한 여러 가지 착각에 대처하고 미래 세대를 위해 올바른 교훈을 익힐 수 있는 방법을 택해야 한다.

우리의 경험에서 놓친 것들, 무시해야 할 것들

—

우리는 경험을 통해 일상적인 위험을 관리하고 회피하는 방법을 익힘으로써 매일 안전하게 생활한다. 이는 누구도 부정할 수 없을 것이다. 그러나 드물지만, 파급력이 큰 사건에서는 개인의 일상적 경험이 어제의 재난을 이해하거나 내일의 재난을 대비하는 데 도움이 되지 못한다.

이 장을 마무리하며 지금까지 다룬 핵심 내용을 간략히 요약하면 다음과 같다. 전문가가 아닌 개인의 일상적인 경험을 근거로 재난을 예측하려 할 때 놓친 것은 무엇인지, 또 확실하게 무시해야 하는데도 그러지 못한 것은 무엇인지 다시 한번 확인할 수 있다.

■ 우리의 경험에서 놓친 것

파괴적 영향력. 경험이 있더라도 드물게 나타나는 재난을 때맞춰 알아채기는 어려울 뿐 아니라 재난의 파괴력도 정확히 알 수 없다.

예방조치. 참혹한 상황을 사후에 해결하면 인정과 보상을 받지만, 재난을 사전에 예방한다면 일반인들은 그 효과를 대체로 알기 어렵다. 예방조치가 훌륭할수록 재난을 직접 경험하지 않아도 되었기 때문에 오히려 예방의 가치를 더욱 과소평가하게 된다.

위기일발 상황. 위기일발 상황에는 하마터면 일어날 뻔했던 재난에 대한 정보가 풍부하게 담겨 있다. 위기일발 상황을 알아보고 열린 자세로 그 교훈을 받아들이면 다음 위기가 왔을 때 참사를 막을 수 있다.

통계 이해력. 전문가의 경고는 종종 경험에 근거한 일반인의 인식과 충돌하기도 한다. 이때 통계 이해력을 갖춘다면 위기의 조짐과 잠재적 위험에 대해 과학적으로 신뢰할 만한 경고의 중요성을 이해하고 받아들일 수 있다.

■ 우리의 경험에서 무시해야 할 것

일상 속 평온함. 우리의 경험은 과거와 현재에 뿌리를 두고 있다. 과거와 현재로는 미래에 일어날 수 있는 전례 없는 대참사를 정확히 예측할 수 없다. 오히려 과거와 현재의 경험 때문에 미래에 그러한 대재앙이 일어난다는 것이 비현실적이라고 느껴질 뿐이다.

결국 재난에 대비해 대처할지 혹은 대처하지 않을지 마지막 결정은 우리의 몫이다. 다만 합리적인 결정을 내리려면 경험에서 배운 것 그 너머를 보는 안목이 필요하다.

5

누군가

우리의 경험을

조종하고 있다

당신이 아래에 나와 있는 정보를 바탕으로 해서 어떤 결정을 내린다고 해보자. 가능한가?

```
01000001 00111010 00100000 01001100 01101111 01110111 00100000
01110010 01101001 01110011 01101011 00100000 01100001 01101110
01100100 00100000 01101100 01101111 01110111 00100000 01110010
01100101 01110100 01110101 01110010 01101110 00001101 00001010
01000010 00111010 00100000 01001000 01101001 01100111 01101000
00100000 01110010 01101001 01110011 01101011 00100000 01100001
01101110 01100100 00100000 01101000 01101001 01100111 01101000
00100000 01110010 01100101 01110100 01110101 01110010 01101110
```

불가능하다. 당신이 2진 부호를 술술 읽어내지 못하는 한 이것이 무엇에 대한 정보인지도 전혀 모를 것이다. 우리에게는 위의 정보를 해석해줄 누군가의 도움이 필요하다.

다음은 똑같은 정보를 다르게 표시한 모습이다. 이제 상황이 좀 더 명확해졌을 것이다.

| A | B |
| 저위험 저성과 | 고위험 고성과 |

　우선 우리는 두 가지 투자 방식 중 하나를 선택할 수 있고 둘의 차이도 어느 정도 알 수 있다. 물론 최종 결정을 내리려면 훨씬 더 많은 정보가 필요할 것이다. 당연히 전체 맥락과 함께 각각의 구체적인 위험과 성과, 편익, 비용이 어느 정도인가에 따라 결정도 달라질 것이다. 어쩌면 정보를 모두 수집한 뒤 A도 B도 선택하지 않을 수도 있다.

　하지만 앞에서 나온 1과 0으로만 표시된 정보에서는 결정을 해야 하는 사안이 무엇인지조차 파악이 안 되었을 것이다. 반면 해석을 한 번 거친 두 번째 경우는 정보에 입각한 선택을 할 수 있다는 측면에서 큰 차이를 만든다. 정보를 재구성하니 이해조차 할 수 없었던 상황을 쉽게 이해하고 활용할 수 있게 된 것이다.

　2진 부호만큼 모호하거나 난해하지는 않아도 현대인의 삶에서도 정확히 이해하거나 능숙하게 처리하기 어려운 측면들이 많다. 급격한 기술 발전과 세계화, 사회적 변화 속에서 우리는 전에 없이 다양한 상품과 서비스, 정보, 인간관계 등을 접할 기회를 갖게 되었다. 주위의 수많은 기업과 기관, 정치가, 사람들은 우리의 시간과 관심을 차지하기 위해 점점 심하게 경쟁한다.

그런가 하면 우리는 때때로 동시에 여러 가지 목적과 관심사, 아이디어, 의무, 책임, 선택 등에 집중하기도 한다. 하지만 자신의 집중력과 시간, 체력, 자금, 능력 등은 한정된 자원이다. 그렇다면 이런 세상에서 어떻게 하면 현명한 결정을 내릴 수 있을까? 이는 매우 중요한 질문이다. 점점 복잡해지는 사회 속에서 우리가 소화하는 여러 역할에 영향을 주는 질문이기도 하다.

그런 이유로 상상할 수 있는 모든 상황마다 인간의 선택과 결정에 영향을 미치는 요소가 무엇인지 밝히려는 연구가 급격히 늘고 있다. 그에 따라 점점 더 많은 연구들이 어떻게 의사들이 진단하고, 판사들이 판결하고, 관리자들이 관리하고, 직원들이 일하고, 교사들이 가르치고, 학생들이 공부하고, 유권자들이 투표하고, 투자자들이 투자하고, 판매자들이 판매하고, 소비자들이 소비하는지에 대한 새로운 통찰력을 제공한다. 연구 결과 또한 대중적으로 널리 알려지고 있다. 심리학자 다니엘 카너먼과 행동경제학자 리처드 탈러는 경제적, 사회적 의사결정에 심리학이 미치는 영향력을 밝힌 공로로 노벨상을 수상하기도 했다.

점점 성장하는 이 분야에서 결국 가장 중요한 발견은, 적시에 적합한 근거로 적합한 결정을 내리는 일이 쉽지 않다는 것이다. 한편으로 우리는 자유를 소중히 여기고 결정을 내릴 때 자율성을 확보하기 위해 노력한다. 하지만 신뢰할 만한 정보에 빠르게 접근하고 상황을 제대로 파악하기 위해서는 도움이 필요하기도 하다. 이럴 때 〈경험 설계experience design〉의 역할이 중요해진다.

경험 설계는 심리학과 디자인, 공학, 건축, 마케팅, 경영, 커뮤니케이션 등 다양한 분야의 결실을 아우르는 포괄적인 영역이라 할 수 있다. 그것은 주로 사람들이 다양한 상품과 서비스, 장소, 프로세스, 맥락 등을 경험하는 방식을 형성하는 데 초점을 맞춘다. 경험 설계 전문가들은 제품이나 환경의 세밀한 실시간 상호작용부터 장기적인 영향력까지 모두 설계한다.

경험 설계는 많은 새로운 직업들을 낳았다. 고객 경험과 사용자 경험 전문가, 경험 설계자, 디자인 씽킹 전문가, 선택 설계자까지 다양한 전문가가 있다. 이 전문가들은 독립적으로 또는 팀 단위로 일하면서 다양한 인터페이스, 즉 접점을 설계해 사람들의 선택 및 결정의 처리를 돕는다. 오늘날과 같은 디지털 세계에서는 이전에는 알아볼 수도 없었던 2진 부호를 우리가 이해하고 반응할 수 있는 시각적, 언어적, 청각적 신호로 바꿔주는 일도 한다. 일례로 인터넷을 막힘없이 돌아다니며 의미 있는 정보를 찾게끔 도와주는 도구 없이는 인터넷의 편익을 누릴 수 없다. 그러니 오늘날의 혁신적인 아이디어가 실제로 위력을 발휘하기 위해서는 경험 설계가 중요하다. 그것 없이는 아무것도 할 수 없다.

미래학자 앨빈 토플러는 1971년 자신의 저서 『미래 쇼크*Future Shock*』에서 경험 설계의 등장을 예견했다. 그 책의 10장 〈경험 제조자Experience Maker〉에서 토플러는 제품 제조자와 서비스 제공자들이 단순 기능 전달을 넘어서서 점차 소비자가 제품과 서비스를 어떻게 경험하는지 신경 써야 하는 〈경제의 심리화〉를 예고했다. 예컨대 자동차는 기본적으로 운송 수단이지만, 시장이 복잡해지고 경쟁이 심해질수록 자동차의 디자인 그리고 각각의 디자인 요소가 운전자와 동승자의 경험에 주는 영향이 사람들의 선택을 더 크게 좌우할 거라는 것이다.

토플러가 예고한 쇼크는 더 이상 미래의 일이 아니다. 1999년 출간된 『체험의 경제학*The Experience Economy*』에서 공저자 조지프 파인 2세와 제임스 길모어는 오늘날의 경제에서는 사람들의 경험이 최고의 가치이며 체험 자체가 상품이 된다고 주장했다. 이 안에서 모든 공급자는 소비자와 사용자의 경험을 개선하는 디자인을 개발하기 위해 끊임없이 노력해야 한다.

경험 설계의 시대가 등장하면서 수많은 기업들이 용의주도한 설계로 우리가 필요로 하는 것을 미리 알아서 세심하게 맞추려 애쓴다. 그 결과 우리는 주변 상황을 깊이 있게 이해하고 합리적인 판단을 내리게끔 도와주기 위해 가공된 천문학적인 양의 정보와 광범위한 신기술을 접한다. 그 대상이 구매하는 제품이든, 믿고 보는 뉴스든, 투자하는 대상이든, 후원하는 자선단체든, 선출하려는 후보자든 간에 말이다.

우리가 궁극적으로 얻는 결과를 늘 마음대로 통제하거나 예측할 수는 없을 것이다. 하지만 경험 설계 분야가 꾸준히 발전하면서 우리는 더 많은 선택의 자유를 누리게 되었다.

좋다. 그렇다면 잘된 것 아닌가.

하지만 서로 다른 목적이 충돌하면 문제가 생긴다. 사용자인 우리의 희망과 욕구가 우리의 경험을 설계하는 사람들의 목표와 다르면 어떻게 될까? 경험 설계를 교묘히 이용해 우리의 선택을 특정 방향으로 유도함으로써 그들이 얻을 수 있는 금전적 이익과 권력, 영향력이 상당하지 않을까? 또한 경험 설계가 치밀할수록 사용자는 설계자가 아닌 자신이 그 경험을 주도한다고 착각한다. 그러니 결정과 선택의 과정에서 우리가 자유롭다고 느끼는 정도와 실제 자유로운 정도는 간극이 클 수 있다.

실제로 상황은 더욱 악화되고 있다. 경영진과 기업가들, 정책가들과 정치가들은 우리의 특징과 선택, 취향에 대하여 광범위한 데이터와 정보를 수집 및 분석할 수 있게 되었다. 이 빅데이터를 선택과 결정에 관한 지속적인 연구와 결합시킨다면 우리의 특정 신념과 성향, 의견과 판단, 행동을 유도하는 핵심 경험이 무엇인지 추정할 수 있다. 또 그들의 목적에 맞게 우리의 경험을 설계할 수도 있다. 중요한 결정일수록 앞에서는 우리가 주도권을 쥔 듯한 착각을 유도하면서 뒤로는 우리를 조종할 때 그들의 이득도 커진다. 그러니 그들이 설계한 경험에 맹목적으로 의존하면 우리의 결정 또한 영향력 있는 외부인이 철두철미하게 계획한 대로 끌려갈 수 있다.

우리의 경험을 설계하는 사람들이 과도한 영향력을 행사하는 것이 완전히 새로운 개념은 아니다. 정신분석학자 에리히 프롬은 1976년 자신의 저서 『소유냐 존재냐To Have or To Be?』에서 산업시대 우리의 선택에 대한 통제를 비판적인 눈으로 살펴보았다. 프롬에 따르면, 산업시대에 접어들면서 많은 이들이 이제는 자유롭게 소원을 이루고 잠재력을 펼칠 수 있게 되었다고 느끼기 시작했다. 또 산업화가 가속화될수록 점차 사회의 모든 계층이 같은 자유를 누릴 것이라고 믿었다. 하지만 프롬은 이런 낙관주의를 착각이라고 지적하며 "우리 모두 관료주의라는 기계의 톱니바퀴로 전락해 우리의 생각과 감정과 취향까지 정부와 산업계, 그리고 이들이 통제하는 대중매체에 좌지우지되고 있다."라고 주장했다.

시민이자 소비자이며 의사결정 주체인 우리의 경험은 분명히 다양한 도구와 자원, 기술의 출현으로 점점 풍부해지고 있다. 이는 경험 설계가 그러한 도구와 자원, 기술을 쉽게 만들어준 덕분이기도 하다. 하지만 그 결과 우리는 실제보다 훨씬 더 주도적으로 스스로 판단을 하고 결정을 내린다는 〈착각〉에 빠지기도 한다.

수없이 많은 요인들이 우리의 선택을 좌우하며, 결정을 하는 개인과 상황에 따라서도 다양한 결과가 나타난다. 예를 들어 우리가 의학적 결정을 내릴 때는 의사의 의견을 깊이 신뢰하지만,

휴가를 어떻게 보낼지 결정할 때는 다른 사람의 의견을 전혀 듣지 않을 수도 있다. 맞는 말이다. 관련된 함의와 위험을 고려했을 때 그러한 행동은 각각의 경우에 우리가 원하는 목표에 도달할 수 있는 기회를 줄 것이다.

하지만 경험 설계자들은 이 외에도 여러 가지 일반적인 결정의 성향을 역이용해 우리가 〈손해 보는〉 결정을 내리도록 이끌 수도 있다. 그 수법을 이해하기 위해 어떤 결정을 해야 할 때 우리의 경험에 영향을 주는 세 가지 요인을 깊이 있게 살펴보겠다. 그것은 바로 감정과 선택지, 게임화다.

다양한 경험 설계가 우리의 직관과 선호도에 어떻게 영향을 주는지 인식한다면 필요할 때 그에 맞는 대처법도 떠올릴 수 있다. 그렇게 되면 우리의 선택의 자유는 어디까지이며, 외부 영향력은 어디부터인지 좀 더 명확히 구분할 수 있을 것이다.

감정의 경험,
순수한 자신의 경험이 아니다
—

에두아르 클라파레드는 1900년대 초반에 활동한 영향력 있는 신경과 전문의다. 클라파레드는 새로운 기억을 형성하지 못하는 특이한 기억상실증 환자를 맡게 되었다. 이 여성은 자주 만나는 의

사나 간호사조차도 알아보지 못했다. 그녀에게 무언가를 읽어주면 들은 내용뿐 아니라 누군가가 무언가를 읽어줬다는 사실조차 금세 잊어버렸다. 2000년에 나온 영화 「메멘토Memento」의 주인공이나 2003년에 나온 애니메이션 「니모를 찾아서Finding Nemo」에 등장하는 도리의 증상과 똑같았다.

그것은 비극적인 상황이었다. 하지만 이런 기이한 현상 덕분에 과학자들은 인간 두뇌의 기능과 한계를 엿볼 수 있기도 했다. 클라파레드는 이 여성환자의 증상을 상세하게 분석함으로써 정신적 외상을 초래할 정도의 충격적인 경험이 개인의 사고와 행동에 미치는 영향을 파악하고자 했다. 그래서 그는 이 여성을 대상으로 간단한 실험을 해봤다.

어느 날 클라파레드는 이 환자를 만날 때 여느 때와 다름없이 손을 내밀어 악수를 청했다. 하지만 이번에는 손바닥에 날카로운 핀을 숨겨 악수하면서 그녀의 손을 찔렀고 이에 환자는 기겁을 했다. 당시 환자는 마음속으로 이 의사를 처음 만나는 거라고 생각했다. 그녀는 의사가 자신을 해치려는 것이 아니라 자신을 돕기 위해 그곳에 있다고 굳게 믿었다. 그러니 당연히 핀을 숨긴 악수는 그녀에게 큰 충격이었고 순간 두려워하는 반응을 보였다. 하지만 잠시 후 그녀는 이 사건을 까맣게 잊었다. 어쩔 수 없는 기억상실증의 저주였다. 클라파레드는 이 환자를 다음번에 만났을 때도 마치 처음 만나는 것처럼 다가섰다. 이번에도 자기소개를 한 후 손을 내밀었다. 하지만 핀은 없었다. 순전히 그녀를 돕기 위해 온 모습이었다. 환자는 의사를 처음 본다고 믿었지만 이번만큼은 악수를 거절했다.

클라파레드는 이 실험에서 비록 환자가 의식적으로는 기억하지 못해도 과거의 끔찍했던 기억이 그녀에게 영향을 주었다는 사실을 발견했다. 신경과학자 조셉 르두는 그의 저서『느끼는 뇌The Emotional Brain』에서 이 일화를 소개하며, 우리가 굳이 생각하지 않고도 주변의 위협과 기회를 알아차리도록 돕는 뇌의 기능을 감정적 기억emotional memory이라고 정의했다. 감정은 우리가 생존하는 데 유리하게 작용하며 또한 복잡한 세상을 살아가는 데 도움이 된다. 과거와 현재에 느끼는 감정은 예상 가능한 방향으로 우리를 이끈다. 또 의식하지 못한다 해도 이후의 생각과 행동에 영향을 미친다.

『데카르트의 오류Descartes' Error』에서 신경과학자 안토니오 다마지오는 감정이 사고와 행동에 영향을 미치는 또 다른 방법을 소개한다. 책에서 다마지오는 다른 유형의 뇌손상으로 고통받는 환자들과의 만남에 대해 이야기하는데, 그들은 자신의 감정과 합리적 판단을 결합하는 것이 가로막힌 환자들이다. 그의 경험에 따르면, 감정 없이는 정상적인 의사결정이 불가능하다.

일례로 다마지오가 한 환자와 다음 진료 약속을 잡기 위해 날짜를 두 가지 제시하자 환자는 긴 시간 동안 끝도 없는 비용-편익 분석에 빠져 허우적대면서 끝내 결정을 하지 못했다. 다마지오의 관찰에 따르면 환자는 선약, 다른 약속 장소와의 인접성, 기상 조건 등 모든 시시콜콜한 상황을 고민하면서 끝내 결론을 내리지 못했다.

다마지오는 이 사례를 들어 어떤 결정에서든 주관적으로 비용과 편익을 따진 다음 최종 결정을 내리려면 〈감정의 도움〉이 필요하다고 주장한다. 사람들이 어떤 결정을 내리려 할 때 그 결정과 관련된 사실만 호출하는 것이 아니다. 각각의 사실마다 자신들이 겪었던 감정도 불러온다. 여기서는 어떻게 느꼈는지가 중요하다. 나중에 비슷한 문제에 맞닥뜨리게 되었을 때 이전 경험을 떠올리고 그때 느꼈던 감정을 이용해 결정을 내린다.

스타트렉 시리즈의 벌칸인은 결정을 내릴 때 감정을 완전히 배제할 수 있는 종족이다. 하지만 인간은 그럴 수 없는 종족이다. 감정은 경험을 기억하고 호출하는 데 중추적인 역할을 하기 때문에 우리는 결정을 내릴 때 감정이 어떤 영향을 미치는지 이해해야 한다. 그 중 어떤 부분은 충분히 예측 가능하다.

예를 들어 화가 나 있을 때 우리는 평소보다 위험을 더 무릅쓰기도 한다. 이런 성향이 유용할 때도 있다. 하지만 이 때문에 자신의 능력이나 아이디어를 과신하면서 잘못을 인정하길 꺼리기도 한다. 또한 다른 사람과 다툴 때 평소보다 큰 소리로 말하고, 상대의 말을 잘 듣지 않으며, 마음에 없는 소리를 내뱉는다. 슬픔에 빠져 있을 때는 세상을 비관적으로 보기도 한다. 행복에 잠겨 있을 때는 보통 때보다 더 융통성 있고 친절해진다.

두려움 또한 우리의 주의를 온통 장악해 버린다. 두려움은 위협을 느낄 때 행동하도록 다그치기 때문에 생존에 꼭 필요한 기능이었다. 또 잠재적 손실에 대한 두려움은 위험을 감수하는 방식에 영향을 미칠 수 있다. 법률은 종종 처벌에 대한 두려움을 이용해 범죄 행위를 막는 장치다. 하지만 두려움이 지나치면 자칫 아무것도 못하고 무력해질 수 있다. 또 그저 무시무시한 상황에서 벗어나기 위해서라면 무슨 짓이든 마다하지 않게 되기도 한다. 혐오의 감정도 사고 과정에 큰 영향을 미친다. 『바른 마음*The Righteous Mind*』에서 사회심리학자 조너선 하이트는 혐오가 우리의 사회적 인식, 윤리적 판단, 정치적 태도에 어떻게 영향을 주는지 설명한다.

따라서 이와 같은 감정에 대한 지식과 우리의 특성과 과거의 선택 이력에 대한 개인적 데이터를 결합하면 경험을 설계하는 사람들에게 강력한 무기가 된다. 따라서 이해관계가 첨예할 때일수록 경험 설계 전문가들은 우리가 자신들이 설계한 경험 속에서 강렬한 감정을 느끼도록 많은 노력을 기울인다. 그럼으로써 어려운 결정을 하는 데 매력과 흥미가 생긴다면 큰 도움이 될 수도 있다. 하지만 도가 지나치면 감당하기 어려워진다.

정치에 대해서는 감정이 격해지기 쉽다. 정치가와 평론가들은 사람들에게 감정을 고조시키는 다양한 메시지를 쏟아부을 수 있다. 연구 결과에 따르면 이처럼 감정을 자극하는 메시지는 유권자의 인식과 최종 투표 결과까지 좌우하는 경우가 많다.

우리는 이런 경험에서 자유로울 수 없다. 감정을 자극하는 메시지는 사람들의 주의를 끌기 때문에 모든 매체가 함께 흥분의 도가니에 빠질 수 있다. 초조한 감정이 고조될수록 사실과 허구의 경계는 희미해진다. 자극적인 주장은 지나치게 주의를 끄는 반면, 사려 깊고 사실에 바탕을 둔 조사 결과와 차분한 메시지는 주목받지 못하게 된다. 이러한 경험은 한 선거에서 다음 선거로 계속 이어질 수도 있다. 구체적인 사안과 사람은 바뀌겠지만 그때 느꼈던 감정은 기억에 남아 선거 주기가 돌아올 때마다 감정의 골은 깊어진다. 이런 상태로 시간이 흐르면 반대 진영끼리 화해하는 것도 점점 요원해질 수 있다.

이에 따라 선거를 좌우하는 유권자층은 선거 때마다 원하는 결과를 얻기 위해서가 아닌 원하지 않는 결과를 피하기 위해서 투표권을 행사하는 부작용이 생기기도 한다. 실제로 정치학자 앨런 아브라모비츠와 스티븐 웹스터는 "부정적 당파주의가 부상하면서 선거 경쟁과 대의 민주주의, 민주주의 통치 방식에도 지대한 영향을 미쳤다."라고 주장한다. 이렇게 만들어진 정치 환경에서는 양극화와 불만이 심해질 수밖에 없다.

이런 상황에서 우리의 판단력은 일시적으로 흐려지고 영향력

있는 사람들이 감정적 문제에 대해 만들어낸 허술한 해결책에 열
광하게 된다. 그들이 말하는 해결책이란 오랜 협력관계를 해치거
나, 고비용을 투자하거나, 장기적 고민 없이 되돌릴 수 없는 정책
을 광범위하게 적용하는 것 등이다.

역사를 통틀어 감정을 겨냥한 정치적 구호와 선거운동은 다양
한 맥락과 상황에 적용되었다. 이러한 구호와 선거운동에서 〈감
정의 경험〉이 얼마나 강력한지 생생히 알 수 있다. 교육수준이 높
든 낮든 감정의 경험은 사람들의 인지적 능력을 압도하고, 그럼
으로써 우리는 괜한 실수를 거듭하게 된다. 선택의 자유를 높이
기 위해서는 스스로의 감정적 경험과 드러나지 않는 경험 설계를
새로운 관점으로 살필 줄 알아야 한다.

그러나 우리의 선택과 결정에 영향력을 행사할 수 있는 경험
요소가 감정만 있는 게 아니다.

선택지를 미리 만들어 놓고
교묘히 유도한다
—

우리 저자들은 자녀들이 두 돌을 지나며 자아가 발달해 가는 과
정을 여러 번 경험해 왔다. 어린 아기들이 스스로 결정하는 능력
을 터득해 가는 과정은 지켜볼 때마다 큰 기쁨이었다. 하지만 두

돌배기들은 악명 높은 황소고집이다. 게다가 가끔 괴성과 눈물까지 덧붙인다. 때로는 이 두돌배기들을 논리적으로 설득하기란 불가능해 보인다.

"자, 외투 입자."

"싫어!"

"밖은 엄청 춥단다. 우리 모두 외투를 입어야 해."

"안돼-애!"

"외투는 꼭 입어야 해."

"싫어어엉엉엉엉!"

다행히도 이 사태를 먼저 겪은 부모들은 그럭저럭 쓸 만한 해결책을 발견했다. 부모들은 아이들의 이성에 계속 호소해 봐야 사태는 악화되기만 한다는 것을 온몸으로 터득했다. 그들은 한 가지 선택지가 아닌 두 가지 선택지를 제공함으로써 상황을 교묘하게 재설계했다. 이제 상황은 외투를 입느냐 안 입느냐가 아니라, 이 외투냐 저 외투냐로 바뀌었다.

우리 저자 중 한 명이 두 가지 외투 전략(즉, 이 외투냐 저 외투냐)을 시도해 보니 대체로 먹혔다. 아이들이 떼를 쓰는 평균 지속 시간과 강도가 줄었고 대체로 온 가족이 외투를 입은 채 집을 나설 수 있었다. 이 외투 사례는 선택지 설계option design에 따라 경험의 구성이나 사람들(이 경우에는 두살배기 아이들)의 반응이 얼마나 크게 달라지는지 단적으로 보여준다. 물론 우리는 수준 높은 성인이니 이런 속임수에 영향을 받을 리 없다.

하지만 과연 단언할 수 있을까?

매장에 상자 두 개가 있다고 치자. (식료품 매장의 과자 상자든 편의점의 휴지 상자든 상관없다.) 하나는 회색이고 다른 하나는 검은색이다. 그 외에는 모두 똑같다. 두 상자 모두 5달러 가격표가 붙어 있다.

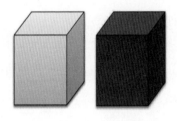

어떤 고객은 회색 상자를, 다른 고객은 검은색 상자를 살 것이다. 하지만 기업은 고객에게 선택의 자유를 뺏거나 범위를 줄이지 않으면서도 특정 색깔 상자의 판매를 늘리려 한다. 기업은 어떻게 하면 이 목표를 달성할 수 있을까? 한 가지 방법은 세 번째 상자를 추가해 선택의 여지를 늘리는 것이다. 추가된 상자는 판매를 늘리고자 하는 상자와 색깔은 똑같지만 크기는 약간 작다. 세 번째 상자도 5달러에 판매한다면 어떨까?

아래 그림처럼 회색으로 출시했다고 치자.

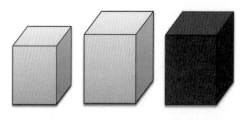

또는 다음 그림처럼 검정일 수도 있다.

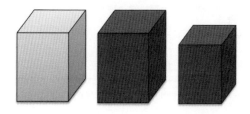

터무니없게 보일 수도 있다. 이 경우 고객들 대부분은 가격은 동일하면서 크기만 작은 상자를 구매하지는 않을 것이다. 약간 이라도 부족한 제품에 왜 같은 가격을 지불하겠는가. 하지만 이런 선택의 여지를 제공하면 고객의 경험에 영향을 줄 수 있다. 여기서 제3의 새로운 선택지인 작은 상자가 등장했을 때 같은 색의 좀 더 큰 상자에 끌리는 기분을 당신도 느꼈는가? 상자 세 개가 등장하는 첫 그림에서의 큰 회색 상자나 두 번째 그림에서의 큰 검은 상자 말이다. 그 상자들은 새로운 작은 상자가 등장하면서 상대적으로 가성비가 높아 보이기 때문에 세 상자 중 가장 판매 실적이 좋아진다. 게다가 어떤 이유로든 같은 가격인데도 작은 상자를 선택하는 사람이 있다면 마다할 이유도 없다.

상자 세 개가 등장하는 두 가지 경우에서 작은 상자는 일종의 〈유인책〉이다. 주로 다른 두 상품 중 어느 것을 선택할지에 영향을 주려는 목적으로 진열한 것이다. 물론 이처럼 아무 표시 없는 단순한 상자는 비현실적일 정도로 추상적이고 유인책이 늘 통하는 것도 아니다. 하지만 이러한 선택지 설계는 다음과 같은 여러 가지 이유로 기업에게 인기를 끌 만하다.

첫째, 선택은 여전히 고객의 몫이다. 선택지가 늘어나면 고객의 경험이 풍성해지고 그러면 구매를 포기할 가능성은 훨씬 적어진다. 오히려 원래 상품에 붙은 5달러 가격표가 더욱 저렴해 보여 구매 의지가 강해지기도 한다. 따라서 선택지를 늘리면 기업은 손해는 적고 이득은 많아질 것이다.

둘째, 유인책이 노골적으로 매력이 떨어질 필요는 없다. 기업들은 유인책의 도입 여부, 종류, 가격, 가짓수까지 결정할 수 있으니 그 중 충분히 경쟁력 있는 상품도 있을 수 있다. 셋째, 유인책으로 넣은 상품을 구매하는 사람이 있다면, 뭐 어떤가. 판단은 주관적일 수 있다. 그것은 고객의 선택이다.

그 결과, 다양한 업계에서 선택지 설계 기법은 고객 경험의 일부가 되었다. 대표적인 유명한 사례로 행동경제학자 댄 애리얼리가 『상식 밖의 경제학Predictably Irrational』에서 상세히 분석한 《이

코노미스트》 잡지 판매 전략이 있다. 당시 이 잡지는 세 가지 구독 유형을 제시했다. 디지털 구독료는 59달러, 종이 잡지 구독료는 125달러, 디지털과 종이 잡지를 모두 보는 패키지 구독료는 125달러였다. 하지만 이는 정말 어이없는 분류다. 이런 상황에서는 아마도 대부분이 종이 잡지 구독은 선택하지 않을 것이다. 애리얼리와 동료들이 실제 실험해 보니 과연 참가자 중 84퍼센트가 패키지 구독을 선택했고 나머지는 디지털 구독을 택했다. 종이 잡지 구독을 선택한 사람은 한 명도 없었다. 종이 잡지 구독은 유인책이었다.

뒤이어 애리얼리와 연구자들은 유인책을 없앤 다음 사람들의 선택에 어떤 차이가 있는지 분석했다. 동일한 모집단 참가자들이 두 가지 상품(디지털 구독과 패키지 구독)만 놓고 선택했을 때는 68퍼센트가 디지털 구독을 선택했고 나머지 32퍼센트만 패키지 구독을 선택했다. 이 연구를 보면 종이 잡지 구독이라는 유인책을 도입함으로써 구독을 희망하는 사람 중 52퍼센트가 한 상품에서 다른 상품으로, 즉 디지털 구독에서 패키지 구독으로 마음을 바꾼 것을 알 수 있다. 이는 잡지사가 판매되길 원하는 상품이다.

하지만 잠깐! 이 실험은 결과가 우연히 들어맞았거나 이미 시대에 뒤처진 것일 수도 있다. 몇 년 전 실험 하나만 보고 일반화해서는 안 될 것이다. 시대가 변했고 정기 간행물에 대한 취향도 변했을 수 있다. 연구자 중에는 이 실험 결과를 성공적으로 재현

한 사람도 있지만 실패한 사람도 있다. 그렇다면 노골적인 유인책을 넣은 선택지 설계로 우리의 행동을 좌우하기는 어렵다는 뜻이다. 이는 분명 좋은 소식이다.

하지만 현 상황을 좀더 깊이 파고들어 가보자. 우리 저자들은 2019년 이 장을 집필할 때와 2020년 검토할 때 두 차례에 걸쳐 《이코노미스트》의 구독 상품을 확인했다. 비구독자로서 잡지 웹사이트를 방문했을 때 잡지사는 첫 구독 상품으로 세 가지를 제시했다. 하나는 디지털 구독, 다른 하나는 종이 잡지 구독, 세 번째는 디지털과 종이 잡지가 포함된 패키지 상품으로 나머지 두 상품의 중간에 자리 잡고 〈가성비 최고〉라는 띠로 장식되어 있었다. 또 놀랍게도 앞에 제시한 회색과 검정 상자처럼 세 상품 모두 가격이 정확히 똑같았다. 세 상품 각각 12주 동안 유럽에서는 20유로, 미국에서는 12달러였다. 이번 경우에는 유인책이 하나가 아닌 둘이나 있었다.

선택지 설계가 더 교묘한 경우도 많다. 선택지 설계를 통해 상품별 가격 차등 전략을 정당화하거나 고객이 기업의 전략 상품과 전략 서비스를 고르도록 유도하는 것이다. 커피 한 잔 가격은 얼마가 적당한가? 라지 사이즈만 단독으로 4달러에 판매한다면 판단하기 어려울지도 모른다. 하지만 미디엄 사이즈가 3.5달러, 스몰 사이즈가 3달러라면, 갑자기 세 가지 가격 모두 합리적으로 보이기 시작한다. 프랜차이즈 커피 전문점은 거의 모든 메뉴에 다양한 컵 크기를 제시한다.

또 노트북 컴퓨터의 가격은 얼마가 적당한가? 딱 잘라 말하기 어렵지만, 기업이 기본 제품을 1,500달러에, 기능이 조금 더 추가된 제품을 1,800달러에, 가장 좋은 제품을 2,000달러에 판매한다면 각각의 가격이 더 합리적으로 보인다. 기본 모델은 다른 두 모델의 가격에 정당성을 부여하고 중간 모델은 고객이 더 비싸고 우수한 모델을 사도록 유도한다. 전자제품 기업은 모두 이런 기법을 활용해 고객 경험을 강화하면서 수익성도 극대화한다.

실제로 소비자와 직접 대면하는 기업들은 대부분 고객 경험을 설계할 때 고객들이 몇 가지 상품을 기준점 삼아 나머지 상품을 구매하도록 유도한다. 그렇지 않으면 두살배기 자녀들이 아예 외투를 입지 않기로 선택하듯이, 고객들도 기업이 목표한 것보다 적게 (혹은 전혀 엉뚱하게) 구매할 수도 있다. 소비자로서 우리는 기업이 세심하게 설계한 선택지를 눈앞에 두었을 때 훨씬 손쉽게 결정을 내린다.

하지만 심각한 문제도 있다. 이들 기업이 미세하게 딱 맞춘 유인책을 도입함으로써 우리의 기준점이나 조정 정도를 그들이 정해 버릴 수도 있다. 이러한 전략에는 시간이 흐르면서 변하는 동적인 요소도 담겨 있다. 패스트패션의 세계에서는 디자이너의 작업대에서 탄생한 상품이 초고속으로 매장에 진열된다. 이런 기업은 진열대의 상품 역시 금세 갈아치우며 패션 트렌드를 주도한다.

고객은 지금 매장을 방문했을 때 본 상품이 다음에 오면 없으리라는 사실을 잘 안다. 따라서 이 기업의 고객 경험은 지금 아니면 제품을 구매하지 못한다는 걱정 때문에 긴급성을 띠게 되며 그 때문에 고객은 더 충동적으로 자주 구매하게 된다. 그러므로 우리가 무엇을 얼마나 오래 입을지는 전적으로 우리에게 달려 있지 않다.

이와 비슷하게 IT 기업들도 신상품이나 업그레이드 제품을 출시할 때 고객이 어떤 순서로 제품을 경험해 나갈지 치밀하게 계획된 타임라인을 제시한다. 천문학적 분량의 고객 데이터를 수집할 수 있었던 덕분에 기업의 사업 목적에 맞는 주도면밀한 일정과 선택지 설계가 가능한 것이다.

이런 교묘한 선택지 설계는 협상에도 쓰일 수 있다.

이 장 도입부에서 본 A와 B의 선택지로 돌아가 보자. 이는 실제로 많은 조직들이 사업 전략에 큰 투자를 동반하는 변화의 여부를 결정할 때 맞닥뜨리는 문제다. 어떤 기업이 저위험의 A전략을 안정적으로 실행해 왔고 비록 낮은 수익이지만 꾸준히 일궈 왔다고 치자. 이 꾸준한 수익이 현 상태이며 기준선이다. 이때 한 간부가 고수익의 가능성이 있는 새로운 전략을 제안한다. 하지만 어느 변화든 마찬가지로 새로운 B전략에도 일정 수준의 위험이 뒤따른다. 따라서 극히 단순화하면 상황은 처음의 두 가지 선택지처럼 보인다.

어려운 결정이다. 이 기업이 전략을 바꿔야 할까? 바꾼다면 지금이 적기일까, 나중이 나을까? 이때 B전략을 제안한 간부는 동료들이 자신의 전략을 채택하도록 유도하기 위해 세 번째 선택지인 C전략을 추가할 수 있다. 추가된 C전략은 의도적으로 B전략이 한눈에 봐도 더욱 합리적이고 매력적인 전략으로 보이도록 설계할 수 있다.

조건과 변수에 따라 조금씩 차이가 있겠지만 위와 같은 구도에서는 B전략이 최적의 안처럼 보여 쉽게 고를 수 있다. 또한 세 번째 선택지를 소개한 순간 이 선택지가 빠진 시나리오는 상상이안 된다. 한 번 경험한 뒤에는 그것을 겪기 전으로 되돌아가기는 어렵다. C전략이 선택지의 일부가 된 뒤에는 안 보려고 해도 안볼 수가 없다.

이와 같은 선택지 설계 기법은 좋은 의도로 활용할 수 있으며 교착 상태를 극복하는 데도 도움이 된다. 하지만 미심쩍은 목적으로도 사용될 수 있다. 장기적으로는 회사에 도움이 되지 않는데도 결과를 조작해 개인의 이익을 도모할 수도 있다.

일반적으로 선택할 수 있는 다양한 옵션이 있는 것은 현대 경제의 긍정적인 특징이다. 선택할 수 있는 대안이 많으면 각자의 희망과 요구에 더 잘 맞는 결정을 내릴 수 있다. 즉 더 자유로운 선택을 누리게 된다.

하지만 앞서 살펴본 감정과 마찬가지로 선택지 설계도 우리의 결정을 크게 좌우한다. 그 효과는 거부하기 어려울 만큼 강력하다. 또 우리가 선택지를 직접 설계하지 않는 만큼 어떤 영향을 받는지 알아채지 못하는 경우도 많다. 따라서 우리의 선택의 자유는 정확히 어디에서 끝나고 외부의 영향력은 어디에서 시작하는지 명확하게 집어내기가 어려워진다.

게임화,
그저 설계자들의 의도대로 끌려간다

—

우리 인간은 게임을 즐긴다. 직접 하는 것은 물론이거니와 구경하는 것도 좋아한다. 게임에는 목표와 성과, 경쟁과 협력, 보상과 처벌, 학습과 개선, 불확실성과 창의성 등 사람들이 몰입하고 흥미를 느낄 만한 모든 경험이 포함된다.

어떤 게임은 구조가 비교적 간단하다. 솔리테어(혼자서 하는 카드놀이)는 상대와의 상호작용 없이 혼자 게임 자체를 즐기는 구조다. 페그 솔리테어에서는 게임판 위에서 작은 말뚝이나 구슬을 움직인다. 카드 솔리테어에서는 카드를 일정한 순서로 정리해야 한다. 체스는 좀 더 복잡하다. 참가자 두 명이 비교적 복잡한 규칙에 따라 주고받는 게임이다. 백개먼(backgammon, 실내에서 두 사람이 하는 서양식 주사위 놀이)은 여기에 주사위 한 쌍을 더해 (누구와 어떻게 어울리는가에 따라 욕설을 허용함으로써) 더욱 흥미진진해진다.

1970년대에 디지털화가 시작되면서 게임도 크게 변했다. 컴퓨터 게임은 1972년 퐁pong을 시작으로 마인크래프트나 월드 오브 워크래프트 같은 인터렉티브 멀티플레이어 게임으로까지 진화했다. 하지만 게임의 가장 근본적인 원리는 거의 변하지 않았다. 오늘날의 게임에도 여전히 목표와 달성이 있고, 경쟁과 협력이 있으며, 보상과 처벌, 배움과 발전, 불확실성과 창의성 등의 경험이 포함된다.

디지털화는 게임뿐 아니라 사람들이 상호작용하는 방식에도 큰 변화를 일으켰다. 인터넷 덕분에 우리는 과거 어느 때보다도 세상과 널리 교류할 수 있게 되었다. 이제는 온라인 세계에서 수백만 명이 실시간으로 수없이 다양한 상품과 서비스, 정보, 의견을 접할 수 있다. 그 결과 온라인 세계의 환경은 감당할 수 없을 정도로 복잡해졌다. 이제는 이러한 상호작용을 정리하고, 추적하고, 찾아가고, 저장하는 데 도움을 줄 사용자 친화적인 시스템이 필요할 정도다. 이 발전 과정에서 경험 설계는 줄곧 중요한 역할을 수행했다.

경험 설계자들은 컴퓨터용 그래픽 유저 인터페이스를 개발하고 끊임없이 성장하는 월드와이드웹을 돌아다닐 수 있는 도구들을 추가함으로써 사용자 경험을 최적화했다. 오늘날에는 개인 프로파일을 구성하고, 상품을 구매하고, 다양한 방식으로 타인과 만날 수 있는 거대한 플랫폼을 제공한다. 기업들은 고객과의 접점에서 점차 다양한 게임을 활용하는데 이 현상을 게임화(gamification, 게임에서 흔히 볼 수 있는 재미·보상·경쟁 등의 요소를 다른 분야에 적용하는 기법)라고도 부른다. 기업은 개인 맞춤화와 게임화를 세밀하게 설계해 사람들의 선택에 지대한 영향을 줄 수 있는데 우리는 이 효과를 온전히 인지하지 못한다.

부킹닷컴Booking.com은 단기 숙박을 예약할 수 있는 온라인 사이트다. 그들은 사용자들에게 게임 같은 환경을 제공하기 위해 여러 가지 행동심리 이론을 활용한다. 특히 이 서비스는 사용자들이 방금 클릭한 것에 대한 온갖 정보를 실시간으로 제공하며 사용자들에게 상황을 끊임없이 업데이트해 준다. 호텔 객실의 현재 가격은 얼마인가? 조금 전에는 가격이 얼마였는가? 이 가격으로는 객실이 몇 개나 남아 있는가? 똑같은 객실을 몇 명이나 보았는가? 상세 조건과 편의시설은 어떻게 되는가? 이 객실은 다른 비슷한 객실과 비교해 어떤가? 이 사용자의 과거 선택으로 보아 지금은 무엇을 더 선호할까? 이때 어떤 정보를 제공하고 어떤 방식으로 구성할지는 기업이 결정한다. 또 사용자는 행위를 했을 때 즉각 피드백을 받는다. 이는 매우 강렬한 경험이다.

에어비앤비Airbnb는 공유 경제의 일환으로 사용자들이 비용을 지불하고 공간을 나눠 쓸 수 있는 서비스다. 에어비앤비의 설계역시 사용자들이 게임 참가자처럼 다양한 방식으로 상호작용할수 있는 요소를 심어놨다. 호스트와 게스트는 서로 평가하고, 추천하고, 공개와 비공개로 후기를 남길 수 있다. 이와 같은 시스템은 행위에 보상을 주어 사용자들의 행동을 유도한다.

우버Uber 역시 공유 경제를 개척한 기업이다. 우버는 차량과 사람을 연결해 주는 서비스로, 시스템과 사용자 간의 상호작용 방식을 몇 년에 걸쳐 세밀하게 다듬어왔다. 중요한 건 최종 소비자들에게뿐 아니라 운전자들에게도 게임화의 원리가 적용된다는것이다. 우버는 특정 시간대에, 특정 장소에서, 특정 시간만큼 운전자들이 더 운전하게 하고자 한다. 따라서 운전자들이 우버의의도대로 운행할 가능성을 조금이라도 더 높이기 위해 실시간 피드백과 즉각적인 보상을 보낸다.

대부분의 경험 설계는 기업이 정해놓은 한도 내에서 사용자들이 자유롭게 행동하도록 설계되어 있다. 또한 과거에는 누릴 수 없었던 소비자 혜택과 고용 기회를 만들어 낸다. 하지만 운전기사는 우버의 직원이 아니며, 집주인들도 에어비앤비의 직원이 아니다. 점점 개인화되고 경쟁이 치열해지는 사업 환경에서 기업은 게임화를 당연하게 여기고, 게임화는 기업이 독재자처럼 보이지 않으면서도 다양한 사용자들의 행동을 교묘하게 관리하고 통제할 수 있는 수단이 되고 있다.

그러면 언제 경험 설계가 지나치게 간섭하게 될까? 그 기준선은 어디인가? 이러한 접근법이 우리의 개인적, 사회적 삶에 상당한 영향을 미치기 시작한다면 어떤 일이 일어날까?

제3자가 필터링해준 경험,
우리의 경험을 진흙탕으로 만든다
—

사회적 삶과 조직 생활에서 경험 설계가 새로운 현상인 것만은 아니다. 수세기 동안 다양한 기관과 조직들은 구성원들이 경험을 통해 특정 신념과 취향을 형성하도록 내부 활동을 엄격하게 구조화하고 제한해 왔다. 교회와 군대, 기업이 그 대표적인 경우다. 이들 모두는 일방적인 전달이 아닌 관찰과 참여를 통해 구성원이 무엇이 적절하고 무엇이 부적절한지 배워가도록 조직을 구성한다.

　이런 구성이 오프라인 세상에서 가능하다면 온라인 세상에서는 더욱 쉽다. 온라인에서는 정보와 피드백이 훨씬 빨리 멀리 이동하기 때문이다. 온라인 소셜미디어 플랫폼에서 어느 정도 하향식 통제는 불가피하다. 사람들이 상호 교류하면서 콘텐츠를 공유하고 정보를 찾는 모든 소셜미디어 플랫폼은 우리의 경험을 비교적 쉬우면서 효율적이고, 풍성하면서도 즐겁게 만들어 주기 위해 일정한 설계와 필터를 적용한다. 그 이상은 없다. 그렇다 해도 이러한 시스템이 돌아가는 원리는 어느 정도 알아야 한다.

　물을 정화할 때 여러 겹의 필터에 통과시키는 것처럼 소셜미디어 플랫폼 역시 디지털 필터를 사용해 정보를 정제하고 순화한다. 첫 번째 필터는 주로 사용자가 직접 설정한다. 온라인 플랫폼에서 사용자는 제시된 기능 안에서 무엇을 검색할지, 무엇을 공유할지, 누구와 교류할지, 어떻게 행동할지 결정한다. 그럼으로써 광범위했던 선택지가 훨씬 제한적이고 개인화된 작은 부분으로 줄어든다. 그 안에서 행동하고 선택함으로써 자신의 관심과 두려움, 성향, 성격, 습관, 호불호 등을 밝힌다. 비록 각 플랫폼마다 각기 다른 규칙과 기능이 있어 거기에 맞추다 보면 우리가 경험을 완전히 주도하지는 못하더라도 결국에는 각각에 맞게 나름의 캐릭터를 형성하게 된다.

　두 번째 필터는 온라인 플랫폼이 만들어 준다. 그들은 우리의 사용자 데이터와 각종 상호작용 기록을 활용해 우리에게 가장 맞는다고 생각하는 콘텐츠를 제시한다. 이 플랫폼들은 전체 그림 중에서 우리가 드러낸 취향에 들어맞는 일부분만을 추천하고 보여준다. 모두 사용자 경험을 개선하고 사용자가 각 온라인 플랫폼에 더 많은 시간과 기운을 쓰게 만들려는 의도를 깔고 있다. 한마디로 모두가 이기는 윈윈 전략인 것이다. 단, 한 가지 걱정만 빼고.

작가이자 창업가 엘리 프레이저가 『생각 조종자들*The Filter Bubble*』에서 주장하듯이, 이런 복잡다단한 필터링은 체계적인 검열과 철저한 개인화로 무장한 적대적인 환경 안에 우리를 구속하는 경향이 있다. 그리고 우리가 이런 〈필터 버블〉 안에 더 오래 머물수록 남들이 필터링해준 경험에 자주 노출되고 그 결과 왜곡된 직관을 형성하고 그 직관은 점점 강화된다.

더 심각하게는, 우리가 경험하는 것들이 필터링되기만 하는 게 아니라 틀렸거나 가짜일 수도 있다. 2018년에 MIT의 연구자들은 2006년에서 2017년까지 트위터 사용자 300만 명가량이 450만 회 이상 올린 트윗 약 12만 6천 건을 조사했다. 이 중 어떤 이야기는 진실로 밝혀지고 어떤 이야기는 가짜였다. 연구원들은 거짓 정보가 진실보다 모든 분야에 걸쳐 훨씬 더 멀리, 더 빨리, 더 깊이, 더 널리 퍼졌다는 것을 밝혀냈다.

이처럼 소셜미디어 플랫폼에서 가짜 뉴스는 흔할 뿐 아니라 우리 인식에 큰 영향을 미친다. 가짜 뉴스는 보통 일상을 벗어난 색다른 내용을 담기 때문에 사람들의 주의를 확 끈다. 또 대부분 감정에 강하게 호소한다. 가짜 뉴스에도 정도가 있긴 하다. 어떤 내용은 일부만 가짜이거나 과장되어 있어 개인의 경험을 더욱 진흙탕으로 만든다.

당신은 혹시 최근에 자신의 국가나 관심 있게 지켜본 다른 국가의 선거나 국민투표 결과에 놀란 적이 있는가? 어쩌면 당신은 다음과 같이 반응한 수백만 명 중 하나였을지도 모른다. "이럴 수가, 어떻게 이런 일이 일어날 수 있지? 내가 이렇게 눈뜬장님이었다니! 저들이 저렇게 눈뜬장님이었다니! 저 사람들은 대체 어디서 온 누구야? 어떻게 저런 생각을 할 수 있지? 참나, 내 나라, 내 도시도 몰라보겠군."

하지만 우리가 놀랐다고 해서 그리 놀라울 건 없다. 우리가 어떤 이상과 신념을 품고 어떤 의견을 지녔든, 각자 그림의 전체가 아닌 〈일부만〉 일관되게 경험할 뿐이다. 우리는 실생활에서 늘 접하는 가족과 친구, 동료, 지인들을 가장 잘 안다. 하지만 이제는 매일 소셜미디어 경험을 설계해 주는 필터들이 우리 인식에 더 큰 영향을 주고 있다. 또한 최근 발생한 각종 스캔들에서 알수 있듯이, 이러한 경험 설계가 주는 단기적인 이득이 장기적으로 치러야 하는 어떤 중요한 대가를 보지 못하게 할 수도 있다.

2018년, 케임브리지 애널리티카라는 작은 IT 컨설팅 기업은 수백만 페이스북 가입자의 개인 프로필 정보를 그들의 동의 없이 불법으로 대규모로 수집해 2016년 당시 미 공화당 대통령 후보였던 도널드 트럼프를 지원하는 데 사용했다는 문제에 휘말렸다. 보도에 따르면 그 회사는 개인 맞춤형 글과 광고를 만들어 사람들의 투표 행위에 영향을 미치려는 목적이었다. 정치와 선거 운동에서 맞춤 메시지를 보내는 건 새로운 일이 아니다. 특정 지지층을 겨냥한 우편물과 메일링 등은 늘 있어 왔다. 하지만 이번에 세상을 깊은 충격에 빠뜨린 건 케임브리지 애널리티카의 광범위한 접근 규모 외에도 이들이 지극히 사적인 정보를 이용했다는 사실이다. 컴퓨터 알고리즘이 더욱 강력하고 폭넓게 작용하면서 이와 비슷한 사건을 많이 겪을 것이다. 온라인 경험은 생각보다 우리의 통제를 한참 벗어나 있다.

그렇다면 이런 문제를 어떻게 공략해야 할까? 어떻게 하면 우리의 사회적 경험을 덜 편협하고, 더 신뢰할 만하고, 타인의 이해관계에 따라 떡 주무르듯 할 수 없게 만들 수 있을까? 여러 과학자와 첨단기술 전문가, 정치가들은 이 문제를 고민해 왔다. 하지만 온라인 소셜미디어 플랫폼을 직접 운영하는 회사들로부터 해결책을 기대하는 것은 순진한 일일 것이다.

첫째, 소셜미디어 기업들이 우리에게 해를 끼치려는 건 아니지만 그들의 더 큰 관심사는 자사 서비스에 우리가 더 몰두하게, 더 오래 머물게 만드는 것이다. 해당 플랫폼을 이용하기로 선택한 순간, 우리는 어떻게 해야 할지 완전히 알지 못한 채 우리의 경험을 은근슬쩍 조종하게끔 설계된 환경에 저절로 들어서는 것이다.

둘째, 이러한 가상 환경과 시장을 지원하는 기업은 항상 끊임없이 큰 폭으로 변화하기 때문에 새로운 경험 설계의 장기적인 영향을 늘 정확히 예측하기는 어렵다. 사전 테스트를 아무리 많이 거쳐도 오류나 예기치 않은 부작용을 완전히 막을 수는 없다. 이때 어떤 이익집단들은 전체 시스템의 허점을 찾아 우리의 경험을 조종할 기회를 호시탐탐 엿보기 마련이다. 서비스의 인기를 생각하면 이러한 허점 몇 개 때문에 수많은 사람들이 피해를 입을 것이다. 페이스북이 케임브리지 애널리티카의 개입을 의도했던 것은 아니지만 페이스북 같은 복잡한 시스템은 이런 공격에 취약할 수밖에 없다.

결국 타인이 우리의 온라인 경험을 어떻게 설계하든 우리가 어찌할 방도는 별로 없다. 이들은 당연히 자기 조직의 목표에 맞춰 설계를 해나갈 것이다. 따라서 우리는 소비자로서, 직원으로서, 유권자로서, 기술 사용자로서 각자의 경험을 결정할 권리를 되찾아야 한다.

경험은
스스로 결정해야 한다

—

우선 현실을 인정하자. 감정과 선택지, 게임화는 우리의 선택과 생활에 없어서는 안 될 부분이다. 이런 요소 없이는 결정과 선택이 불가능하다. 하지만 누군가가 이것을 역이용해 우리의 경험을 조종하고 교묘하게 영향을 줄 수 있다. 특히 우리의 경험을 설계하는 사람들이 우리의 목적을 이뤄주는 것보다 다른 데 관심을 둘 때 문제는 더 심각해진다.

특정 상황에서 정부와 정책 수립자들은 시민들의 이익을 보호하기 위해 비슷한 방법을 활용한다. 『넛지*Nudge*』에서 행동경제학자 리처드 탈러와 법학자 캐스 선스타인은 선택 설계자가 넛지라는 부드러운 개입 방식을 활용함으로써 결정 주체들의 부담을 줄이고, 선택을 유도하면서도 그들의 이해관계를 존중하고, 선택을 한정 짓지 않으며 사회 전체의 안정과 행복을 지킬 수 있다고 주장한다.

넛지(팔꿈치로 슬쩍 찌르다, 주위를 환기시킨다라는 뜻으로, 강압하지 않고 부드러운 개입으로 사람들이 더 좋은 선택을 할 수 있도록 유도하는 방법을 뜻한다)는 다양한 형태를 띠고 점차 우리 일상의 일부로 자리 잡고 있다. 퇴직 연금을 설계할 때 기본 투자 모형을 제시하거나 학교 급식실에서 몸에 좋은 음식을 맨 앞에 시각적으로 돋보이게

전시해 그 음식을 더 많이 먹도록 하는 기법 등이 그 예다. 때로는 넛지를 활용해 사용자의 행위에 대해 즉각적이고 정확한 피드백을 제공함으로써 우호적인 환경을 제공할 수 있다.

예를 들어 다양한 웨어러블 기기들이 우리에게 하루에 몇 걸음을 걷는지 보여주며 활동량을 늘리도록 유도한다. 또 연구 결과에 따르면 사람들에게 자신의 집이 이웃집 대비 에너지를 얼마나 더 소비하는지 정기적으로 고지서에 표기해서 알려주면 그 정보를 받은 사람들은 에너지 소비를 줄이기 위해 노력한다. 이처럼 사람들의 경험에 개입하는 넛지는 어떤 맥락에 적용하는가에 따라 개인의 결정을 사회에 도움이 되는 방향으로 이끌 수 있다.

하지만 경험을 통해 배운다는 관점으로는 넛지에도 약점이 없진 않다. 일례로 모든 결정 주제나 문제마다 별도의 넛지가 필요하고 이름 모를 친절한 선택 설계자가 일일이 그것을 설계한다. 그러면 우리는 또다시 제3자가 만들어준 경험에 반응하는 데 그치게 된다. 설령 그 설계자가 우리의 행복을 생각하는 사람이라 해도 마찬가지다. 대부분의 넛지는 장기적인 학습 효과 없이 단 하나의 상황에서 구체적인 행위를 끌어내기 위해 설계된 장치이므로 넛지의 개입이 끝나는 순간 우리는 옛 습관으로 쉽게 돌아간다.

그렇다면 호의적인 제3자나 정부 도움에 의존하지 않고도 스스로 경험을 결정할 수 있을까? 한 가지 방법은 우리 내부에 경험 설계 탐지기를 구축하는 것이다. 경험 설계 탐지기란, 타인에 의해 인위적으로 설계된 경험을 예리하게 살펴 누군가가 우리 눈앞의 경험을 조작하려 할 때 그것을 알아차리고 그 조작이 먹히지 않도록 의식적으로 경계하는 안목을 뜻한다. 이는 말처럼 쉽지는 않고 상당한 정신적 및 감정적 훈련이 필요하다. 경험은 우리에게 해를 끼칠 때조차도 부정하기 어려운 존재다. 하지만 어떤 경험 설계를 접할 때 그 순간의 감정은 우리 마음대로 되지 않지만, 다행히 그 설계에 어떻게 반응할지는 우리 의지대로 통제할 수 있다.

누구에게 투표할지, 어디에 투자할지, 습관을 어떻게 형성할지 등 멀리 내다봐야 하는 결정을 내릴 때, 그 상황에 의해 야기된 즉각적인 감각을 지침으로서가 아니라 상황을 냉철하게 분석하라는 방아쇠로 활용할 수 있다. 감정과 선택지 설계, 게임화된 상호작용을 무조건 따르는 대신, 우리의 감정과 행동을 타인의 의도대로 조작하려는 경험 설계를 접하는 것뿐이라고 마음속에 되새기는 것이다.

어떤 상황에서 긍정적이든 부정적이든 지속적으로 강력한 감정을 계속 느낀다면, 누군가가 계획적으로 감정적 경험을 조작해 우리의 직관과 선호도에 영향을 주려는 건 아닌지 생각해 봐야한다. 이해관계가 첨예할수록 전략가들은 철저한 사전 계획 아래우리의 감정과 행동을 원하는 대로 유도하려 할 수 있다.

경험 설계를 하는 조직과 플랫폼도 마찬가지다. 『설득의 심리학*Influence*』 저자인 사회심리학자 로버트 치알디니는 일반적으로 사람들은 외모가 출중하거나 자신과 비슷하게 생긴 사람에게는 금세 호감을 느끼며, 이런 자동화된 반응에 이끌려 보통 때라면 절대 하지 않았을 선택이나 구매를 하게 된다고 설명한다. 이어서 그는 우리가 무언가 혹은 누군가를 보자마자 마음에 든다면 더욱 조심하라고 권한다. 적어도 우선은 자신의 초기 반응을 무조건 따르기보다는 그것을 가이드로 삼아 첫인상의 영향을 줄이거나 최소화하라는 신호로 생각해볼 수 있다.

여러 가지 중 하나를 선택할 때는 선택지 설계가 어떤 영향을 주는지에도 촉각을 곤두세워야 한다. 왜 상품에 그런 식으로 가격이 책정되고 제시되는가? 유독 호감이 가는 상품이 있는가? 상대적으로 열등해 보이는 대체 상품은 없는가? 선택지 설계로 주입된 비교 방식과 상관없이 장기 목표에 가장 적합한 옵션은 무엇인가? 이처럼 자신 안에 경험 설계 탐지기를 구축하면 스스로 경험을 되찾고 선택을 주도하는 첫걸음을 뗄 수 있다.

그 다음 과제는 어떤 선택지 설계에 대한 순간의 인상을 억누르고 스스로의 목표에 의지해 주의를 어디에 쏟을지, 중요한 결정을 어떻게 내릴지 정하는 것이다. 이를 이루기 위해서는 우선 잠시 멈추고 자신의 목표가 무엇인지 명확하게 정의해야 한다.

특히 타인이 설계해 주는 경험의 영향력을 줄이기 위해서는 주기적으로 자신의 목표에 대해 몇 가지를 자문하고 진지하게 답해야 한다. 기자나 연구자, 탐정들이 늘 사용하는 방법론에서는 이를 〈5W1H 질문〉이라고 부르는데, 무엇을, 왜, 누가, 언제, 어디서, 어떻게를 묻는 것이다. 하나씩 차례로 살펴보자.

개인적 목표라는 맥락에서는 첫 번째로 〈무엇〉을 물어야 한다.

자신의 목적은 무엇인가? 물론 목적이나 목표는 하나가 아닐 수도 있고 시간에 따라 변할 수도 있다. 전부 괜찮다. 그렇다 해도 초기 경로를 정하고 그에 따라 결정을 하려면 목적을 명확하게 정의해야 한다. 그렇지 않고는 우리의 주의력과 결정이 타인이 설계한 경험에 쉽게 좌지우지된다. 5W1H에서 첫 번째 질문인 〈무엇〉을 정의하면 자신이 설정한 목표에 도달하는 데 도움이 되는 방향으로 믿음과 반응, 소신과 결정을 관리할 수 있다.

일례로 사업 시작을 목표로 정했다고 치자. 사업의 종류는 무엇인가? 이 사업으로 해결할 시장의 요구는 무엇인가? 판매할 상품이나 서비스는 무엇인가? 고객의 유형은 무엇인가? 이러한 질문을 거치며 사업 시작이라는 목표의 초기 규모와 범위를 정의할 수 있다. 중간에 답이 바뀔 수도 있지만, 이러한 질문은 행동을 이끌고 전략의 기초를 이루는 구체적인 기준 역할을 한다.

두 번째 질문은 〈왜〉이다.

왜 그 목표인가? 이유가 더 많이, 더 다양하게 떠오를수록 유리하다. 어떤 목표를 달성할 이유가 충분하지 않거나 심지어 피상적이거나 외부적인 이유뿐이라면 목표에 도달하기도 전에 동력을 잃을 수 있다. 따라서 두 번째 질문은 연료 역할이라 할 수 있다. 〈왜〉라는 질문에 답이 많지 않으면 외부의 조작이나 영향에 쓸데없이 취약해진다. 사업을 시작하는 사례로 돌아가자면 이렇게 물을 수 있다. 왜 사업을 시작하는가? 왜 이 사업인가? 왜 다른 사업은 아닌가? 왜 이 상품, 이 서비스, 이 고객군인가?

세 번째 질문은 〈누구〉이다.

이 목표를 향해 달려가는 우리를 누구라고 정의하겠는가? 우리는 목표에 따라 의식적으로 다르게 행동할 수 있다. 어떤 목표를 향해서는 극도로 야심만만한 모습을 보이며 최고의 결과만을 인정할 수도 있다. 한편 다른 목표 앞에서는 기본적인 요건만 충족하면 다른 결점은 적당히 용인하기로 결정할 수도 있다. 결정은 우리 몫이며 중간에 바뀔 수도 있다. 그러나 각각의 목표에 맞는 접근법을 따로 정하지 않는다면 모든 목표에 대해 어떤 대가를 치르더라도 늘 무엇이든 더 많이, 더 뛰어나게 해내야 한다는 외부 설계와 영향에 취약해진다. 사업의 사례라면 다음과 같이 물을 수 있겠다. 누가 사업을 운영할 것인가? 그 또는 그녀는 이 사업을 위해 현재 직장을 그만두어야 하는가? 사업의 여러 가지 면에서 이 사람의 목표와 야심은 어떻게 달라질까? 특정한 분야의 직원을 고용할 것인가?

네 번째 질문은 〈언제〉이다.

목표 달성 시점은 언제인가? 시기를 정하면 불필요한 방해 요인과 연기, 지연을 미연에 방지할 수 있다. 또한 목표 시점에서 역산하여 계획을 세우고 다음에 할 일을 효과적으로 파악할 수 있다. 목표를 달성하기 위해 우선 마쳐야 하는 징검다리 단계가 있다면 각 단계마다 계획을 세우고 완료 일정을 세워야 한다. 사업의 경우라면 이렇게 물어야 할 것이다. 사업 시작일은 언제인가? 사업 계획은 언제 수립해야 하는가? 자금은 언제 모아야 하는가? 상품이나 서비스의 상세 설계는 언제까지 마쳐야 하는가? 마케팅과 영업 기획안은 언제까지 준비해야 하는가?

다섯 번째 질문은 〈어디〉이다.

어디에서 목표를 달성해야 할까? 이것은 목적이 무엇인지에 따라 달라질 것이다. 목표에는 세계적인 규모도 있고 더 작은 지역에 한정된 것도 있을 수 있다. 어느 지역인가에 따라 다양한 법적, 행정적 제약이 있을 수 있다. 지역에 따라 비슷한 일에 종사하는 사람들과 교류할 기회가 많을 수도 있고 그에 따라 협력할 기회도 늘어날 수 있다. 사업의 경우라면 다음과 같이 물을 수 있겠다. 사업을 벌일 지역은 어디인가? 상품을 제조하거나 서비스를 제공하는 전용 장소가 필요한가? 고객이 쉽게 접근하려면 어디에 자리 잡아야 하는가?

마지막 질문은 〈어떻게〉이다.

목표를 어떻게 이룰 것인가? 이것은 일반적으로 사람들이 가장 먼저 묻는 질문이다. 하지만 앞서 설명한 질문 다섯 개에 대답하지 않고서는 이 질문에 제대로 답을 내릴 수 없을뿐더러 외부 영향에 휩쓸려 엉뚱한 문제를 풀게 될 수도 있다. 목표에 도달할 수 있는 다양한 방법을 알려면 다른 사람들이 비슷한 목표를 추구할 때 어떤 시도 끝에 성공했는지 (또는 실패했는지) 조사하는 것이 바람직하다. 우리가 복잡하고 중요한 문제의 해법을 고민할 때 독창성이란 개념은 늘 과대평가되어 왔다. 따라서 사업 시작의 경우 이렇게 물을 수 있다. 다른 사람들은 이와 비슷한 사업을 어떻게 시작했는가? 전체 사업 프로세스는 어떻게 발전했는가? 비슷한 사업을 성공시킨 사람들과 어떻게 연락할까? 이들은 어떻게 실패했고 성공했는가?

원칙적으로는 중요한 목표마다 모두 5W1H 분석을 거치는 것이 바람직하다. 어떤 목표는 더 개인적이고, 다른 목표는 가족이나 공동체, 인류 등 집단에 대한 목표일 수 있다. 이러한 접근법을 활용하면 여러 목표 중 우선순위를 정하기 쉬워지고 목표마다 일정에 맞춰 체계적으로 달성해갈 수 있다. 또한 내용을 기록으로 남기면 언제 어떤 결정을 내려야 하는지 더 명확해진다. 중간에 상황에 맞게 조정하고 변화를 줄 수 있으며 새로 배운 내용과 발전상도 꾸준히 추적할 수 있다.

목표를 명확하게 정의하면 중간에 타인이 설계한 경험의 영향을 받지 않을 수 있다. 5W1H를 활용하면 단계별로 질문하고 면밀히 조사해 목표를 정의할 수 있다. 그 다음 각각의 목표에 집중한다면 감정이나 선택지, 게임화된 상호작용, 그 밖에 타인이 우리가 아닌 그들의 목표에 맞춰 개입하려 할 때 쉽게 좌지우지되지 않을 것이다. 그럼으로써 어느 정도 자유를 되찾을 것이다.

우리의 경험에서 놓친 것들, 무시해야 할 것들

—

오늘날 우리는 자유롭게 정치적, 사회적, 개인적인 선택을 한다. 또 경험 설계 덕택에 정보와 기술을 직관적으로 쉽게 활용할 수 있게 되면서 복잡하고 중대한 상황에도 적절히 대처할 수 있게 되었다. 한편 경험 설계자들은 우리의 선택과 결정에 상당한 지배력을 행사할 수 있게 되었고, 우리는 인식하지도 못하는 사이에 자유를 구속받을 수 있다. 특히 경험 설계자들의 목표가 우리의 목표와 충돌할 때는 이들의 개입으로 관심 없거나 선호하지 않는 방향을 선택하게 될 수 있다.

이 장을 마무리하며 지금까지 다룬 핵심 내용을 간략히 요약하면 다음과 같다. 타인이 설계한 경험의 영향을 받을 때 우리가 놓치는 것은 무엇인지, 또 무시해야 하는데도 그러지 못하고 있는 것은 무엇인지 다시 한번 확인할 수 있다.

■ 우리의 경험에서 놓친 것

목표. 우리에게 중요한 정치적, 사회적, 개인적 선택은 어떤 특정한 경험 설계에 의해서가 아닌 자신의 장기적 목표에 의해 이루어져야 한다. 또한 5W1H 사고방식은 우리의 목표를 명확히 정의하고, 개인화하고, 배움과 의사결정에 참고하는 도구로 활용할 수 있다.

■ 우리의 경험에서 무시해야 할 것

감정. 결정을 내리는 데 있어서 감정이 하는 근본적인 역할을 고려할 때 언제 어떻게 그것이 우리의 선택에 영향을 미치게끔 설계될 수 있는지 인식하는 것이 중요하다. 현재 느끼는 감정이 목표 달성에 해가 된다는 판단이 든다면 흥분이 가라앉을 때까지 기다리거나 결정을 재고하는 편이 낫다.

선택지. 선택지를 다양하게 구성하면 여러 가지 대안을 놓고 비교할 수 있다. 하지만 선택지 설계를 악용하면 우리를 특정한 방향으로, 때로는 장기적으로 우리 목표와는 아무 상관 없는 쪽으로 몰아갈 수도 있다.

게임화. 사용자 친화적인 설계는 복잡한 시스템이나 플랫폼을 사용할 때 꼭 필요한 장치이며, 특히 디지털 세계에서는 더욱 중요하다. 그러나 일부 게임과 소셜미디어 플랫폼 등에서의 상호작용은 사용자의 배움과 선택, 습관 형성에 영향을 주도록 설계되어 있는데, 문제는 그 설계 방향이 우리의 목표 달성에 도움이 되지 않을 수도 있다는 것이다.

경험 설계. 경험 설계는 설계자의 관심사를 최우선으로 반영하는데 그 관심사가 우리에게는 아무 의미가 없을 수도 있다. 만약 경험 설계의 영향력을 감지한다면 그것이 제안하는 내용을 액면 그대로 받아들이기보다 자신의 결정과 목표에 어떤 악영향을 줄 수 있는지 고민해 봐야 한다.

결정을 내릴 때는 자신의 자유의 한계와 타인이 만든 경험 설계의 다양한 기능을 파악해야 한다. 그럼으로써 경험을 되찾을 수 있다. 또한 경험에서 유용한 지혜를 얻되, 타인이 설계한 경험에 휘둘려 진정 이루고자 하는 바를 놓치는 실수를 피할 수 있다.

6

우리는

한정된 경험만으로

그럴듯한 이야기를

만들어 낸다

아래와 같은 짧은 영상이 있다.

화면을 보면 중앙에서 오른쪽으로 살짝 벗어난 자리에 동그라미가 하나 있다. 이때 화면 왼편에서 삼각형이 등장해 동그라미를 향해 미끄러져 간다. 두 도형이 화면 중앙에서 만났을 때 삼각형은 그 자리에 멈추고 대신 동그라미는 오른쪽으로 미끄러져 간다. 그러다가 동그라미가 화면 밖으로 나가버린다. 이제 삼각형은 화면 안에 가만히 멈춰 있다. 끝.

방금 일어난 일을 되돌아보자. 일련의 사건들은 무엇을 나타내는가?

우리 저자들은 강연을 하거나 워크숍을 진행할 때 종종 이 영상을 청중에게 보여주고 똑같은 질문을 던진다. 그러면 청중들은 의외로 앞다투어 다양한 의견을 내놓는다. 몇 명은 영상을 문자 그대로 해석한다.

"삼각형이 동그라미를 화면 밖으로 밀어냈군요."

다른 사람들은 좀 더 다채롭고 비유적인 해석을 내놓는다.

"변화를 피할 수는 없습니다."

"문제에 맞게 해결 방법이 진화해 갑니다."

"혼란이 아닌 질서가 승리합니다."

"원칙이 분명한 자가 그렇지 않은 자를 이깁니다."

"이성이 감성을 누릅니다."

다양한 대답을 들은 뒤 우리는 이어서 이렇게 묻는다. "그럼 다음에는 무슨 일이 일어날까요?" 이번에도 활발하게 응답이 이어지지만 이번 대답은 직전 응답에 바탕을 두고 있다.

"사각형이 들어와 삼각형을 밀어낼 거예요."

"동그라미의 귀환……. 동그라미가 돌아와 복수합니다."

"더 나은 해결 방법이 나타나 지금의 것을 대체해요……. 이번에는 색깔이 등장할 수도 있겠네요."

"결국에는 감성이 승리할 것입니다."

이 실험은 심리학자 프리츠 하이더와 마리안 지멜의 연구에 바탕을 둔 것인데 두 사람은 심리학자 알베르 미쇼트의 영향을 받았다. 하이더와 지멜은 참가자들에게 도형을 몇 개 보여주고 그 것들을 이리저리 움직인 다음 사람들이 무엇을 보았는지 연구했 다. 이 삼각형과 동그라미 사례에서 우리는 〈경험을 통해 배우는 방식〉에 대해 다음과 같은 중요한 단서를 얻을 수 있다.

첫째, 경험은 재빨리 이야기로 탄생한다. 사람들은 별다른 노 력 없이도 각자가 관찰한 것을 바탕으로 그럴듯한 이야기를 만들 어 내는데 그 관찰에 대한 해석을 자신의 과거 경험이나 신념, 지 식과 연결 짓기도 한다.

둘째, 사람들은 그저 순차적으로 일어난 것뿐인 사건을 보고 인과관계로 인식하기도 한다. 사례 속 영상에서는 두 개의 물체 가 이리저리 움직이는 모습이 나올 뿐이지만 영상을 본 사람들은 사건의 순서를 보고 하나 때문에 다른 하나가 움직여 결국 떨어 졌다고 재빨리 결론을 내린다.

셋째, 사람들은 다음에 무슨 일이 일어날지 예측하기 위해 자 신들이 봤다고 생각한 것을 쉽게 활용할 수 있다. 한 물체가 다른 물체를 밀어냈으니 이제는 밀려난 물체가 복수할 때다. 또는 변 화를 피할 수는 없으니 새로운 인물은 또 다른 인물에게 밀릴 것 이다. 실험에서 보여준 영상과 관련된 첫 번째 질문에서 만들어 낸 이야기의 내용은 다음 일을 예상하고 추리하는 데 길잡이 역 할을 하고 있는 셈이다.

앞의 간단한 실험에 따르면, 우리 인간은 자신의 경험을 바탕으로 하나의 이야기를 빠르고 능숙하게 만들어 내고 이후의 상황을 판단하는 데 그 이야기를 활용한다. 이는 비교적 복잡한 작업인데도 탁월하게 해낸다. 어쩌면 인간은 스토리텔링에 아주 능숙해졌는지도 모른다. 왜냐하면 부분적으로 이야기들은 우리가 경험을 다루는 데 있어서 매우 강력하고 가치 있는 역할을 하기 때문이다.

이야기는 경험을 〈이해하는〉 데 도움을 준다. 이야기는 삶에 영향을 주는 복잡하지만 중요한 사건에 의미를 부여하는 하나의 방법이다. 우리는 이야기를 통해 혼란 속에서 질서를 잡는다.

이야기는 또한 경험한 것을 〈기억하도록〉 돕는다. 십여 개의 단어나 개념 목록을 암기한 뒤 시간이 지나 그것을 순서대로 기억하려 한다면 어려울 것이다. 하지만 이 단어와 개념들을 하나로 엮어 이야기로 만든다면 필요할 때 기억하기가 훨씬 쉬워진다.

이야기는 경험을 〈전달하는〉 데도 도움을 준다. 직접 경험한 것을 이야기 형태로 만들면 보다 쉽게 전달할 수 있어 경험을 통해 배운 교훈을 집단과 공유할 수 있다. 또한 타인의 이야기를 듣고 그들의 경험에서도 배울 수 있다.

이야기는 경험을 바탕으로 미래를 〈예측하는〉 데도 도움을 준다. 이야기를 활용하면 나중에 어떤 일이 일어날지 예상하는 데 유용한 정보가 될 수 있다. 과거와 현재에 대한 이야기들이 미래에 대한 이야기를 만들어 간다.

『사피엔스*Sapiens*』에서 역사학자 유발 하라리는 인간이 종으로서 지구를 지배할 수 있었던 건 이야기를 생성하고 믿고 퍼뜨리는 능력 덕분이었다고 강조한다. 이야기가 있었기에 우리는 서로 협력하고, 적을 무찌르고, 치명적인 위험을 이겨내고, 거대 도시를 짓고, 복잡한 체계를 유지하고, 새로운 것을 발명할 수 있었다. 국가를 세우고 유지할 때도 그 바탕에는 구성원들의 공통된 경험을 생생하게 압축하는 이야기가 있다. 이와는 대조적으로 이야기를 포착하지 못하면 귀중한 교훈이나 협력, 기회를 빼앗길 수도 있다.

인류가 이야기에 힘입어 현재 모습으로 진화해 왔으니 인간은 원래부터 경험에서 절로 이야기를 끌어내게 되어 있다고 주장할 수 있다.

좋다. 그렇다면 잘된 것 아닌가.

하지만 불행하게도 이러한 스토리텔링 능력 때문에 오히려 심각한 문제가 발생할 수도 있다. 만약 우리가 어떤 사건을 인식할 때 그 과정에서 필터링과 왜곡, 세부 사항의 누락, 관련 없는 정보 등의 영향을 받는다면 우리가 생성하는 이야기도 지나치게 단순하고 비현실적일 것이다. 그런 상태에서 만들어낸 이야기는 실제 상황의 미묘한 느낌을 포착하거나 미래를 대비하기에는 역부족이다. 하지만 이런 왜곡된 이야기도 오래도록 영향력을 발휘할 수 있다. 철학자 프리드리히 니체는『인간적인 너무나 인간적인』

에서 다음과 같이 주장한다.

"어설픈 지식이 완전한 지식을 이길 때가 많다. 어설픈 지식은 대상을 실제보다 단순하게 만들고, 그럼으로써 주장하는 바를 이해하기 쉽고 설득력 있게 만들기 때문이다."

역사의 본질 자체가 어설픈 지식을 불가피하게 만든다. 우리가 역사에서 배우는 것은 수많은 경우의 수 중 단 한 가지 결과가 진행된 모습뿐이다. 게다가 실제 일어난 일은 가장 개연성 높은 경우가 아닐 수도 있다. 이에 대해 『상식의 배반*Everything Is Obvious*』의 저자 던컨 와츠는 다음과 같이 경고한다.

"우리가 과거를 돌아볼 때는 실제 벌어진 사건밖에 볼 수 없다. 반면 일어날 수도 있었지만 일어나지 않은 다른 모든 경우는 볼 수 없다. 그 결과, 실제로는 단지 사건의 연속일 뿐인데도 인과관계로 착각하기도 한다."

보이는 것이 꼭 전부는 아닌 것이다.

앞에서 본 삼각형과 동그라미의 이야기에서도 눈에 보이는 현상 말고 더 있을 수 있다. 동그라미의 퇴장을 계기로 삼각형이 도착했을 수도 있다. 이는 앞의 사건이 뒤의 사건을 촉발하는 경우다. 또는 확률의 이야기일 수도 있다. 한 사건이 특정 사건으로만 이어지는 경우도 있을 수 있는데 마침 우리가 관찰한 순간에 그런 일이 벌어졌을 수 있다. 아니면 인과관계는 없고 상관관계만 있을 수도 있다. 한 사건 뒤에 다른 사건이 이어지기는 하지만 한 사건 때문에 다른 사건이 발생하는 것은 아닌 것이다.

그렇다면 만약 의미를 부여할 만한 이야기가 전혀 없다면 어떨까? 미는 것도, 당기는 것도, 교훈도, 원인도, 결과도, 예측할 것도 없다면? 만약 우리의 경험이나 역사에 등장하는 사건이 대부분 무작위로 일어난다면? 이 경우 우리 인간은 이야기가 없는 데서도 이야기를 찾아내는 위험을 감수한다.

별 상관없이 마구잡이로 벌어진 사건에 의미를 부여하고자 하는 인간의 성향에 대해 심리학자들은 〈클러스터 착각〉(clustering illusion, 동일한 사건이 연속해서 일어나는 경우 우연히 발생한 사건임에도 어떤 의미와 인과관계를 찾으려고 하는 현상)의 늪에 빠졌다고 말한다. 작가이자 회의론자인 마이클 셔머는 무의미한 잡음 속에서 유의미한 규칙성을 찾으려는 인간의 성향을 들어 패턴성patternicity이라고 불렀으며, 정신과 의사 클라우스 콘래드는 이 같은 경향을 〈아포페니아〉(apophenia, 서로 연관성이 없는 현상이나 정보에서 규칙성이나 연관성을 추출하려는 인식작용을 나타내는 심리학 용어)라고 불렀다.

무작위성을 바탕으로 유려한 이야기를 만들어 내는 성향 또한 이름이 있다. 응용통계학자이자 작가인 나심 탈레브는 이 속성을 〈내러티브 오류narrative fallacy〉라고 부른다. 즉 사람들은 복잡한 상황을 지나칠 정도로 단순한 이야기 구조로 만들어 내는 경향이 있다는 것이다.

일반적으로 경험을 외면하기보다 경험에 대한 이야기를 하는 편이 훨씬 쉽다. 그런데 불확실성과 복잡성이 높은 상황에서는 이것이 잘못될 혹은 틀릴 가능성이 무척 크다. 따라서 우리는 존재하지도 않거나 극도로 부정확한 이야기를 생각 없이 만들어 내고, 그 이야기에서 엉뚱한 것을 배우고, 그것을 바탕으로 행동하고, 또 그것을 타인에게 전달한다. 어떤 이야기에 한번 넘어가면 마음을 바꾸기 어렵다. 그 이야기에서 배운 내용이 뇌리에 남아 우리의 다음 행동을 결정짓는다.

앞장에서 예로 든 사혈요법은 질병의 원인에 대한 잘못된 믿음 때문에 발생했다. 이후의 경험에서도 그저 환상에 불과한 인과관계에 속아 잘못된 이야기를 오랜 세월 동안 강화하고 퍼뜨렸다. 때로는 믿음이 도를 넘어서기도 해 제대로 된 도움이 필요한 환자와 사랑하는 사람을 해치기까지 했다.

경험을 신중하게 다루지 않으면 원인을 잘못 판단해 비현실적인 결과를 바라게 되고, 성과를 부적절하게 평가하고, 엉뚱한 사람에게 상이나 벌을 주며, 손해 보는 곳에 투자를 하고, 미래의 위험에 대비하지 못하기도 한다. 심지어 우리의 행동이 잘못된 이야기 탓이라는 것도 깨닫지 못할뿐더러 이야기를 때맞춰 적절히 수정하지도 못한다. 그 결과 엉뚱한 문제를 무능한 방식으로 해결하려 하고 목적도 달성하지 못할 수 있다.

따라서 경험이 이처럼 〈약점〉이 될 수도 있다는 사실을 인정하고 일상적인 경험의 한계를 넘어서야 한다. 그래야 복잡한 상황을 정확하게 인식할 방법을 찾을 수 있다. 경험이 그럴싸해 보이더라도 행동에 옮겨야 할 진리가 아닌, 의문을 제기하고 개선해 나가야 할 대상으로 취급한다면 우리의 탁월한 이야기 본능까지도 유리하게 활용할 수 있다. 경험에 기반한 이야기를 건전하고 시의적절한 회의론적 시각으로 바라본다면 어느 인과관계가 더 강한지, 인과관계가 전혀 없는 곳은 어디인지 판단하기 쉬워진다.

몇몇 경험에 속아
평균으로의 회귀 현상을 눈치채지 못할 때
—

다음의 사건들은 모두 2015년에 일어났다.

역사상 최고의 테니스 선수이자 세계 여자 테니스 랭킹 1위인 세레나 윌리엄스는 캘린더 그랜드 슬램 달성을 앞두고 있었다. 이는 선수가 한 해에 호주 오픈, 프랑스 오픈, 윔블던 오픈, US 오픈 등 4대 그랜드 슬램 대회를 모두 우승했을 때 거머쥐는 명예다. 아무나 도전하기 어려운 성과지만 당시 윌리엄스는 거의 모든 대회를 휩쓸고 있었다. 《스포츠 일러스트레이티드Sports Illustrated》 잡지는 2015년 8월 31일자 표지에 〈그랜드 슬램: 세레나에게 전 세계 시선 집중〉이라는 제목과 그녀의 사진을 실었다. 그러자 예상치 못한 일이 벌어졌다. US 오픈 준결승에서 모두가 이기리라 예상한 윌리엄스는 박빙의 승부 끝에 정상급 순위에 있는 선수에게 배정하는 시드도 받지 못한 로베르타 빈치에게 패했다.

야구 스타 대니얼 머피는 뉴욕 메츠 팀에서 포스트 시즌 6경기 연속 홈런을 치고 월드 시리즈로 향한 9개 경기에서 7개의 홈런, 11타점, 타율 0.421의 메이저리그 신기록을 세우며 최고의 시즌을 보내고 있었다.《스포츠 일러스트레이티드》는 2015년 11월 2일자 잡지 표지에 머피를 실으며 〈환상의 머피〉라는 제목으로 칭송했다. 그러자 이번에도 예상치 못한 일이 벌어졌다. 머피의 타격 능력은 점점 떨어졌고 급기야 월드 시리즈 승패를 결정짓는 4차전 8회에서는 땅볼을 놓치기도 했다. 메츠 팀이 월드 시리즈에서 캔자스시티 로열스 팀에게 패한 데는 이 실수도 한몫했다.

배우 윌 스미스는 미식축구와 뇌 손상의 연관성을 발견한 법의학자 베넷 오말루를 연기해 골든 글로브 남우주연상 후보에 올랐다. 스포츠계의 중대한 발전이라고 여긴《스포츠 일러스트레이티드》는 스미스와 그의 영화「컨커션Concussion」을 〈윌 스미스, 미식축구의 가장 어두운 면에 빛을 비추고 미국 스포츠의 미래를 밝히다〉라는 제목으로 2015년 12월 28일자 표지에 실었다. 그러자 이번에도 예상치 못한 일이 벌어졌다. 영화의 인기와 연기에 대한 호평에도 불구하고 스미스는 오스카상 후보에 오르지 못했다. 그뿐 아니라 영화도 아카데미상 후보 지명에서 완전히 배제되었다.

세 사건은 전부 몇 개월 사이에 벌어졌고 모두 비슷한 순서에 따라 전개되었다. 먼저 개인이 우수한 성적을 낸다. 그리고 그 사람은《스포츠 일러스트레이티드》표지를 장식한다. 그 다음 그 사람의 성적이 떨어진다. 그러자 단순명쾌한 이야기가 흘러나온다.

"잡지 표지 징크스로군. 실패한 건 잡지 때문이네."

《스포츠 일러스트레이티드》잡지의 표지는 이처럼 저주를 받았고, 어느 선수나 팀이든 이 잡지 표지에 실리기만 하면 곧 나쁜 일이 일어난다. 이른바 〈스포츠 일러스트레이티드 표지 징크스〉는 이런 사건이 순서대로 되풀이되는 현상으로, 스포츠팬들은 이것을 오랜 세월 지겹게 겪어왔다. 이 징크스를 위키피디아 표제어로 검색해 보면 가장 최신까지 수백 가지 사례가 연대순으로 정리되어 있어 그 대단한 규모를 알 수 있다. 그 잡지에서도 이 현상을 직접 취재해 2002년 1월호에 실었는데, 기사에서 분석한 바에 따르면 표지에 실린 사례 중 37퍼센트(1954년 8월 창간호부터 2,456호 중 913호)가 눈에 띄는 성적 부진으로 이어졌다.

이런 사례에서야말로 특정 경험을 바탕으로 어렵지 않게 이야기를 만들어낼 수 있다. 특정 스포츠 선수나 팀이 기대에 부응하지 못하면 팬들은 도대체 무슨 일이 일어난 건지 알아내려고 혈안이 된다. 얼마 후 팬들은 실망스러운 성적이 줄을 잇기 전 공통적으로 어떤 잡지에서 문제의 선수나 팀을 표지에 실었다는 사실을 알아차린다. 성적 부진은 이것과 관련이 없을 수가 없다. 해당 선수나 팀은 잡지를 통해 공개적으로 칭송받는 중압감을 견디지 못했을 수 있다. 어쩌면 미디어의 관심이 쏠리고 팬들의 칭찬이 쏟아지자 집중력을 잃었는지도 모른다. 또는 잡지에서 최고라고 칭송을 해주니 무사안일주의에 빠져 노력을 게을리했는지도 모른다.

모두 가능성은 있다. 하지만 표지에 실린 인물들을 냉정하게 평가해 보자. 프로 스포츠 선수들은 성공하기 위해 열심히 훈련한다. 그 중에 중압감에 압도되거나 쉽게 자만하는 사람은 그리 많지 않을 것이다. 어쩌면 "왜 《스포츠 일러스트레이티드》 표지에 실리면 성적이 떨어지는가?"라고 묻기보다 처음부터 이렇게 물으며 조사하는 것이 현명할 수 있다. "스포츠 선수나 팀은 언제 이 잡지 표지에 실리는가?" 답은 자명하다. 바로 실력이 정점에 도달했을 때다!

잡지가 할 일을 제대로 한다면 표지에 실린 인물이나 팀은 대부분 그 시기에 〈최정상〉에 올라 있을 것이다. 그들의 탁월한 성적에 주목하는 미디어의 관심도 이들이 최정상의 자리에 오르는 데 한몫했다. 하지만 이런 극한의 지점부터는 더 이상 성적이 좋아지기도 어려울 것이다. 만약 이 최정상의 뛰어난 성과가 기량 외에도 (스포츠 등 여러 분야에서 그러하듯) 운과 같은 통제할 수 없는 몇 가지 사건의 조합으로 나온 결과였다면 그 다음번에는 성적이 보통 수준으로 떨어질 가능성이 매우 높다. 설령 잡지 표지에 등장한 후 곧이어 금방 성적이 떨어진다 해도 그건 표지에 등장했기 때문이 아니라 그저 자연스러운 수순일 뿐이다.

오히려 표지에 등장한 이들의 성적이 떨어지지 않았다면 《스포츠 일러스트레이티드》에게 안 좋은 징후일 수 있다. 그 잡지 편집자들이 최고의 선수가 최고의 성적을 낼 때 그것을 알아보고 표지 모델로 선정하는 본연의 임무에 실패했다는 뜻이기 때문이다. 여기서 우리는 징크스가 아닌 〈평균으로의 회귀〉라는 통계학적 개념, 또는 《스포츠 일러스트레이티드》에 따르면 물이 원래 수위대로 돌아가려는 성질을 만난 것뿐이다.

물론 이런 잡지 괴담이 크게 해가 될 것도 없다고 항변할 수도 있다. 결국 스포츠의 세계에서만 나타나는 드물고 극단적인 사건에 대한 이상하고 잘못된 이야기이지 않은가. 하지만 이 사례는 더 광범위하고 널리 퍼져 있는 현상을 대표한다. 〈운〉이나 〈무작위적인 사건〉이 어느 정도 결과를 좌우하는 분야나 상황이라면 어디든 평균으로의 회귀 현상이 일어나게 마련이다. 긍정적이든 부정적이든 최상의 결과를 내는 데 운의 영향이 클수록 이후에는 보통 수준으로 되돌아올 가능성이 더 높다. 그런데 우리는 삶의 어느 영역이든 최상의 사건에 열광한다. 이는 평균으로의 회귀 현상을 간과했다가 사건의 원인을 잘못짚고 결과를 부풀리는 엉뚱한 이야기를 만들어 낸다는 뜻이다.

의료 분야에서는 특정 약이나 치료법을 주로 극단적인 경우에 처방할 경우 그 치료 효과가 과대평가될 수 있다. 실제로 사혈도 환자들의 고통이 매우 심했을 때 처방했다면 평균으로의 회귀 효과를 보았을 수 있다. 즉 고통이 매우 심할 경우 시간이 어느 정도 흐른 뒤에는 처방 없이도 증상이 저절로 완화될 수도 있는데 그 과정에서 마치 사혈 덕분에 환자 상태가 좋아진 것처럼 인정받는 것이다. 엉터리라고 불리기도 하는 여러 대체의학 치료법도 마찬가지다. 또한 《스포츠 일러스트레이티드》 사례에서처럼, 우리가 물어야 할 질문은 "왜 엉터리 약이 효과가 있는가?"가 아닌 "어떤 경우에 엉터리 약을 쓰려 하는가?"이다.

이와 비슷하게, 평균으로의 회귀 현상 덕분에 컨설턴트 또한 어느 상황에서든 실제 성과보다 좋게 평가받을 수 있다. 특히 고객의 현재 실적이 유난히 저조한 상황에서 이 현상이 두드러진다. 상황이 점점 좋아지면 일부는 컨설턴트 덕분이고 일부는 행운 덕분이겠지만 보통 컨설턴트들이 성과에 대한 공을 전적으로 가져간다.

이런 회귀 효과를 고려하지 않고는 그 어떤 평가 방법도 불완전할 것이다. 가령 어떤 기업이 성과가 가장 좋은 직원에게는 상여금을 지급하고 성과가 가장 낮은 직원에게는 징계를 내린다고 해보자. 합리적이긴 하다. 하지만 평균으로의 회귀 현상 때문에 상벌과 상관없이 다음번 평가 시에는 최고 성과자 중 일부의 성과가 떨어질 것이고 최저 성과자 중 일부는 성과가 오를 것이다. 이 경험을 액면 그대로 받아들이면 직원들을 동기부여하는 데 있어 상여금은 해로운 반면 징계는 효과가 훨씬 좋다는 그릇된 믿음이 자리 잡을 수 있다.

이른바 〈피터의 법칙〉(Peter principle, 고성과자를 승진시키다 보면 감당할 수 없는 위치까지 승진해 결국은 무능해진다는 이론) 역시 일부 평균으로의 회귀 효과 때문에 나타난다. 이 이론에 따르면 사람들은 무능해질 때까지 승진한다. 업무 성과가 최고 수준일 때 승진한다면 회귀 효과 때문에 승진 후에는 성과가 하락할 수밖에 없다. 경영진 교체에서도 비슷한 상황이 나타난다. 관리자나 간부들의 저조한 성과가 이어지면 다른 사람으로 교체할 수도 있고 교체 후 조직의 성과가 높아질 수도 있다. 하지만 온전히 이러한 변화 때문에 성과가 좋아진 걸까? 만약 유달리 심한 악재 때문에 성과가 저조했다면? 변화를 주지 않았을 때는 결과가 어떻게 되었을지 경험하지 못하기 때문에 우리는 이런 만약의 경우를 거의 생각하지 않는다.

『춤추는 술고래의 수학 이야기 *The Drunkard's Walk*』에서 물리학자 레오나르드 믈로디노프는 영화 산업 사례를 소개한다. 영화 여러 편이 연달아 흥행에 실패하자 이 영화를 선정한 제작자들이 책임을 지고 해고당했다. 이후 새로 온 제작자가 부임하면서 영화사의 흥행 실적이 좋아지자 대부분 이 실적을 근거로 예전 제작자가 부진을 초래했으며 새로 온 사람이 적임자라고 확신했다. 하지만 역설적이게도, 뒤이은 흥행작들이 사실은 해고당한 이전

제작자가 이미 선정해둔 개봉 예정작들이었는데도 이런 인식이 생겼다.

영화의 속편 역시 〈회귀 효과의 저주〉를 받는다. 영화가 블록버스터급 흥행을 한 후 속편이 상대적으로 흥행 성적이 안 좋은 것은 사실 그리 놀랄 일이 아니다. 보통 첫 편이 크게 흥행할수록 다음 편이 더 크게 저주를 받는다. 이는 속편이 객관적인 기준으로 실패한다는 뜻이 아니다. 데이터를 보면 속편 역시 대부분 상당한 수익을 낸다. 그러니 가까운 시일 내에 속편 제작이 사라지지는 않을 것이다.

결국 몇몇 경험에 속아 평균으로의 회귀 현상을 제대로 이해하지 못한다면 잘못된 이야기를 지어내고 엉뚱한 곳에 비난이나 찬사를 쏟아붓게 된다. 그렇다면 왜 우리는 주변에서 평균으로의 회귀 효과에 대해 별로 들어보지 못하는 걸까? 흔히 일어나는 일인데도 대부분의 교육 현장과 언론 분석에는 이 개념이 쏙 빠져 있다. 스포츠 섹션이나 경제면에서 한 번이라도 이런 기사 제목을 본 적이 있는가?

"실적 악화. 평균으로의 회귀가 재발하다!"

이런 제목을 보지 못한 이유는 부분적으로는 평균으로의 회귀 효과를 인정하는 순간 우리가 경험하는 중요한 결과에서 〈우연의 역할〉을 크게 인정해 주는 셈이 되기 때문이다. 우리 인간은 무작위성randomness을 거북해한다. 열심히 노력하고 금전적 대가를 톡톡히 지불해도 결과는 마음대로 되지 않는다는 것을 인정하지 않으려 한다. 대신 좋은 실적이든 나쁜 실적이든 그럴싸한 이야기로 설명하며 좋은 실적은 꾸준히 달성하고 나쁜 실적은 피할 수 있기를 바란다.

우연의 역할을 축소하고 무작위적인 기복을 확대해석하는 현상은 이야기의 속임수 중 하나일 뿐이다. 경험에서 나온 이야기가 더 근본적이고 복잡한 인과관계와 충돌하는 경우는 더욱 많다. 게다가 이것이 극단적인 경우에만 해당하는 것도 아니다.

시간을 왜곡하는 이야기들

—

씨앗을 심을 때 심자마자 열매를 따리라고 기대하는 사람은 없다. 사전에 계획을 세우고, 필요한 투자를 하고, 꾸준히 노력하고, 결과를 기다려야 한다. 이 과정에 〈시간〉이 걸린다는 사실을 우리는 잘 알고 있다. 학교에 다닐 때도 곧바로 결실을 맺지는 않는다. 원하는 목표를 생각하고, 지식을 활용하고, 투자를 하고, 결과를 향해 나아간다. 이처럼 교육의 결실을 맺는 데도 시간이 걸린다. 몸을 건강하게 만들고자 해도 바라는 즉시 이룰 수는 없다. 잘 먹고, 규칙적인 운동을 하고, 투자를 함으로써 서서히 원하는 수준까지 건강을 쌓아가야 한다. 이처럼 건강에도 시간이 걸린다.

인생에서 가치 있는 일에는 그것이 무엇이든 늘 의지와 노력, 그리고 시간이 든다. 이때 치료법이나 조치가 효과를 나타내는 데 시간이 많이 걸리거나 얼마나 걸리는지조차 불분명하다면 원인과 결과를 명확히 가리기 어려워진다. 경제는 전개 과정을 완벽히 이해하기가 어렵고 결과가 드러날 때까지 예상보다 시간이 오래 걸리는 복잡한 체계다. 만약 정부와 다른 기관들이 경제 상황을 개선하기 위해 어떤 조치를 취한다면 그 결과가 즉각적으로 나타날 가능성은 거의 없다.

더욱이 대부분의 정책은 장기적인 효과를 보기 위해 초기 투자 비용이 많이 들기 때문에 상황이 나아지기도 전에 오히려 악화되는 것처럼 보인다. 이를테면 정부에서 교육정책을 개선해 실업자 수를 줄이고자 한다면 지금 대규모 투자를 하더라도 결과는 한동안 나오기 어렵다. 정책 수립자들과 관리자들이 씨앗을 심은 뒤 열매가 열릴 때까지는 시간이 걸린다. 그런데도 우리는 이야기를 단순화하고 싶어 한다. 진정한 변화를 위해 필요한 시간을 진득하게 기다리지 못해 건너뛰어 버리고 그 과정을 지나치게 줄여 단순화한 이야기를 경험에서 끌어온다.

그 결과 자칫하면 잘못된 결론에 도달한다. 어떤 조치를 취했을 때 곧바로 예상한 결과가 나오지 않으면 효과가 없다고 치부해 버린다. 혹여 결과가 나타나기라도 하면 이전에 취한 정책 때문이 아니라 가장 최근에 취한 조치 때문이라고 생각한다. 경제나 사회 상황이 좋아지면 지난 행정부 때 착수한 정책 덕분이라 해도 새로 선출된 정치인이 쉽게 공을 가로채기도 한다. 어떤 조직이든 새로 부임한 지도자도 마찬가지다. 앞에서 살펴본 대로 영화사 대표가 현재 상황을 바탕으로 해고되거나 보상을 받는 사례 역시 시간을 왜곡하는 대표적인 경우다. 이처럼 만약 물이 원래 수위를 찾아가고 극단적인 상황이 평균으로 회귀하는 데 드는 시간을 제대로 인식하지 않는다면 우리가 내린 결정에도 오류가 있기 마련이다.

이렇게 왜곡된 시간 개념을 가지고 이야기를 만들면 더 나은 내일을 만드는 데 방해된다. 권력의 자리에 있는 사람들은 즉각적인 눈앞의 경험에서 배우려는 인간 본성을 잘 파악하고 있으며, 권력자 자신도 비슷한 성향을 지니기 때문에 그에 맞게 행동할 것이다. 이들은 장기적인 해결책이 필요한 때에도 자리와 지위를 보전하기 위해 신속하고 뻔한 결과를 내는 간단한 방법을 선택하기도 한다.

성장에 필요한 시간이라는 요소를 이야기에 정확히 반영하는 법을 배우지 않는 한 괜히 맞지 않는 전략을 지지했다가 발이 묶이는 잘못을 되풀이할 수밖에 없다. 더 나아가 권력을 지닌 사람들도 화려하지만 허술한 이야기 짓기 실력을 악용하며 점차 근시안적으로 변해간다. 무작위성과 마찬가지로 원인과 결과 사이의 시간 지연 때문에 우리는 결국 미래를 결정할 때 도움이 되지 않는다고 판명될 거짓 이야기를 적극적으로 받아들인다. 하지만 여기서 끝난 게 아니다.

경험은,
〈고정관념 제조기〉로 전락할 수 있다

—

자, 이제 아래의 단어들을 읽는 순간 마음속에 어떤 이미지나 특성, 감정이 떠오르는지 생각해 보자.

민주당원

공화당원

최고경영자

10대 청소년

OOO 국가 출신 사람들

OOO 직업인 사람들

아마 별다른 시간이나 노력을 들이지 않고도 위의 단어를 보는 순간 짧은 이야기가 떠올랐을 것이다. 우리의 직관은 시간과 노력을 아끼려 하며 그 때문에 틈날 때마다 대상을 분류하고 각각의 분류마다 간단한 이야기를 만드는 성향이 있다. 이렇게 발생하는 고정관념은 종종 여러 가지 이미지와 다양한 특성, 복합적인 감정을 담고 있다.

우리 두뇌에 자리 잡은 고정관념은 가족과 지역 공동체, 교육과정, 미디어 등에서 접하는 이야기와 신념체계, 선입견, 태도 등 보편적인 문화에서 온 경우가 많다. 하지만 개인의 경험 역시 고정관념 제조기다. 특정 부류의 사람이나 특정 종류의 상황을 고작 한 번 혹은 겨우 몇 번 겪었는데도 우리는 이미 결론을 내리고, 마치 대단히 중요한 것처럼 이야기를 발전시키고, 그것들을 현실 인식에 편입시킨다.

물론 고정관념이 무척 유용할 때도 있다. 사회심리학자 리 저심이 『사회적 인식과 사회적 현실Social Perception and Social Reality』에서 설명하듯이, 시간과 정보가 부족할 때는 일반화가 통계적으로도 정확하고 미래 예측에 적절하게 도움이 될 때가 많다. 하지만 문제는 한정된 경험에서 비롯된 고정관념 때문에 미세하지만 의미 있는 차이를 간과하고 독단적인 결론을 내릴 때 발생한다. 게다가 고정관념이 신뢰하기 어렵거나, 일부만 옳거나, 완전히 주관적이거나, 시대에 뒤처졌을 때도 경험은 이를 진단하는 데 도움이 되지 않는다. 심지어 잘못된 이야기에서 싹튼 고정관념이 한번 뿌리를 내리면 경험이 많을수록 오히려 그 고정관념에 갇혀 손해를 보기도 한다.

말콤 글래드웰은 『블링크Blink』에서 오랜 세월 여성 클래식 음악 연주자들을 괴롭혔던 직업적 어려움을 다루었다. 클래식 음악 분야에서는 역사적 관행과 확고한 전통, 최종 결정권자들의 주관이 모여 연주자의 특성을 규정하는 막강한 고정관념을 만들어 냈다. 즉 과거 오케스트라 관리자들은 대부분 남성 연주자만 제대로 연주할 수 있다고 굳게 믿었다. 그 결과 오케스트라에서 여성 연주자를 뽑는 일은 거의 없었다. 경제학자 클라우디아 골딘과 세실리아 라우스는 이 현상에 대해 다음과 같이 설명했다.

"1970년대까지 여성 연주자 수가 극히 적었을 뿐 아니라 신입 연주자 채용에 최종 권한을 가진 음악감독들은 여성 연주자들의 재능이 뒤처진다는 생각을 공공연히 밝히곤 했다."

그 결과 수백 년 동안 수많은 여성 연주자가 청중 앞에서 연주할 기회를 얻지 못했고 훨씬 많은 여성이 애초에 연주자가 될 꿈도 꾸지 못했다. 또 오케스트라는 특정한 인재 집단을 소외시킴으로써 결국 최고 수준으로 음악을 연주할 수 있는 인재를 모은다는 애초의 설립 취지와도 멀어졌다.

고정관념의 변형 중 하나로 소위 후광효과halo effect가 있는데, 이는 개인적인 경험에 근거한 고정관념을 바탕으로 다른 상황에서도 근거 없는 결론을 도출하려는 성향을 뜻한다. 대표적으로 사람의 외모가 매력적이면 유능하고 믿을 만하다고 여기는 경향이 있다. 외모와 그 사람의 다른 특징 사이에 아무런 객관적, 필연적 연관이 없어도 말이다. 마찬가지로 전문가들의 주관적인 자신감은 유능함의 표시로 해석되기도 한다. 후광효과 때문에 우리는 틀림없는 듯 말하고 행동하는 사람이 정말로 틀림없다고 믿어버린다.

『머니볼*Moneyball*』에서 저자 마이클 루이스는 자신감 넘치는 전문가들이 야구선수들을 스카우트하는 과정에서 실력과 무관한 신체적 특징을 근거로 성적을 잘못 예측하는 과정을 그려낸다. 야구선수들의 성적에는 눈으로 포착하기 어려운 요소들이 많이 관련되어 있는데도 스카우트 담당자들은 자신들의 눈을 과신한다. 또한 최근에 몇 번 본 경기를 근거로 쉽게 누군가의 미래 성적을 예측하려 한다.

무의식적으로 고정관념에 의지하는지도 모른 채 옳지 못한 판단을 오랜 세월 이어갈 수도 있다. 그럼으로써 최고로 재능 있는 선수를 모으려는 팀의 노력을 오히려 깎아먹는다. 이런 자기기만은 비효율로 이어지고, 결국 이를 다른 팀들이 이용해 그들의 수익 기회로 바꿀 수 있다.

전문가들이 자신들의 사고방식의 오류를 스스로 깨닫게 만들기는 지독히도 어렵다. 왜냐하면 그들은 진실로 자신들의 신념은 처음부터 끝까지 경험에 뿌리를 두고 있다고 믿기 때문이다. 경험을 근거로 한 그들의 이야기는 전문가 자신의 선택을 좌우함으로써 미래 경험에도 영향을 미치며, 처음의 고정관념과 후광효과도 계속 이어간다. 이런 식으로 경험에서 우러난 잘못된 이야기가 결국 현실이 되는 상황이 발생한다. 이는 우리 스스로가 이야기를 만들고, 믿고, 실행하기 때문이다. 이렇게 해서 예언대로 실현되는 자기충족의 이야기가 만들어진다.

경험이 많을수록
자신의 예측이 정확하다고 착각한다

—

1999년에 개봉한 영화 「매트릭스The Matrix」에서 주인공 네오는 자기 앞날을 알고자 오라클(예언자)을 찾아간다. 네오가 방에 들어서자 오라클은 그에게 꽃병은 염려 말라고 이야기한다. 갑작스러운 경고에 네오가 움찔하며 몸을 휙 돌리자 꽃병에 부딪히게 되고 결국 꽃병은 깨진다. 네오는 사과하고 오라클에게 이 일을 어떻게 알았는지 묻는다.

"그보다 자네가 나중에 머리를 쥐어뜯게 될 문제는 이거지." 오라클이 답한다. "내가 아무 말 안 했어도 자네가 과연 꽃병을 깨뜨렸을까?"

오라클의 경고가 바로 오라클이 예측한 결과를 초래했다. 자기충족 예언이었던 것이다.

그리스 신화 속 인물 오이디푸스는 언젠가 왕을 죽일 아이라는 예언 때문에 강제로 추방당하고 죽게 내버려진, 왕이 원치 않은 왕자였다. 하지만 추방되는 사건이 오히려 그가 왕국으로 돌아와 왕인 아버지를 죽이는 결정적 계기가 된다. 해리 포터 시리즈에서(스포일러 주의!) 사악한 볼드모트는 어느 젊은 마법사가 점점 강력해져 자신을 없앨 것이라는 예언을 듣고 대응에 나선다. 볼드모트는 아기인 해리를 선택받은 자로 지목하고 죽이려고 한다. 결국 해리의 가족은 몰살하지만 목표물인 해리를 죽이는 데는 실패하고 만다. 이 비극적인 사건 때문에 해리가 영웅으로 성장해 볼드모트를 파괴하게 되며 예언이 이루어진다.

이런 복잡한 사건이 예술이나 신화, 문학에서만 나타나는 것은 아니다. 이런 사건은 실생활에서도 혼란을 초래한다. 의사이자 에세이 작가 루이스 토머스는 『의학, 가장 역사가 짧은 과학*The youngest science*』에서 20세기 초반에 활동한 어느 의사의 절묘한 진단 능력을 설명한다. 이 의사는 당시 뉴욕 지역에 널리 유행하던 장티푸스를 진단하는 능력으로 명성을 쌓았다. 그는 환자를 진찰할 때 혀의 모양새를 특히 주의 깊게 관찰했는데 손으로 환자의 혀를 구석구석 꼼꼼히 만지며 발병 가능성을 살폈다. 이렇게 면밀히 살펴본 후 종종 장티푸스 초기 단계라고 진단했다. 비극적이게도 이런 예언은 대부분 적중했다.

하지만 누구도 이 의사가 바로 그 질병을 한 환자에게서 다른 환자로 옮기는 전파자였다는 사실은 몰랐다. 손으로 직접 환자의 혀를 만지는 의사의 진단 방식 때문에 본인도 모르는 사이에 자신으로 인해 여러 사람이 장티푸스에 걸리고 급기야 죽기까지 했던 것이다. 토머스가 책에서 서술하듯이 "이 의사는 진단할 때 오로지 손만 사용했기에, 악명 높은 장티푸스 메리(Typhoid Mary, 본명은 메리 말론으로, 무증상의 장티푸스 보균자로 약 20년 동안 50명 이상을 감염시킨 요리사)보다 파급력이 높은 전파자였다." 의사 자신도, 그의 의료 활동을 곁에서 지켜본 사람들도 결국 경험에서 잘못된 교훈을 얻었다. 모두 이 의사가 뛰어난 진단 전문 의사라고 생각했을 뿐, 의사의 행위 때문에 오히려 진단이 적중하는 자기충족적 예측은 전혀 포착하지 못했다. 완전히 잘못짚은 것이다.

때로 예측을 하는 사람들이 자신의 기대에 따라 행동할 수 있고, 따라서 사건의 진행에 영향을 미칠 수 있을 때 그들은 때때로 자신들의 예언이 실현되게 만든다. 이 사람들이 예언의 자기충족적 본성을 알아보지 못한다면 경험이 많아질수록 이해의 폭을 넓히기는커녕 오히려 자신들에게는 미래를 내다보는 재능이 있다는 착각만 더욱 강화시킨다.

자기충족적인 이야기는 어느 분야든 존재할 수 있다. 예를 들어 어떤 행정가들이 특정 소외계층을 게으르고 무식하며 한심하다고 간주한 채(의식적이든 아니든) 그 고정관념을 바탕으로 정책을 펼친다면, 행정가들의 행동 때문에 소외계층은 현재 상황에서 벗어나기 어려워지고 문제는 더욱 악화될 것이다.

기업의 관리자들이 직원들의 강점과 약점에 대해 선입견이 있다면 자신들의 선입견을 강화하는 방향으로 직원들을 대할 수 있다. 직원에 따라 더 쉽거나 어려운 업무를 맡기고, 회사의 지원도 차등 제공하고, 성과도 서로 다른 시선으로 해석하고, 긍정적이든 부정적이든 업무 평가 또한 다르게 내릴 수 있다. 이런 차별적 행동 때문에 직원들도 제대로 성과를 내지 못하고, 부진한 성과는 다시 차별로 이어질 수 있다. 또한 채용과 승진 과정에서도 선택받은 직원만 더 좋은 기회와 혜택을 누리고 선택받지 못한 직원은 소외된다. 차별의 결과가 적중하면 관리자들은 착각에 빠져 오로지 유능한 사람을 뽑고 적임자를 승진시키는 자신의 탁월한 능력 덕분이라고 할 것이다.

다른 사람을 한눈에 잘 파악한다고 자신하는 사람들도 있다. 이들은 잠깐 만나고도 타인의 특성과 능력을 정확히 평가할 수 있다고 자부한다. 하지만 이런 자신감 또한 자기충족적 이야기의 산물일 수 있다. 타인을 첫인상과 고정관념에 따라 대한다면 그런 행동 때문에 판단이 적중할 수도 있다. 즉 상대를 만나는 순간부터 호감을 느낀다면 그 사람에게 잘해주려 애쓸 것이고 그에 대한 답례로 상대도 호감 가는 친절한 반응을 보일 것이다. 이때 그는 보통 자축하며 "거봐, 내 이럴 줄 알았지!"라는 결론을 내린다. 새로운 사람을 만날 때마다 이런 과정이 반복되면서 똑같은 이야기가 힘을 얻는다. "나는 늘 날카로운 눈으로 사람들의 참

모습을 알아봐왔지!" 이런 자기확신이 간편하고 만족스러울지는 모르지만 그의 확신이 틀렸을 가능성은 매우 높다.

다행히 자기충족적 예언이 시도 때도 없이 일어나는 것은 아니며 늘 해가 되는 것도 아니다. 하지만 해가 될 때도 경험은 적절하게 경고하지 못하며, 그것에 대해 도전하기보다는 오히려 그들을 더욱 맹신하게 만든다. 게다가 이러한 과정은 서서히 전개되는 경향이 있어서 우리는 계속해서 자기확신을 키워간다. 느린 전개 때문에 경험에서 얻는 것을 의심하기도 점점 더 어려워진다. 이렇게 해서 우리는 위험천만하게도 자신이 상황을 진단하고 타인을 재단하는 데 예언자 같은 능력을 지녔다고 점점 굳게 믿는다. 하지만 의심하지 않으면 문제를 인식할 수도 없다.

경험에서 뽑아낸

즉각적이고 충동적인 이야기의 함정

—

우리 인간은 경험에서 이야기를 뽑아내는 능력이 탁월하다. 이는 본능처럼 깊이 내재된 습성이기 때문에 거의 무의식적으로 이야기를 짓곤 한다. 그러므로 우리가 만들어 내는 이야기들이 지나친 단순화나 인과관계 오류 또한 과도한 일반화에서 자유로운지 점검해야 한다.

그렇다면 타고난 이야기꾼 재능을 취약점이 아닌 믿음직한 강점으로 바꾸려면 어떻게 해야 할까? 그 첫걸음은 바로 〈이야기 회의론자〉가 되는 것이다. 이 말은 즉, 경험에서 즉각적이고 충동적으로 뽑아내는 이야기와 사랑에 빠지지 않는다는 뜻이다. 이는 말은 쉽지만 불행히도 실행은 어렵다.

실제로 당신은 이야기를 글로 적거나, 연애편지를 다듬거나, 연설문 초안을 작성하거나, 레고 블록을 조립해서 완성하거나, 마음속으로 선율을 떠올리거나, 아니면 점토로 물건을 빚어본 적 있는가? 만들고 나서는 틀림없이 결과물이 마음에 들었을 것이다. 누구든 자기 손으로 만든 결과물은 좋아하게 되어 있다. 자신의 경험을 바탕으로 만든 이야기도 예외는 아니다. 마치 내가 지은 이야기를 의심하면 나 자신을 의심하는 것과 같기 때문이다.

스토리텔링에는 타인을 설득하고 협력을 이끌어 내는 힘이 있다. 마음을 울리는 설득력 있는 이야기를 만들고 그 이야기를 생생하고 세련된 언어로 전달하는 능력은 리더와 창업가에게 꼭 필요한 기술이다. 하지만 이야기가 매력적이라고 해서 반드시 정확한 것은 아니다. 오히려 매력도와 정확성은 하나가 높아질수록 다른 하나가 낮아지는 관계일 수 있다. 특히 이야기가 믿기 어려울 만큼 매력적인 경지에 이르면 이러한 관계가 더 두드러진다. 단순하거나 예측 가능한 상황에서는 이야기가 현실을 나타내는 데 적절하고 유용하지만, 삶과 일, 정치 등 복잡한 상황에서 중요한 결정을 내릴 때 우리가 적용하는 이야기들은 오해를 불러일으킬 수 있다.

이 오해를 바로잡기 위해 우리 저자들은 재치 있고 고상하고 간결한 이야기에 푹 빠져드는 인간의 성향을 그 출발점으로 삼으려 한다. 어떤 이야기가 지나치게 매력적이면, 즉 지나치게 강력하고, 지나치게 설득력 있고, 지나치게 흡인력이 있으면, 영감이 아닌 〈경고〉로 받아들여야 한다. 아마도 그 이야기 뒤에 더 복잡한 현실이 도사리고 있을 것이다. 특히 설득력 있는 이야기에서 교훈을 받아들여 중대한 결정을 내리려는 마음이 든다면 실행하기 전에 한 번 더 확인하고, 이 장에서 소개한 스토리텔링의 함정은 없는지 주의해야 한다.

- 잡지 표지에 실린 것 때문에 최고의 선수가 정상에서 미끄러진다? 아마도 아닐 것이다.
- 조직의 리더가 간단한 조치로 복잡한 문제를 단기간에 해결했다? 가능성이 적다.
- 첫인상으로 타인을 정확히 판단할 수 있다? 그럴 리가.

물론 어느 사고 전략이든 마찬가지지만 이야기 회의론도 정도가 지나칠 수 있다. 과학사를 연구하는 학자들은 불합리한 이야기와 이론이 불과 100년 전까지도 만연했다는 데 놀라 극도로 회의적인 태도를 보일 때가 있는데 이런 태도를 과학사의 비관적 메타 귀납이라고 한다. 즉 "현재 통용되는 이야기들도 100년 후 비슷한 방식으로 대중에게 알려지고 평가받을까?"라고 묻는 시각이다. 이처럼 회의론도 도를 지나치면 역효과를 불러일으킬 수 있으며 그래서 노력해 봐야 틀리기만 한다는 생각이 싹튼다. 틀리기만 하는데 굳이 진실을 찾아 나설 필요가 있을까?

하지만 이야기 회의론을 적절한 수준으로 사용한다면 강력한 도구로 활용할 수 있으며 끊이지 않는 호기심을 원동력 삼아 새로운 발견을 이어갈 수 있다. 결국 이야기 회의론의 본질은 의문을 품는 자세이자 언제든 선입견을 뒤집으려는 의지, 또 경험에서 인식하는 인과관계 중 어느 것을 적극 수용하고 어느 것을 더 면밀히 조사할지 끊임없이 고민하는 태도다. 이야기 회의론자는 이야기를 진실에 이르는 궁극의 지름길이 아닌 경험을 더 잘 이해할 수 있는 경로로 받아들인다.

언론인이자 작가 캐스린 슐츠는 『오류*Being Wrong*』에서 이 같은 건설적인 이야기 회의론이 있기에 비관적 메타 귀납을 긍정적 메타 귀납으로 바꿀 수 있다고 주장한다. 우리는 이야기가 현실에 가까워지도록 끊임없이 발전시킴으로써, 특히 과학적 방법론을 활용해 경험에서 얻은 교훈을 분석함으로써 중요한 순간에 더 나은 결정을 내리고 싶어 한다.

그렇게 해서 이야기 회의론자는 자연스레 〈이야기 과학자〉로 발전해 간다. 이야기 과학자는 결정의 주체로서 경험에서 얻는 교훈을 가능한 한 실험을 통해 검증해 나가야 할 이론으로 취급한다. 하지만 실험은 인간에게 자연스러운 행위가 아니다. 경험이 어떤 이야기를 뒷받침할수록 우리는 그 이야기를 더욱 굳게 믿지 실험을 거쳐 문제를 제기하는 것은 꺼린다. 사혈요법의 사례에서 알 수 있듯이 교육을 많이 받은 전문가들조차도 비슷한 과정을 거친다.

이런 본능에 맞서려면 편견에 반하는counterbias, 즉 우리의 선입견을 가능한 한 적극적으로 점검하려는 태도를 받아들여야 한다. 『무엇이 행동하게 하는가The Why Axis』에서 경제학자 유리 그니지와 존 리스트는 사회적 및 경제적 결정을 내릴 때 떠도는 이야기와 괴담에 갇히지 않으려면 무작위 대조 실험을 적극 활용해야 한다고 주장한다. 이야기 속 인과관계가 정확히 어떻게 작용하는지 확인하기 위해서는 이야기의 핵심 부분을 더 넓은 범위에서 대표성 있는 다른 예로 바꿔본 다음 결과가 어떻게 달라지는지 세심하게 추적해야만 한다는 것이다. 이것은 주요 과학적 발견을 이끈 핵심 실험 방법으로, 독창성만 약간 발휘하면 일상에서도 적용할 수 있다.

대부분의 권위 있는 오케스트라는 여성 연주자를 소외시키는 근거로 쓰였던 잘못된 이야기들을 극복하기 위해 무작위 대조 실험 방법을 활용했다. 첫째, 단원을 채용하는 오디션에서 남성 한 명의 판단에 의존하는 대신 오케스트라 단원 여러 명이 심사하여 개인의 편견이 미치는 영향을 최소화했다. 둘째, 지원자의 이름을 번호로 대체해 성별을 숨겼다. 셋째, 심사위원과 지원자 사이에 커튼을 드리워 불필요한 시각적 단서를 차단했다. 간단하지만 효과적인 새 오디션 규정에 힘입어 오케스트라 책임자들은 판단을 흐리는 잘못되고 자기충족적인 이야기를 무시할 수 있었다. 그 결과 오늘날 세계적으로 권위 있는 오케스트라에는 과거 어느 때보다 여성 연주자 비율이 높다.

하지만 안타깝게도 무작위 대조 실험을 늘 할 수 있는 건 아니다. 어떤 사건은 재현할 수 없는 경우도 있다. 단 한 번만 결정하는 일일 수도 있다. 이 경우 서로 다른 결정이 각각 어떤 결과로 이어지는지 관찰할 수 없기 때문에 어쩔 수 없이 경험할 수 없는 일을 드러내 보여주는 다른 사고 방법에 의지하게 된다. (이를 반사실적 서술counterfactuals이라고도 한다).

반사실적 사고는 〈만약what-if〉의 경우를 묻는 사고 방식이다. 즉, 만약 짐작되는 원인이 없어진다면 결과가 어떻게 바뀌겠는가? 결정의 주체가 다르게 행동했다면 일이 어떻게 달라졌을까? 특정 결과가 항상 일관되게 나타날까? 그게 아니라면 데이터가 그 확률에 대해 시사하는 것은 무엇인가? 주어진 이야기를 검증하려면 어떤 정보가 새로 필요할까? 또 이야기에 반박하려면 어떤 증거가 필요할까? 이와 같은 것들을 묻는 것이다.

『미래를 어떻게 결정할 것인가*Farsighted*』에서 저자 스티븐 존슨은 다양한 반사실적 사고 방법을 어떻게 활용할 수 있을지 살펴본다. 이 중에는 시나리오 계획법, 시뮬레이션, 악마의 대변인을 지정해 무시당하기 쉬운 의견 옹호하기 등이 있다. 이는 모두 중요한 결정을 내릴 때 개인의 지식과 경험을 체계적으로 정리할 수 있는 방법이다. 이런 방법을 따르면 의식적으로 현재 상황을 기존과 다른 관점으로 해석하게 되고 미래의 결과도 달리 예측하게 된다. 각 방법은 적당한 정도의 건전하고 시의적절한 이야기 회의론자와 이야기 과학자가 적용할 만한 객관적인 연구와 창의적인 발상을 담고 있다. 결국 목적은 사람들이 경험을 통해 점점 강해지는 확신에 스스로 의문을 제기하고, 잘못된 인과관계를 지닌 이야기가 미신이나 전통으로 자리 잡기 전에 스스로 예방하도록 동기부여를 하는 것이다.

《스포츠 일러스트레이티드》는 표지 징크스에 대한 대안적 이야기를 제시해 자신들이 선수와 팀에게 악담이나 하는 잡지가 아니라는 것을 직접 보여줄 수 있다. 더 나아가 선수와 팀을 축복할 수도 있다. 예를 들면 기획 기사에서 최고 중의 최고를 다룰 때마다 같은 시기에 가장 실망스러웠던 선수나 팀을 선정해 함께 소개하는 것이다. 미국 프로 미식축구에서 결선인 슈퍼보울 진출이 확정된 듯했다가 실망스러운 기록을 남긴 팀이나, 최고의 성적을 자랑하다가 갑자기 퍼팅을 망치고 대회마다 본선에서 탈락하는 프로 골프선수는 어떤가. 이런 실패 사례들은 잡지 뒷표지 안쪽에 실을 수 있다. 이후 몇 주간 몇 달간 어떤 일이 일어나겠는가? 물론 실제 현실을 겪어봐야 확실히 알 수 있다. 하지만 뒤쪽에 실린 실패 사례에 해당하는 선수나 팀 중 상당수가 평균으로의 회귀 현상에 힘입어 어느 정도 실력을 회복할 것이다. 그러면 팬과 평론가 모두 《스포츠 일러스트레이티드》 뒷표지의 축복에 대해 떠들기 시작할 것이다.

이야기의 타당성을 검증할 때 이야기 과학자는 흔히 빅데이터라고 부르는 통계적 증거를 수집하고 분석하는 최신 방법들을 활용할 수도 있다. 앞서 소개했듯이 『머니볼』의 저자 마이클 루이스는 야구계에서 대대로 스카우트 담당자들이 선수들의 기량을 분석할 때 잘못된 이야기에 속아왔다고 진단했다. 하지만 최근에는 야구를 비롯한 여타 스포츠에서 선수들의 실제 기량을 측정하고 전략을 최적화할 때 데이터 통계 분석을 활용하면서 경쟁의 본질이 완전히 달라졌다. 과거 반백의 노련한 스카우트 담당자와 전문가들의 무용담은 오늘날 데이터 통계 분석을 통해 정확해진 평가 방법으로 바뀌어 가고 있다.

그래서 기계가 빅데이터를 활용해 우리 대신 학습하고 사고하는 시대로 들어섰는가? 이제는 처음부터 기계가 우리 대신 이야기를 만들고 세상을 해석하도록 믿고 맡겨야 하는가? 『원인과 결과The Book of Why』에서 컴퓨터 과학자 주데아 펄과 작가 데이나 맥킨지는 기계가 광대한 양의 데이터에서 패턴을 찾고 이를 바탕으로 예측하는 데 얼마나 뛰어난지 논한다. 하지만 기계는 복잡한 인과관계를 추론해 내지는 못한다. 특정 변수의 조합과 패턴이 다른 조합이나 패턴보다 더 나은 예측 결과를 가져다주는 이유를 모르기 때문이다. 아직은 인과관계의 가능성을 발견하고, 그 안에서 부정확한 부분을 포착하고, 필요할 때 데이터에 의지하는 모든 판단은 인간의 몫이다. 경험에서 배울 때 인간은 올바른 질문을 던지기 위해 노력하고 기계는 그 검증을 도와줄 수 있다.

자기충족적 예언의 경우 우리는 현재 상황을 그 예언이 애초에 불가능한 상황과 비교해 개념적 차이를 분석할 수 있다. 기상학은 자기충족적 예언이 불가능한 대표적인 분야다. 또한 복잡한 영역이긴 해도 비교적 우호적인 환경에 속한다. 기상학자들은 결과에 대한 피드백에서 항상 올바른 교훈을 얻을 수 있기 때문이다. 이들은 날씨를 예측한 다음 결과를 관찰한다. 기상학자 중 누군가가 자연환경을 바꿀 만한 초능력을 갖고 있지 않는 한 기상예보 내용이 미래의 날씨에 영향을 줄 수는 없다. 따라서 기상학자들의 이야기는 자기충족성을 띠기 어렵다. 그러므로 우리는 예측을 한 뒤 결과에서 배우고자 할 때 다음과 같은 질문을 해볼 수 있다. 이 활동이 마치 기상학과 같은가, 아니면 자신이 예측의 결과에 조금이라도 영향을 미칠 수 있는 상황인가?

경영, 행정, 관리, 채용, 새로운 사람 만나기 같은 활동은 기상

학과는 다르다. 그 사실을 깨달으면 자신이 결과에 얼마나 영향
을 끼쳤는지 분석할 수 있고, 더 나아가 자기충족적 예언에 속는
위험을 피할 수 있다.

우리의 경험에서 놓친 것들, 무시해야 할 것들
—

우리 인간은 〈이야기하는 동물〉로서 인과관계를 이해할 때 습관
적으로 이야기를 활용한다. 이야기는 경험에서 배운 교훈을 요약
하고, 타인과 공유하고, 오래도록 기억하는 데 강력한 힘을 발휘
한다. 하지만 복잡하고 불확실한 상황에서는 이야기가 지나치게
단순해지거나 현실을 왜곡하는 위험에 빠질 수 있는데 이 때문에
잘못된 결정을 내린다.

 이 장을 마무리하며 지금까지 다룬 핵심 내용을 간략히 요약하
면 다음과 같다. 경험을 바탕으로 이야기를 구성할 때 정작 중요
한데도 놓친 것은 무엇인지, 반면 아무런 관련이 없어 무시해야
하는데도 그렇게 하지 못한 것은 무엇인지 다시 한번 확인할 수
있다.

 ■ 우리의 경험에서 놓친 것
 시간 요소. 경험을 바탕으로 만들어낸 이야기에서는 대개 어떤

결과가 나타날 때까지 걸리는 시간을 과소평가하는 경향이 있다. 원인과 결과 사이의 시간차 때문에 합리적인 추론이 어려워지고 상벌을 잘못 부과하기도 한다.

반사실적 서술. 그 자리에서 즉시 떠오르는 경험에 기반한 이야기를 그대로 받아들이기보다는 의문을 제기하는 것이 낫다. 하지만 이야기 냉소주의자보다는 이야기 회의론자가 되는 편이 더 건설적이다. 회의론은 이야기 과학자로 발전하는 데 도움이 되기 때문이다. 결국 실험과 반사실적 사고, 데이터를 활용해 기존 이야기의 전제를 의심하고 시험한 후 더 완전하고 정확한 이야기를 새로 만들어야 한다.

■ 우리의 경험에서 무시해야 할 것

무작위 속의 규칙성. 우리는 무작위로 일어나는 현상이나 알아볼 수 없을 정도로 복잡한 요인의 영향을 받는 현상을 대할 때조차도 원인을 밝히려 한다. 그 결과 존재하지도 않는 교훈을 익히고 잘못된 확신을 갖게 될 수 있다.

지나친 일반화. 한정된 경험에 의지하면 잘못된 고정관념과 부정확한 후광효과를 만들어낼 수 있다. 변화의 폭과 속도가 큰 현실 세계에서 이런 과도한 일반화는 신뢰도가 떨어지거나 시대에 뒤떨어질 위험이 있다.

자기충족. 때때로 우리는 자신의 기대와 예측에 따라 행동함으로써 그 기대와 예측을 실현하기도 한다. 이 자기충족의 가능성을 고려하지 않으면 자신의 결정 능력을 객관적으로 보기 어렵다. 자기충족적 예언의 싹을 발견하려면 다음과 같이 물어야 한다. 이 상황이 기상학과 같은가?

경험을 이야기로, 그 이야기를 다시 미래 행동의 길잡이로 깔끔하게 정리하려는 충동은 무척 강렬하다. 그렇다 해도 우리는 이 충동을 위험천만한 함정이 아닌 복잡하고 난해한 현실을 이해하는 효과적인 방법으로 탈바꿈시킬 수 있다.

우리는

복잡다단한

전체 과정 중

일부만

경험할 뿐이다

당신에게 환상적인 제안이 들어왔다. 바로 무엇이든 언제든 얼마든지 원하는 만큼 맘대로 먹을 수 있다는 제안이다. 그런데도 살은 전혀 찌지 않을 것이다! 오히려 많이 먹을수록 더 건강해질 것이다. 당신은 먹고 싶은 음식은 다 먹으면서 자기 방종의 즐거움만을 경험하면 된다. 금지되는 음식도 없다. 스테이크, 피자, 파스타, 치즈, 초콜릿, 아이스크림까지 말만 하시라. 정크푸드라면 더 좋다. 감자칩, 감자튀김, 핫도그, 초코바, 탄산음료까지. 무슨 음식이든 상관없다. 마음대로 먹으면 된다. 다이어트로 고생해본 적 있는 사람에게는 천국이 따로 없는 제안이다.

하지만 단서가 하나 붙는다.

당신이 먹고 싶은 걸 다 먹으면서 행복과 건강을 누리는 동안 어딘가에 사는 누군가는 그만큼 살이 찌고 건강을 잃어야 한다. 당신이 더 많이 즐길수록 그 사람은 더욱 고통에 시달릴 것이다.

고통받는 사람들이 누구인지, 어디에 사는지 알 필요는 없다. 당신은 끝도 없이 식탐을 한껏 즐기면서도 이 사람들의 고통은 전혀 느끼지 못할 것이다.

당신에게는 환상적이면서 누군가에게는 끔찍한 일, 이게 조건이다. 누군가 이런 거래를 제안한다면 어떻게 답하겠는가? 어떤 질문을 던지겠는가? 혹시 이 제안에 대한 당신의 마음을 바꾸게 할 만한 것들이 있는가? 물론 이러한 시나리오는 근거 없는 상상일 뿐이다. 몸에 좋지 않은 음식을 꾸준히 많이 먹으면 당연히 건강을 잃게 되니 이런 상황을 고민한들 아무 의미 없을 것이다. 하지만 인생에서 즐기는 다른 많은 것들에 대해 이런 종류의 거래를 해야 한다면 어떨까?

자기 경험만큼 중요한 것도 드물다. 우리는 매일 더 나은 경험을 하고자 노력한다. 기쁨을 느끼고자 즐거움을 찾아 나서는 한편, 고생과 고통은 피하려 한다. 또한 선진국 사회에서는 교통수단, 기술, 통신, 정보, 기반시설, 보건 및 의료 서비스처럼 매일 이용하거나 경험하고자 하는 혜택들이 점점 유용해지고, 가격도 낮아지고, 접근성도 높아진다. 따라서 점차 같은 값을 지불하고도 더 많은 혜택을 누리게 될 것이다.

좋다. 그렇다면 잘된 것 아닌가.

문제는 우리의 좋은 경험을 위해 때로는 〈타인〉이 상당한 대가를 치러야 한다는 것이다. 자신은 아무런 해를 입지 않으면서 말이다. 오늘날의 경제를 조금만 깊이 들여다보면 이와 같은 현상이 생각보다 자주 일어나고 있음을 알 수 있다. 상품이나 서비스를 소비할 때마다 우리는 복잡다단한 전체 과정 중 최종 결과물만을 경험한다. 물론 최종 결과물에서 즉각 확인할 수 있는 요소도 있다. 이를테면 가격, 공동체 내에서의 인식, 주관적 유용함, 객관적 품질 등 말이다. 하지만 이 결과물이 전달되기까지의 상세한 전체 과정은 우리의 경험으로는 알 수가 없다. 전체 과정 중 윤리적인 문제가 발생했다 해도 결과물을 누리면 그뿐, 그 문제를 굳이 알 필요는 없는 것이다.

그 결과 누군가가 건강을 잃는다는 사실을 굳이 고민하지 않은 채 아무렇지 않게 더 많이 먹는다. 우리 행위에 따라 그들이 그만큼 더 고통을 받는데도 말이다. 심지어 그 대상이 낯선 사람들이 아닌 같은 지역 주민이나 아는 사람 혹은 우리 자녀와 손주, 먼 후손인지도 눈치채지 못한다. 이처럼 최종 결과물만을 경험하는 것에 가려 그 과정에서 사랑하는 이들이 짊어질 고통을 보지 못하고 모르는 새 더 이기적으로 행동한다.

이윤을 추구하는 기업들은 이 문제를 더욱 악화시킨다. 기업은 소비자가 최종 상품과 서비스를 누리는 경험에 더 가치를 둔다는 사실을 잘 알기 때문에 모든 업무 프로세스와 직원의 상벌체계를 여기에 맞춘다. 하지만 이처럼 결과물 중심의 경쟁적인 시장에서는 기업이 원하는 결과를 얻기 위해 법의 경계를 시험하거나 허물려는 유혹에 빠지기도 한다. 기업의 이런 위반 행위를 일반 소비자들은 직접 볼 수도 없고 경험할 수도 없다. 결국 세상에 알려진다 해도 이미 엎질러진 물이요, 때는 늦었을 경우가 많다.

또한 시간이 지날수록 우리는 점차 이러한 과식 혹은 과한 소비 행위에 익숙해진다. 그것은 쉽게 우리의 현재 상태, 우리의 일상 경험, 우리의 현실이 될 수 있고, 따라서 이를 바꾸기는 어려워진다. 그러나 정보에 대한 접근성이 향상되면 우리가 경험하는 결과물과 상황들이 횡재라기엔 얼마나 말이 안 되는지 깨달을 수 있다. 최종 결과물을 위해 보이지 않는 제조 과정에서 자신에게는 물론 남에게도 절대로 강요해서는 안 될 어마어마한 비용을 발생시켰다는 진실을 발견할 수 있다. 이런 깨달음이 있으면 공정함에 대한 인식도 크게 달라질 것이다. 하지만 역으로 자신이 이 비용을 직접 지불할 일은 없을 거라는 깨달음을 얻기도 한다.

오스카 와일드가 냉소주의자를 "가격은 빠짐없이 알지만 가치는 하나도 모르는 사람"이라고 정의한 일화가 유명하다. 이 정의대로라면, 경험은 우리를 얼마나 냉소적으로 만들 수 있을까? 해답은 자신의 경험에서 드러나는 것 이상을 봐야만 알 수 있다. 그런 다음 새로 얻은 지혜로 어떻게 행동하고 싶은지 스스로 결정할 수 있다.

누군가에게 〈좋은 경험〉은
누군가에게는 〈안 좋은 경험〉이 될 수 있다
—

마크는 기업에서 일한다. 그는 매일 동료와 친구, 가족의 도움으로 일상의 크고 작은 문제를 해결하며 살아간다. 물론 지금 삶이 완벽하지는 않지만 그리 나쁠 것도 없다. 이번에 승진하면 생활도 여러모로 더 좋아질 것이다. 마크는 기술과 사회 발전 덕분에 좋은 가격에 구입한 제품과 서비스, 각종 편의 등을 누리며 산다. 24시간 인터넷에 연결되어 있는 휴대전화와 노트북도 있다. 그것들을 이용해 자잘한 볼일을 처리하고, 각종 메시지를 확인하고, 영상을 보고, 일정을 관리하고, 뉴스를 보고, 정보를 찾을 뿐 아니라 동료와 친구, 가족과 연락을 주고받는다. 각 디바이스는 최근 몇 년 사이에 성능은 크게 좋아진 반면 가격은 꾸준히 낮아졌다. 그는 정기적으로 새 모델로 갈아탄다.

마크는 패션 취향도 꾸준히 가꿔왔다. 출근하는 날에는 회색이나 짙은 남색의 편안한 정장에 흰 셔츠를 즐겨 입는다. 다른 날에는 티셔츠와 바지 몇 벌, 운동화와 액세서리를 어울리게 맞춰 입는다. 매년 헌옷을 조금씩 버리고 새옷을 구입하며 옷을 바꿔간다. 빠르게 변하는 패션 트렌드에 뒤처지지도, 그렇다고 앞서가지도 않고 어느 정도만 따라가도록 신경쓴다. 또 매일 출퇴근길에는 직접 운전을 한다. 차를 고를 때는 연비를 가장 중요하게 따진다. 최신 엔진 덕택에 좋은 가격으로 운행 효율은 높이고 환경 오염은 줄일 수 있어 무척 만족스러워한다.

마크의 업무 강도는 높은 편이다. 그는 몇 가지 업무를 관장하는데 연간 보너스를 받고 궁극적으로 그가 원하는 승진을 하기 위해서는 할당된 실적을 채워야 한다. 그는 최근 몇 달 동안 눈에 띄게 열심히 일해 왔지만, 뜻밖에도 다른 비슷한 부서에 근무하는 동료 중 몇 명은 그와 비슷하거나 더 적게 노력하고도 더 나은 성과를 내고 있는 것을 보고 놀랐다. 이를 지켜본 회사 경영진은 최근 마크의 부서를 철저하게 조사하며 문제점을 찾기 시작했다. 이 때문에 마크가 매일 겪는 스트레스 역시 무척 높아졌다.

마크는 다양한 곳에 투자하기도 한다. 과거에는 주택 가격이 계속 오를 것이라는 확신을 품고 투자한 탓에 2008년 금융위기 때 큰 손실을 입었다. 제대로 알고 합리적인 투자를 하고 싶지만 그렇다고 전업 투자가가 될 수는 없는 노릇이니 금융 전문가의 조언을 듣기도 한다.

마크가 매일 겪는 일상에는 좋은 일과 안 좋은 일이 공존한다. 하지만 전반적으로 괜찮은 삶이다. 밤에는 편안하게 잠들며 다음 날의 일상을 준비한다.

마크의 일상은 이 정도로 요약할 수 있다. 그는 전 세계 평균에 비해 매우 부유한 편이며 그 중 일부는 그가 노력으로 정당하게 얻은 것이다. 이러한 부와 비교적 높은 지위를 일구기 위해 그는 열심히 일했을 뿐 아니라 적잖이 희생하고 타협해 왔다. 이는 틀림없는 사실이다.

그러나 마크의 현 상황의 일부는 필연적으로 운 때문이기도 하다. 우선 그는 자신이 태어난 곳, 태어난 시기는 물론 어느 집안에서 태어날지 스스로 결정한 적이 없는데도 이것들은 모두 현재 그의 삶에 큰 영향을 미치고 있다. 행운이 안락한 생활의 충분조건은 아니지만 기본 조건이기는 한 것이다.

그리고 마크가 누리는 혜택 중 일부는 경제학자들이 외부 효과externalities라고 부르는 것과 관련이 있다. 외부 효과는 금전적 거래 없이 어떤 경제 주체의 행위가 다른 경제 주체에게 영향을 미치는 효과 혹은 현상으로, "상품과 서비스를 생산하고 소비할 때 타인에게 비용이나 이익이 발생해도 시장이 정한 최종 가격에는 이 비용과 이익이 반영되지 않을 때" 발생한다. 어떤 외부 효과는 긍정적인 작용을 한다. 예를 들어 마크와 배우자는 아이들에게 좋은 교육 기회라는 혜택을 준다. 그럼으로써 전체 공동체의 생산성 증대와 발전에 기여한다. 마찬가지로 마크의 회사가 연구개발 활동에 투자하면 가장 먼저 회사가 발전하지만 그 결과물은 사회의 발전에도 기여한다. 이러한 방식으로 개인 및 그룹의 투자가 장기적으로 창출하는 이익은 단기적으로 생산하는 이익보다 상당히 높을 수 있다.

하지만 마크의 삶에는 부정적인 외부 효과도 적지 않다. 마크는 글로벌 시스템 덕택에 좋은 경험을 누린다. 하지만 이를 위해 다른 사람이나 집단은 오랜 기간 나쁜 경험을 견뎌야 할 수도 있다. 게다가 이들은 대부분 처음부터 마크만큼 행운을 안고 시작하지 못한 사람들이다. 만약 마크가 자기 삶을 둘러싼 긍정적 및 부정적 외부 효과를 모두 자세히 알았다면 그의 행동과 소비 습관이 크게 달라질 수도 있다. 따라서 이러한 지식과 이해력은 합리적인 의사결정에 꼭 필요하다. 하지만 안타깝게도 마크는 자기 삶 속 외부 효과를 일상에서 경험하지 못한다. 그 결과 자신도 모르는 사이에 불이익 없는 과식이라는 환상적인 거래의 혜택을 누리게 된다.

UN과 국제노동기구ILO에 따르면 마크가 매일 사용하는 전자제품을 조립하는 노동자 일부는 최소한의 임금만을 받을 뿐 아니라 일년 중 대부분을 집과 가족을 떠나 일해야 한다. 대부분 임시계약직 노동자로서 최소한의 인권도 보장받기 어려운 조건에서 일한다. 회사 안팎에서 그들의 삶을 방해하는 엄격한 규칙 아래서 고통스럽게 오랜 시간 일하는 것이다. 그런데도 그 일을 하는 건 별다른 대안이 없기 때문이다. 이 직장마저 없으면 더욱 빈곤해질 것이다.

마크가 사용하는 전자제품 대부분에는 지구촌 곳곳에서 채굴해야 하는 광물이 들어가 있다. 그 중 하나가 콜탄인데 그것은 일상에서 흔히 접하는 전자제품의 배터리와 콘덴서를 제조하는 데 사용되는 금속 광물이다. 하지만 보도에 따르면 이 광물을 채굴하는 작업 때문에 지구 반대편에서는 환경이 파괴되고 사회적 불안과 갈등, 고통이 이어져 왔다.

콜탄만의 문제가 아니다. 기업과 사용자들이 최소 비용으로 천연자원을 캐는 대가로 이미 전 세계의 수많은 사람들이 고통을 겪어왔다. 기업들이 당장 눈앞의 경제적 이득을 위해 여러 가지 광물과 석유, 금을 비롯해 값어치가 큰 천연자원을 부당하게 개발하는 동안 그 지역은 마크가 보지 못하는 사회적 문제에 시달리는 것이다. 마크가 매일 사용하는 여러 제품에 든 플라스틱만해도 장기적으로 환경에 광범위한 문제를 일으킬 수 있다. 바다에 쌓인 플라스틱 잔해는 한 국가의 땅덩어리만큼 모였다. 이만한 양의 쓰레기는 야생 동식물의 삶을 위협하고 먹이사슬을 오염시킨다. 하지만 이 플라스틱이 흘러 마크의 밥상에 오르지 않는한 마크는 이 놀라운 거래의 수혜자로 남게 된다.

마찬가지로 다양한 업계의 기업들이 마크와 같은 고객의 손에더 많은 상품을 저렴한 가격에 안겨주기 위해 무서운 속도로 오염물질과 쓰레기를 배출하고 있다. 각 국가마다 식품 안전도 큰걱정거리다. 무책임한 광물 채굴과 공업 생산, 관개사업으로 농지의 토양이 많이 오염되었기 때문이다.

마크가 입는 옷은 어떤가. 패션업계 역시 전 세계적으로 제조원가를 줄여 최종 상품 가격을 내리려 한다. 그러다 보니 마크가 가장 좋아하는 옷이나 패션 아이템은 안전상의 문제를 떠안고 만들어진 것이 많다. 의류 공장 노동자들이 일하던 건물이 그대로 붕괴된 사건이나 의류 브랜드의 하청업체들이 미성년 노동자를 착취하는 만행도 심심찮게 고발된다.

마크의 가정에서 소비하는 여러 가지 식품도 부정적인 외부 효과를 안고 있다. 미국 동물 학대 예방 단체는 공장식 축산 시스템이 동물의 복지보다 효율을 앞세워 왔다고 비판한다. 수많은 가축이 손바닥만한 축사나 우리에 갇혀 실내에서 사육되고 있으며, 성장과 수확 촉진을 위해 인공적인 착취를 당하고 거칠게 다뤄지면서 평생 고통 속에 살다 간다. 또한 축산물의 수요가 높아지면서 온실가스 증가와 수자원 고갈로 환경이 파괴된다. 이러한 부정적 외부 효과를 활용해 이익을 취하는 대규모 기업형 농장에 밀려 소규모 농가는 발붙일 곳이 없어진다.

하지만 마크의 눈에 보이는 건 편리한 형태로 포장되어 구입하기 쉽게 진열대 위에 놓인 상품뿐이다. 어느 산업에서든 최종 상품을 구입하고 사용하는 경험은 이 상품을 만드는 과정과 너무나 멀리 동떨어져 있다. 마크에게 상품과 서비스를 제공하는 수많은 체인점과 백화점, 온라인 상점들 역시 마크의 경험으로는 알 수 없는 방식으로 운영된다. 이들은 법의 테두리를 넘지 않는 선에서 직원과 하청업체를 한껏 쥐어짜내 비용을 절감한다.

기업이 이런 사업 프로세스와 시스템으로 딱히 법을 위반한다고 볼 수는 없다. 하지만 기업들은 노동자의 권리와 환경을 보호하기 위해 정해놓은 각종 규제의 구속을 조금이라도 덜기 위해 꼼수를 부린다. 기업의 이익 중 일부를 자신들에게 우호적인 법 제정을 위한 입법 로비에 할애하는 것이다. 이 또한 마크가 평소에 모르고 지나치는 면이다.

종합하면 마크는 상품과 서비스를 수없이 많이 소비하면서도 그것을 만드는 노동자들의 암울함, 동물들의 고통, 나무가 잘려나간 숲의 황량함, 바다에 쌓이는 오물, 현재의 잘못으로 미래의 문제를 떠안아야 할 자녀와 후손들의 고통은 전혀 깨닫지 못한다. 오히려 정반대로, 마크의 일상 경험은 기본적으로 꽤 즐겁다고도 볼 수 있다. 비교적 낮은 가격에 제법 호사를 누릴 수 있고, 지금도 매우 안락한데 점점 더 안락해지고 있으며, 물건 중 상당수는 원하는 대로 자주 갈아치울 수 있으니 말이다.

한편 마크는 긍정적인 외부 효과 역시 경험하지 못한다. 선진국 글로벌 기업의 하청을 받아 상품과 서비스를 만드는 개발도상국은 제조 경쟁력이 강화되어 그곳의 수억 명의 빈곤층이 가난을 벗어나기도 하지만 마크는 이 같은 혜택 역시 제대로 인식할 수 없다. 또한 글로벌 기업 중 상당수가 전 세계적으로 고용 기회를 늘림으로써 세계 여러 지역의 삶을 개선시키기도 했다. 또 많은 기업이 다양한 사업에 자금을 지원하는 자선단체들을 후원하기도 한다. 하지만 이것 역시 마크의 경험에서는 벗어나 있다.

결국 마크의 경험에서 긍정적인 것이든 부정적인 것이든 외부 효과는 모두 필터로 걸러지고, 덕분에 마크는 매일 소비하는 상품과 서비스의 실제 비용과 가치를 객관적으로 판단하지 못하게 된다. 그저 전체 상황의 일부만 경험할 뿐이다. 이런 좁은 시야는 마크 개인과 각 기업, 각국 정부의 행보에 큰 영향을 준다.

현재의 〈안락한 경험〉이
미래의 선택을 방해한다
—

마크의 자동차는 성능이 뒤처지지 않으면서도 오염물질 배출이 적다. 구입 가격도 합리적이었고 자동차 자체도 견고한 데다 디자인도 마음에 든다. 아무리 생각해도 말이 안 되는 횡재다.

정말 말이 안 된다. 마크는 모르지만, 그의 자동차에는 일명 배출가스 임의 조작 장치가 설치되어 있다. 이 장치는 당국의 주행 테스트 상황에서만 배기가스를 저감하도록 설정되어 있다. 주행 테스트 조건은 잘 알려져 있으니 자동차가 해당 조건을 정확히 감지해 가스를 기준에 맞게 배출하도록 제조사가 자동차의 운영체제를 조작한 것이다. 자동차 회사는 정해진 조건 아래에서 정확한 결과를 내야 했고 결국 필요한 결과를 도출해 냈다. 그 덕분에 회사는 정상적인 주행 상황에서는 법적 기준치보다 배출가스를 많이 내뿜는 자동차를 친환경 자동차라고 속여 광고할 수 있었다.

마크는 이 문제를 일상의 경험에서는 알아차릴 수 없었다. 차를 구입할 때 살펴보았던 테스트 결과는 좋았으니 결과를 도출하는 과정도 윤리적이었다고 철석같이 믿은 것이다. 겉보기에 문제가 없어 보이는데 굳이 문제를 캐낼 이유가 있겠는가 말이다. 이런 태도가 만연한다면 사기행각도 외부 효과처럼 오랫동안 정체를 드러내지 않게 된다. 하지만 이런 무관심한 태도에도 불구하고 우리의 일상 생활은 전혀 영향을 받지 않거나 심지어 좋아지기도 한다. 우리는 여전히 훌륭한 결과물을 저렴한 가격에 누릴 수 있는 것이다.

이러한 결과 편향(outcome bias, 과정이 아닌 최종 결과로 판단하는 경향)은 2008년 금융위기의 주범이었다. 당시 주택과 주식 시장은 오랜 기간 오름세를 이어갔다. 투자는 하는 족족 큰돈이 되었다. 마크를 비롯한 수많은 투자가들은 기분 좋게 호황을 누렸지만 거품은 급작스레 꺼져버렸다. 그제야 마크는 깨달았다. 거품이 꺼지기 전 상황이 사실 말이 안 되는 횡재였던 것이다. 마크가 투자한 금융 상품은 명망 있는 은행이 설계하고, 신용 평가사들이 심사하고, 대형 보험사들이 보장한 상품들이었다. 전체 제도의 폐해를 느끼기 시작했을 무렵에는 이미 늦은 뒤였다. 애써 모은 저축 중 상당 부분이 고작 며칠 만에 사라져버렸다. 다 지난 뒤 마크는 자책했다.

"정신이 나갔었군. 대체 무슨 생각으로 이런 거야?"

하지만 마크의 탓은 아니었다. 마크는 본인의 경험과 전문가를 믿고 따랐을 뿐이며, 전문가들 역시 본인의 경험을 따랐을 뿐이다. 그렇게 서로 이끌다 보니 정교한 속임수가 보이지 않게 되었을 뿐이다.

우리는 때로 국가와 기업, 개인이 달마다 또는 해마다 늘 눈부신 실적을 내는 모습을 보아오다가 나중에 이들이 뒤에서 장부를 조작하고, 법을 어기고, 뇌물을 바치고, 몸에 약물을 투여하고, 연줄을 동원했다는 사실을 알게 되면서 실망한다. 경험이 있다 해도 사기행각을 잡고 막아내는 핵심 단서를 때맞춰 얻기는 쉽지 않다. 이때에도 당장 눈앞의 이익에 눈이 멀어 수면 아래에 겹겹이 숨은 음모가 안 보이기 때문이다. 사기라는 것을 알아차린다 해도 이미 회복할 수 없을 정도로 큰 손실을 입은 뒤다. 거대에너지 기업 엔론이 파산하고 위법 행위가 밝혀진 뒤 한 소액 투자자는 "수십 억을 잃은 건 아니지만 제게는 수십 억처럼 느껴져요."라고 답답한 심경을 토로했다.

마크는 직장에서도 비슷한 상황을 겪고 있다. 몇 년 사이 몇몇 부서들은 거짓말처럼 좋은 실적을 달성하고 있었다. 물론 그들이 일을 하는 데 있어 몇 가지 훨씬 더 효율적인 방법을 발견했을 수도 있다. 하지만 그 과정의 복잡한 세부 사항을 알고 있는 마크는 파울 플레이를 의심한다. 또한 자신의 의심을 뒷받침할 만한 몇

몇 증거들을 발견했다. 그러나 회사 경영진은 그들이 아닌 마크의 업무 과정에 대한 감사를 시작했다. 단기적으로 그의 실적이 저조해 보였기 때문이다. 마크는 좌절감을 느낀다. 게다가 이 회사에 계속 남아 있으면 똑같은 부정을 묵인하고 방조하게 된다는 생각이 들자 더욱 화가 치민다. 그렇다고 무엇을 할 수 있을까?

마크는 궁지에 몰린 기분이 든다. 그리고 냉정하게 따진다. 이런 입장이라면 누구라도 똑같이 행동할 것이다. 즉 모른 체하는 것이다. 게다가 노력과 행운, 외부 효과에 힘입어 자신과 가족이 지금처럼 안락한 생활을 누리고 있는데 이제 와서 이를 빼앗길 수는 없다. 그의 현재의 안락하고 안정적인 경험이 앞으로의 선택을 제한하는 것이다. 어느새 마크는 〈안락한 윤리적 함정〉에 빠져 있었다.

마크가 특별히 악랄하거나 이기적이거나 부도덕한 인물은 아니다. 오히려 그는 공정함과 정의로움, 타인의 행복을 중요하게 여긴다. 그렇다고 뭘 모를 정도로 순진해 빠진 것도 아니다. 지금의 안락한 삶이 어느 정도는 몇몇 외부 효과와 어딘가에 있음직한 속임수 덕분이라고 짐작하기도 한다. 하지만 어쨌거나 지금은 편하게 지낸다. 현 상황이 바뀌면 마크 개인의 긍정적인 경험 또한 언제라도 바뀔 수 있다. 따라서 마크의 지식과 그의 실제 경험 사이에는 늘 팽팽한 긴장이 이어진다.

마크가 말할 때는 주로 〈지식〉이 앞선다. 그는 경제와 기업 경영의 세계에서 윤리적인 문제가 발생할 때 충격과 분노에 휩싸인다. 이런 문제가 비단 저 멀리 외딴 지역이나 저개발국 경제에만 국한되지 않는다는 것도 잘 안다. 또한 수많은 희생자들이 당한 억울한 사연을 보고 듣기도 한다. 친구나 가족이 모인 자리에서 이런 일을 이야기하기도 한다. 온라인 게시판과 포럼에서 일면식도 없는 사람들에게 이 문제에 대해 소리 높여 비판하기도 한다.

하지만 행동에 나설 때는 〈경험〉이 앞선다. 그는 실제로 무슨 일이 일어나고 있는지에 대해 전혀 책임을 느끼지 않는 거대한 글로벌 시스템의 작은 톱니바퀴처럼 느껴진다. 그는 단지 자기 몫을 하고 있을 뿐이다. 그의 개인적 영향력은 미미하다. 그러니 회사의 소유주와 경영자, 규제 담당자, 정치인 등 보다 책임 있는 자리에 있는 사람들이 더 잘해야 하고 그들이 전체 체제의 불공정성을 해결하기 위해 뭐라도 좀 해야 한다. 마크 자신은 그저 그럭저럭 지내고 본인과 가족 생계를 위해 최대한 노력할 뿐이다. 그가 할 수 있는 건 이것이 전부다. 그는 이런 식으로 행동하는 것이 그에게 도움이 된다는 것을 과거의 경험을 통해 배웠다.

경영학자 맥스 베이저먼과 앤 텐브룬셀은 마크 같은 사람들이 빠지기 쉬운 윤리적 딜레마를 연구해 왔다. 『이기적 윤리*Blind Spots*』에서 두 저자는 비윤리적이고 사기를 치는 행위도 경험의 교훈에 힘입어 서서히 합리화되는 과정을 다음과 같이 설명한다.

첫째, 많은 윤리적 문제는 〈서서히〉 발생한다. 일반적인 상식과는 달리, 물이 든 냄비 속에 있는 개구리는 물의 온도가 서서히 올라가면 실제로 냄비 밖으로 뛰쳐나온다. 하지만 인간이 비슷한 방식으로 서서히 윤리적 진퇴양난에 빠져들면 그렇게 경각심을 갖고 예민하게 반응하지 못할 수 있다. 베이저먼과 텐브룬셀은 만약 희대의 금융 사기꾼 버나드 메이도프가 운영한 사기 투자 상품이 빠른 속도로 성장했다면 그 정도까지 규모를 키우진 못했을 거라고 주장한다. 펀드가 여러 해에 걸쳐 서서히 커졌기 때문에 투자자들은 점차 안심하고 상황에 익숙해진 것이다.

둘째, 부정한 행위도 때에 따라서는 대형 사고로까지 이어지지는 않는다. 개인과 조직들은 무책임하게 행동하기도 하고 되돌릴 수 없는 피해 가능성을 감수하기도 하지만 결과가 그리 끔찍하지 않을 수도 있다. 대부분의 사람들처럼 마크 역시 최종 결과에 따라 자신의 경험을 판단하는 경향이 있다. 또 그는 결정과 과정이 예상치 못했거나 원하지 않은 결과를 초래한 후에야 의문을 제기한다. 하지만 그때는 이미 늦었을지도 모른다.

창업가이자 작가인 마거릿 헤퍼넌은 『의도적 눈감기Willful Blindness』에서 우리 인간이 불편한 상황과 어려운 문제를 얼마나 능숙하게 외면하는지 살펴보았다. 특히 우리의 현재 경험이 만족스럽다면 설령 명백한 윤리적 문제라 해도 아예 그것이 존재하지 않는 척 눈감기 쉽다. 예를 들어 마크는 시내를 돌아다닐 때 거리의 노숙자들을 아무렇지 않게 지나친다. 일상적으로 늘 먹는 육류 중 일부는 동물 학대의 희생양이란 사실도 적어도 어렴풋하게는 알고 있다. 그렇다고 이런 상황을 무시하지 않는다면 그는 무력감에 시달릴 것이다. 어떻게 보면 이 같은 문제에 무감각해짐으로써 사회의 구성원으로서 제 역할을 할 수 있는 건지도 모른다.

결국 마크의 경험은 외부 효과와 속임수, 불공정 관행과 그 밖의 윤리적인 문제에 대해 사각지대를 만들어 낸다. 하지만 이것은 그에게만 해당되는 문제는 아니다. 마크와 같은 사람은 얼마든지 많다. 이처럼 장님이 코끼리 만지듯 실제 상황의 일부만 이해하는 문제가 쌓이고 쌓인다면 언젠가는 곪아 터질 것이다.

하지만 마크는 윤리적으로 행동하기 위해 최선을 다한다. 만일 부정적인 외부 효과나 비윤리적인 행동을 알게 된다면 그 기업의 제품이나 서비스를 구매하지 않을 것이다. 이렇게 함으로써 그는 양심을 지킬 수 있다.

우리 눈앞에 제시된 거래 뒤의 윤리적 현실을 제대로 평가하기 위해서는 적어도 보이지 않는 은밀한 곳에서 무슨 일이 벌어지고 있는지 정도는 알고 있어야 한다. 그래서 우선 자신이 즐기는 결과물을 좀 더 면밀히 살펴본 후 그 결과물이 나오기까지의 과정을 자주 점검해 보는 방법이 있다. 또 전반적으로 우리가 누리는 거래에는 어떤 것이 있는지 살펴본다. 이 거래에 작용하는 외부 효과는 무엇인가? 불법이나 불공정, 비윤리적인 요소가 조금이라도 있는가? 우리가 누리는 안락함 뒤의 불편한 진실에 얼마만큼 마음 편히 무감각한가? 이 질문들은 가정이나 이상에 관한 것이 아니다. 우리 삶을 이루는 상품과 서비스, 여러 편익을 떠받치는 객관적 실상에 대해 묻는 것이다. 이런 정보는 과거 그 어느 때보다도 쉽게 알아낼 수 있다.

만약 우리가 어떤 프로세스의 한 부분을 담당하는데 거기서 불공정한 취급을 당한다면 적극적으로 다른 사람에게 알리고자 할 것이다. 소비자들이 최종 결과물을 소비하는 경험에만 몰두한 채 전체 프로세스의 문제는 자기 편의대로 외면하는 데 화가 날 것이다. 그러니 우리도 똑같은 호의를 베풀어 적어도 늘 사용하는 상품과 서비스에 대해서만큼은 한 번쯤 질문을 던지고 답을 캐보면 어떨까.

타인의 경험에 공감한다는 것

—

2005년에 개봉한 SF영화 「은하수를 여행하는 히치하이커를 위한 안내서The Hitchhiker's Guide to the Galaxy」에는 〈역지사지 총point-of-view gun〉이라는 특이한 무기가 등장한다. 그 총을 맞은 사람은 방아쇠를 당긴 사람의 감정을 그대로 느낀다. 이 총은 남편들이 한 번이라도 아내의 입장을 이해하게끔 만들려는 은하계 뿔난 가

정주부 컨소시엄의 요청으로 제작되었다.

만약 실제로 존재한다면 그러한 무기는 공감을 형성케 하는 도구가 될 것이다. 즉 타인이 경험하는 것을 우리의 마음속에서도 경험하게끔 하는 것이다. 공감은 공정하고 윤리적인 행동을 유발하는 강력한 동기로 작용한다. 타인의 감정을 그대로 느낀다면 그에게 고통을 주기 어려워진다. 따라서 공감을 활용해 윤리적 문제에 효과적으로 대응할 수 있고, 경험을 통해 배움으로써 공감력을 더욱 높일 수 있다. 그렇다고 공감이 완벽하지만은 않다.

우리 저자들은 최근 10대 청소년의 공감 능력을 키우는 훈련 과정을 알게 되었다. 이 과정은 특히 장애를 안고 사는 사람들의 어려움에 초점을 맞췄다. 참가자마다 무작위로 한 가지 장애를 맡아 몇 시간 동안 체험을 하는 식이다. 몇 명은 눈을 가리고, 몇 명은 팔을 사용하지 못하도록 몸에 묶기도 했다. 이렇게 한 채 평소처럼 먹고, 마시고, 화장실에 가고, 일상의 할 일을 하면서 지냈다. 예상대로 참가자들은 힘들어했다. 참가한 청소년들에게 이 체험이 깊은 인상을 남긴 건 분명하다.

이런 체험 활동이 있다면 사람들은 새로운 관점으로 매일 별생각 없이 접하던 주변 설계의 결점을 찾아낼 것이다. 대표적으로 동네 거리에 휠체어 경사로가 부족하다거나 현재 설치된 경사로가 불편하다는 사실을 발견할 수 있다. 또 시각이나 청각을 잃은 사람, 팔다리가 없는 사람, 그 밖의 장애를 겪는 사람들에게 도움이 되도록 개선할 부분도 많이 발견할 것이다. 사람들은 짧은 시간 동안 장애를 체험함으로써 당장 바꿔야 하는 불편한 장치를 발견하기도 하고 이를 당장 바로잡으려 나설 수도 있다. 장애를 겪어보지 못한 사람들도 장애 체험을 통해 공감을 느낀다면 더욱 공정한 태도나 행동을 키울 수 있는 것이다.

하지만 이런 체험이 불충분한 면도 있다. 이 청소년들은 평소 장애를 안고 살지는 않는다. 그저 어쩌다 한 번 몇 시간에 걸쳐 피상적으로 장애를 체험해 아주 잠시 불편을 겪을 뿐이다. 그러니 어려움을 겪어도 온전한 삶의 방식이 아닌 잠시 동안의 어려운 과제 정도로 여길 수 있다. 따라서 이 아이들은 결코 일생 대부분을 장애를 안고 살아가야 하는 이들에게 온전히 공감할 수는 없다. 이 정도로 절절한 공감을 기대한다면 그것은 이들 10대들에게도, 실제 장애를 겪는 사람들에게도 부당하다.

이에 따라 심리학자 폴 블룸은 『공감의 배신Against Empathy』에서 타인을 판단할 때 공감에 너무 기대서는 안 된다고 힘주어 주장한다. 슬프게도 역지사지 촌은 상상 속에서만 존재한다. 편견에서 자유로운 정확한 공감이란 존재하지 않는다. 특히 서로 처한 조건이나 상황, 배경이 전혀 다를 때는 더욱 공감하기 어렵다. 간혹 형제자매나 오래 가까이 살았던 이웃사촌이라면 서로 눈빛만 봐도 공감할 수 있겠지만, 건강하고 부유한 사람이 그만큼 혜택받지 못하고 늘 건강과 안전, 생계와 자유에 위험을 안고 사는 지구 반대편 사람에게 진심으로 공감하기는 어렵다.

더욱이 공감하려고 무척이나 노력할 때에도 생생하고 구체적인 사건이나 개인이 당한 극적인 비극은 우리의 주의를 끄는 반면, 일반적인 사실이나 폭넓은 정보는 사실상 경시되기 쉽다. 이런 현상을 〈식별 가능한 희생자 효과identifiable victim effect〉라고 부르기도 한다. 이 효과는 식별할 수 있는 희생자가 어려움에 처했을 때 도움을 주는 경향이 있다는 것을 뜻한다.

2015년, 고향에서 수백 킬로미터 떨어진 터키 해변에서 익사한 채 발견된 시리아의 난민 소년 아일린 쿠르디의 처참한 사진은 전 세계적으로 반향을 일으켰다. 이 장면을 뉴스에서 본 수많은 사람들은 깊은 슬픔과 분노에 휩싸였다. 이는 당연한 반응이었다. 하지만 사건의 교훈은 겉돌기만 할 뿐 오래가지 못했다. 시리아 내전(그리고 전 세계에서 벌어지는 전쟁)에 수많은 사람이 희생되었지만 대중의 관심과 이해, 행동은 금방 시들해졌다.

참사의 규모가 클수록 그 결과를 직시하고 대처하는 능력은 오히려 줄어든다. 경험에서 습득한 지식만으로는 실제 일어난 일의 객관적 규모를 제대로 이해할 수 없다. 심리학자 폴 슬로빅과 그의 동료들의 연구에 따르면, 특히 희생자 수가 한 명에서 여러 명으로 늘어날 때 연민이 희미해지는 현상이 일어난다고 한다. 이 연구 결과는 소련 공산당 서기장 스탈린이 말한 "한 사람의 죽음은 비극이지만, 백만 명의 죽음은 통계다."라는 말과도 일맥상통

한다.

　이러한 상황에서 참상을 제대로 이해하기 위해 취할 수 있는 한 가지 전략은 식별 가능한 희생자와 사건에 의해 야기된 감정적 경험을 폭넓은 상황에 대한 더 많은 사실과 수치를 찾기 위한 방아쇠로 사용하는 것이다. 식별 가능한 어느 희생자의 사진이나 이야기가 공감을 자극한다면 여기에 그치지 말고 한 걸음 더 나아가면 된다. 이 외에 아이와 어른, 동물을 비롯한 생명이 있는 모든 존재 중 피해자는 얼마나 더 되는가? 어떤 피해를 입었는가? 원인은 무엇이었나? 피해를 입은 과정은? 불법행위를 포함한 비윤리적 행위는 없었는가? 이들이나 향후 비슷한 피해를 입은 자들의 고통을 완화하기 위해 해야 할 일은 없을까? 이 밖에 상황을 잘 알고 관심 있어 하는 사람들은 누구인가? 이들은 어떤 행동을 취하고 있는가?

　식별 가능한 희생자의 사례를 더 깊이 탐구하고 제대로 공감하기도 어려울 만큼 엄청난 참사를 넘어서기 위해 노력하면 함께 아파하는 합리적인 연민 상태에 이를 수 있다. 그럼으로써 더욱 윤리적인 결정을 내리고 그에 따라 사회 문제도 줄일 수 있다.

　다행히 우리는 자신의 경험 이면에 있는 윤리적 현실에 대해 어렵지 않게 정보를 수집할 수 있는 세상에 살고 있다. 개인의 의사결정도 더 투명해지고 추적 가능해지고 있다. 데이터가 디지털화되고, 더 많은 사람이 인터넷에 접속하고, 소셜 네트워크로 정보가 빠르게 확산되면서 윤리성이 문제가 되는 행위를 은폐하기는 점점 더 어려워질 것이다. 이처럼 투명성이 높아지면서 개인도 언젠가는 긍정적이든 부정적이든 자신의 행동 결과를 경험할 수밖에 없다. 그러니 결정을 내리기 전에 철저히 검토하고 당장 눈으로 확인할 수 있는 결과 그 너머를 보아야 할 것이다.

우리의 경험에서 놓친 것들, 무시해야 할 것들

—

우리 사회 시스템에 깊이 뿌리내린 오래되고 복잡한 윤리적이고 도덕적인 문제에 몰두하면 쉽게 절망에 빠질 수도 있다. 하지만 좋은 소식도 많다. 최근 몇십 년 동안 전 세계 빈곤과 보건 문제는 광범위하게 개선되었다. 데이터를 보면 1981년 전 세계 인구의 42퍼센트가 세계은행이 정한 빈곤의 기준보다 못한 삶을 살았다. 하지만 2015년에는 이 숫자가 10퍼센트로 떨어졌다. 또한 세계보건기구에 따르면 전 세계의 기대수명 또한 꾸준히 늘었다. 이는 세계의 정치, 경제, 사회 체계의 성과가 드러나는 사례들이라 할 수 있다.

하지만 경험을 통해 배운 지혜가 도리어 상황을 신속히 개선하는 데 심각한 걸림돌이 되기도 한다. 경험에 가려 결과만 보이고 과정은 뒤에 숨어 있어 보이지 않기 때문에 자칫하면 윤리적 딜레마를 놓치기 때문이다.

이 장을 마무리하며 지금까지 다룬 핵심 내용을 간략히 요약하면 다음과 같다. 경험을 하면서도 미처 보지 못하는 불편한 진실들은 무엇인지, 또 무시해야 하는데도 그러지 못하고 있는 것은 무엇인지 다시 한번 확인할 수 있다.

■ 우리의 경험에서 놓친 것

외부 효과. 결과는 쉽게 접할 수 있는 반면, 과정은 경험으로 알기 어려운 경우가 많다. 그 결과 대부분의 소비자는 속 편하게 자신들의 삶에 영향을 주는 긍정적 및 부정적 외부 효과를 외면하게 된다.

속임수. 긍정적인 결과와 이른바 환상적인 거래는 말도 안 되게 좋을 수도 있다. 하지만 그들 뒤에는 부정 행위가 도사릴 수도 있는데 이런 부정은 오랫동안 방치될 수 있다.

연민의 마음. 공감은 어렵다. 특히 사람들의 경험이 서로 크게 다를 때는 더 심하다. 또한 식별 가능한 희생자 한 명을 걱정하는 마음은 희생자가 늘어갈수록 약해진다. 이럴 때는 공감보다는 합리적인 연민이 더 유용하고 효과적일 수 있다.

■ 우리의 경험에서 무시해야 할 것

안락함. 풍요로운 사회에서 혜택을 누리는 특권을 지닌 사람들은 결과에 만족했던 지난 경험에 취해 안락한 무감각 상태에 빠져 버린다. 따라서 윤리적 가치에 맞게 선택하는 능력을 상실한다.

세상이 실제로 어떻게 돌아가는지 알기 위해서는 경험에서 배운 것을 넘어서기 위해 애써야 한다. 그래야 우리가 좋아하는 제품의 가격이 아닌 가치를 정확히 인식하고 윤리적 기준을 양심에 맞게 정할 수 있다.

경험의 틀 밖에서 생각할 줄 아는 힘

지구는 평평한가?

지구가 자전하고 있는가?

지구가 태양 주위를 공전하고 있는가?

지구가 우주를 이동하고 있는가?

2018년 방영된 다큐멘터리 「그래도 지구는 평평하다Behind the Curve」의 도입부에는 이른바 지구는 평평하다는 이론의 열혈 추종자가 위의 질문에 답하는 장면이 등장한다. 그는 우리가 직접 느끼지 못하는데 구체 모양의 지구가 그렇게 빠른 속도로 태양계를 돌고, 태양계는 다시 은하계를, 은하계는 드넓은 우주를 돌고 있을 리 없다고 은근히 반박한다. 자신이 서 있는 곳에서 멀리 떨어진 건물이 뚜렷이 보이니 지구 표면의 완만한 곡선도 거짓이라고 주장한다.

"과학은 어려운 수학이나 던져주지만, 우리는 '저기 시애틀이 보이잖아'라면서 직접 보여주지요."

지구가 평평하다고 믿는 이 사람의 말은 구구절절 옳다. 단, 자기 경험 속에서만.

동물의 왕국의 다른 동지들처럼 우리 인간도 관찰과 참여라는 경험을 통해 정보와 통찰을 얻는 능력이 뛰어나다. 우리는 반복과 훈련을 통해 다양한 신체적, 인지적 능력도 기른다. 또한 직접 본 것들을 되새기고 미래를 예측하기도 한다. 하지만 그런다고 해서 늘 믿을 만한 지식을 얻는 것은 아니다. 경험이 훌륭한 스승이라는 믿음은 〈신화〉에 가깝다.

인생이 자전거 타기나 테니스와 비슷하다면 경험의 교훈을 그대로 따르면 된다. 자전거나 테니스도 복잡성과 불확실성이 높고 대회나 경기에서는 그것이 더 두드러지긴 하나 대부분 우호적인 환경에서 벌어진다. 우선 피드백이 즉각적이고 풍부하고 정확하다. 실수를 하거나 바람직하지 않은 방향으로 행동한다 해도 반복과 시행착오를 거치면 유용한 지식과 지혜를 얻을 수 있다. 게임의 규칙이 갑자기 큰 폭으로 바뀌는 것도 아니기 때문에 교훈의 효력 역시 오래간다. 학습 효과를 극대화하기 위해 전문 선수들은 코치를 고용해 자기 실력을 객관적으로 점검하고 건설적인 비판을 받을 수도 있다.

그러나 삶에는 자전거 타기나 테니스와는 다른 상황도 많다.

복잡하고 변화무쌍한 세상에서는 경험에서 얻은 교훈을 예상만큼 신뢰하지 못할 수도 있다. 환경 또한 지독히 적대적이고, 여기서 얻은 교훈은 현실과 괴리가 클 수도 있다. 이때의 교훈은 상황을 정확히 나타내지 못할 뿐 아니라 외양만 그럴싸한 거짓일 수도 있다. 게임의 규칙 또한 예고 없이 확 바뀌어 애써 얻은 깨달음이 쓸모가 없어질 수도 있다. 하지만 경험의 교훈은 서문에서 소개했듯이 늘 개인적이고, 자동적이고, 즉각적이고, 용기를 북돋우고, 지속적인 성격을 띠기 때문에 우리는 판단과 결정을 내릴 때 별생각 없이 늘 하던 대로 경험을 믿고 의지한다.

경험을 부정하거나 넘어서기는 어렵다. 특히 경험에서 얻은 믿음에 반하는 증거가 추상적이거나 난해할수록 더 그렇다. 또 어떤 이는 아무리 구체적인 반대 증거가 있어도 경험에서 온 원래 생각을 고수하기도 한다. 경험이 많이 쌓일수록 상황은 오히려 더 나빠져, 흔들리지는 않지만 잘못된 확신에 찬 지도자층을 양성하기도 한다.

언론인이자 작가 데이비드 엡스타인은 『늦깎이 천재들의 비밀Range』에서 그런 상황일수록 경험의 틀 밖에서 생각하기를 권한다. 이와 같은 사고방식을 가진 덕분에 과학자들은 수학과 과학의 성과를 더해 우리가 거주하고 늘 경험하는 이 행성의 모양과 움직임을 보다 정확히 이해할 수 있었다. 내부에서 보는 모습이 또렷할지는 몰라도 외부에서 보는 모습과 일치하지 않는 경우도 있어 예상치 못하게 착각에 빠질 수 있고 그 착각은 점점 강화될 수도 있다. 이것이 바로 경험의 틀 밖에서 생각하는 역량이 중요한 이유다.

하지만 맞거나 틀리는 것보다 더 깊은 문제가 있다. 우리는 주변을 둘러싼 환경과의 상호작용을 통해 삶의 많은 취향과 성향을 형성한다. 사람들의 선호도는 단지 그들이 다른 경험에 노출되었기 때문에 다를 수 있다. 그리고 이전의 믿음, 선호도, 지식에 따라 그 후에 무엇을 배우는지가 달라진다. 우리의 개인적인 경험은 자신이 누구인지, 무엇을 원하는지, 그리고 어떻게 행동하는지에 큰 영향을 미친다.

그러므로 경험을 반드시 비판적인 눈으로 뜯어볼 수 있어야 한다. 하지만 분야마다 환경도 천차만별인 만큼 경험의 교훈을 분석하는 일도 만만치 않다. 더욱 난감하게도, 우호적인 환경이든 적대적인 환경이든 어느 정도의 경험이 있어야 이러한 문제를 인정하고 유효한 해결안이 나타날 때 알아볼 수 있다.

다행히 동물의 왕국의 다른 동지들과 달리 우리 인간은 경험에 수동적으로 끌려가지 않아도 된다. 우리는 스스로 배움을 주도하고 개척할 수 있으며, 경험 너머를 보며 세계에 대한 이해를 넓힐 수 있는 사고력을 지녔다. 또한 경험이 우리 생각에 어떤 영향을 끼치는지 알아봄으로써 경험의 교훈을 적절히 취사선택해 그것을 개인과 집단의 목적에 맞게 배우고, 버리고, 새로 배우고, 심지어 무시할 수 있다. 또 새로운 방법론과 원리를 개발해 환경을 더 우호적으로 바꾸고 경험을 더 신뢰할 수 있게 가공할 수도 있다.

이를 위한 첫걸음으로 먼저 경험이 조직적으로 필터에 걸러지기도 한다는 사실을 인정해야 한다. 우리가 겪는 경험에는 자신도 인식하지 못하는 사이에 중요한 어떤 정보는 누락되고 다른 관련 없는 정보는 포함될 수 있다. 이런 필터링 작업은 우리 마음대로 되지 않을 만큼 강력할 때도 있다. 예를 들어 어떤 경험에서는 실패 사례는 잘 드러나지 않는 반면 성공 사례와 생존자는 쉽게 볼 수 있다.

한편 우리가 정보를 수집하고 처리하고 기억하는 방식에 따라 경험에 대한 왜곡이 발생하기도 한다. 우물 안 개구리처럼 자신의 한정된 개인적 경험만 보고 지나치게 일반화하는 오류를 범할 수 있다.

특히 이해관계가 첨예할 때일수록 다음 두 질문이 더 중요해진다. 우리의 경험에서 놓친 것은 무엇인가? 우리의 경험에서 무시해야 할 것은 무엇인가? 이 질문에 대한 해답을 찾았다면 그것을 중심으로 일종의 경험 탐지기를 가동시킬 수 있다. 이 탐지기는 경험의 교훈을 최종적인 결론이 아닌, 더 숙고하고 더 검증하라는 〈신호〉로 받아들이라고 경고한다.

하지만 경험 탐지기를 스스로에게 적용하자니 이해하기도 어렵고 실행하기도 어렵다. 이때는 외부인의 관점이 유용하다. 일반적으로 사람들은 자기 일보다 남의 일을 훨씬 더 냉철하게 조언할 수 있다. 다른 사람을 지켜볼 때는 어렵지 않게 문제점을 파악하고 해결 방법까지 제안할 수 있다. 하지만 똑같은 문제를 자기 자신이 겪을 때는 문제점을 발견하기도, 그것을 다루기도 어려워한다. 보통 사람들에게는 전문 운동선수처럼 자신의 목적과 판단, 주요 결정을 객관적으로 보고 지속적으로 믿음직하게 피드백을 해주는 코치가 없다. 어쩌다 부모나 교사, 친구, 배우자가 그런 역할을 하는 경우가 있지만 이들 역시 경험의 여러 속임수를 두루 꿰고 있지는 못하다.

스포츠 코치나 가까운 사람 대신 경험 코치가 있다면 어떨까? 우리가 빠지기 쉬운 경험의 함정을 알아보고 경고해 주는 코치 말이다. 이러한 조력자라면 경험의 교훈과 그 교훈이 형성되는 방식에 대해 조언을 해줄 때 어떤 신호를 중요하게 생각할까? 경험이 신뢰할 만한 지식을 주기는커녕 우리를 기만하고 있다는 징후에는 다음과 같이 크게 세 가지가 있다. 이러한 적신호를 주의 깊게 찾으면 학습 과정에서 발생하는 문제의 싹을 일찌감치 찾아낼 수 있다. 사전 진단을 정확히 한다면 문제를 조기에 좀 더 쉽게 완화할 수 있다.

■ 이용 가능성 편향

사람들은 경험에서의 이용 가능성에 기초하여 사건의 중요성과 발생 가능성을 평가하는 경향이 있다. 무언가를 더 자주 볼수록 머릿속에 더 뚜렷하게 각인된다. 우호적인 환경에서라면 이러한 경향은 잘 작동한다. 이때는 의사결정의 주체들이 경험에서 교훈을 얻고 그것을 바탕으로 결정을 할 때 시간과 노력을 대단히 많이 절약할 수 있다. 하지만 적대적인 환경에서는 쉽게 경험할 수 있는 것이 전부인 경우는 거의 없다. 그렇다면 다음 질문을 거치며 누락된 것이 무엇인지 알아보자.

- 경험이 주로 〈결과〉에 기초하는가?

  만약 그렇다면 경험의 과정과 그에 따르는 복잡하고 유의미한 특성들이 경험의 교훈에서 누락된 것이다.
- 경험이 주로 〈선별된 결과〉에 기초하는가?

  만약 그렇다면 선별되지 않은 특정 결과와 그것의 뚜렷한 특성이 경험의 교훈에서 누락된 것이다.
- 경험이 주로 〈개인적 관찰〉에 기초하는가?

  만약 그렇다면 경험의 교훈에서 반사실적 서술과 타인의 통찰력, 상황을 정확히 대변하고 새롭게 보는 예리한 관점이 누락된 것이다.

이처럼 경험의 교훈이 주로 이용하기 쉬운 경험에서만 나왔다면 경험 코치가 적신호를 보낼 것이다. 이용 가능한 경험의 한계를 넘어서고자 한다면 주어진 맥락을 보다 정확히 인식할 수 있을 것이다.

■ 부적절한 기준점

사람들은 판단이나 예측, 결정을 내릴 때 대체로 몇 가지 특정한 기준점에 의존해 그것을 바탕으로 판단과 결정을 내린다. 우호적인 환경에서라면 이렇게 해도 별문제가 없다. 이때는 비교와 연상을 통해 상황을 명확하게 파악할 수 있다. 하지만 적대적인 환경에서는 아무런 관련도 없는, 심지어 해로운 정보에 의지하기도 한다. 다음 질문을 거치며 부적절한 정보는 무엇인지 발견해보자.

- 경험을 바탕으로 인과관계에 대해 단순한 이야기를 구성하고 이를 바탕으로 의사결정을 내리는가? 하지만 환경이 복잡하고 불확실할수록 인과관계의 이야기를 신뢰하기는 어렵다.
- 경험에 매력적인 위안과 감정, 선택지, 게임화가 포함되어 있는가? 이런 요소들은 비윤리적인 행위를 은폐하거나 사람들을 각자의 목표에서 멀어지게 하는 데 악용될 수도 있다.
- 경험에 이끌려 융통성 없이 제한된 범위에만 집중하게 되는가? 만약 그렇다면 상황의 변화에 따라 경험도 금방 쓸모가 없어질 수 있다. 설령 상황이 변하지 않는다 해도 좋은 기회와 기쁜 일

은 집중하는 범위 밖에 존재할 수 있다.

이처럼 상황 내에서 기준점을 밝힌 후, 이 기준점이 개인에게 맞지 않거나 도움이 되지 않는다면 경험 코치가 적신호를 보낼 것이다. 이러한 부적절한 기준점을 극복하려 한다면 개인의 전략 및 의사결정의 질을 높일 수 있을 것이다.

■ 잘못된 확신

사람들은 경험을 통해 전문성을 쌓는다. 전문성이 쌓이면 세세한 내용까지 신중하게 생각하지 않아도 된다. 우호적인 환경에서라면 이렇게 해도 별문제가 없다. 지식이 쌓이고 역량이 높아질수록 자신의 유능함을 느끼고 자신감 있게 행동할 수 있다. 그러나 적대적인 환경에서는 경험이 늘어날수록 근거 없는 확신만 늘어 경험의 교훈을 점검하고, 버리고, 새로 배우고, 개선해 나가는 데 걸림돌이 된다.

이럴 땐 두 종류의 질문을 해볼 수 있다. 첫 번째는 환경에 대한 질문이다.

- 경험은 어떤 식으로 필터링되고 왜곡되는가?
- 복잡성과 불확실성의 정도는 얼마나 되는가?
- 미래는 과거와 유사한가?

- 지식을 얻는 보다 더 공식적인 방법과 비교해, 경험은 학습과 직관에 얼마나 많은 역할을 하는가?
- 이용 가능한 정보, 누락된 정보, 관련 없는 정보는 무엇인가?

두 번째는 의사결정 주체에 대한 질문이다.

- 의사결정 주체는 특정한 교훈을 얼마나 굳게 믿는가?
- 개인의 경험은 이 확신을 얼마나 뒷받침하는가?
- 이 확신의 자기충족성은 얼마나 되는가?
- 의사결정 주체의 통계에 대한 이해력은 어느 수준인가?
- 의사결정 주체는 자신의 경험에서 온 확신을 하나라도 시험해본 적 있는가?

환경이 적대적일수록 경험에서 배운 것도 믿기 어려워지고 경험을 통해 얻게 된 확신도 효과가 떨어진다. 경험 코치는 이들을 포착하면 경고를 보내고 위의 두 가지 질문을 던져 건전한 회의론을 형성하려 노력할 것이다. 잘못된 확신을 넘어서려 한다면 주변 환경에 보다 쉽고 빠르게 적응할 수 있을 것이다.

■ ■ ■

경험은 믿음직한 스승이자 절친한 친구, 중요한 협력자가 될 수 있다. 또 필요한 정보를 가장 많이 주기도 한다. 경험의 교훈이 있기에 우리는 자신만의 선호도와 주관을 형성할 수 있다. 그렇기 때문에 더욱 비판적인 눈으로 경험을, 그리고 경험을 얻게 되는 환경을 바라봐야 한다.

조직 차원에서는 경험 코치가 여러 업무를 점검해 환경의 문제점을 발견하고 더 나은 학습과 의사결정 방법을 처방할 수 있다. 같은 문제도 외부자의 객관적인 눈으로 본다면 혹시 모를 속임수에 넘어가지 않고 위험의 징후를 미리 진단할 수 있다. 이 책은 이러한 경험 코치의 역할을 자처함으로써 그동안 진단하고 분석해온 문제점에 해결안을 제시하고자 노력했다.

개인 차원에서는 스스로 경험 코치가 되어야 한다. 이는 상당히 불편한 느낌일 수 있다. 이때 이 책이 독자 여러분에게 자신의 경험을 외부의 객관적인 눈으로 바라볼 동기를 제공하고 그 방법을 안내하고, 더불어 경험의 영향력을 지혜롭게 다루는 실용적인 방법을 안내할 수 있길 바란다. 그럼으로써 우리를 둘러싼 적대적인 환경 중 일부라도 좀 더 우호적으로 변하리라는 희망을 가져본다.

경직된 경험에서 벗어나 창의성 발현을 위해 필요한 것

■ 취미 활용하기

메리 펠프스 제이콥으로도 알려진 커레스 크로스비는 1900년대 초반 미국에서 활동한 작가이자 출판인이다. 화려한 사교계 명사였던 크로스비는 파티를 열거나 초대받아 아름답게 차려입고 춤추는 것을 즐겼다. 하지만 취미를 즐기다 보니 예상치 못한 어려움이 생겼다. 당시 여성들은 파티에 참석할 때 코르셋을 착용했는데 이는 편안하려고 만든 속옷이 아니었다. 코르셋이 옥죄는 탓에 크로스비는 춤 동작을 마음대로 할 수 없었다.

어느 날 아이디어가 떠오른 그녀는 손수건을 두 장 구해 리본을 이용해 그것을 꿰맸다. 그리고 옥죄는 코르셋 대신 이 간단한 장치를 속옷으로 입었다. 크로스비가 아름다우면서도 자유롭게 춤을 추자 파티에 참석한 다른 여성들이 비결을 물을 정도였다고 한다. 아름답게 차려입으면서도 춤을 제대로 추고 싶었던 크로스비는 이후 현대적인 형태의 브래지어를 디자인하고 특허까지 냈다. 그녀의 디자인에는 수백 년 동안 써왔던 별다를 것 없는 재료와 바느질 방법이 사용되었다. 크로스비는 취미를 즐긴 덕택에 적당한 곳, 적당한 때에 딱 맞는 아이디어를 생각해낼 수 있었던 것이다.

조르주 드 메스트랄은 알프스에서 사냥과 트레킹을 즐기는 엔지니어였다. 그의 여정에는 충직한 개가 늘 함께했다. 그는 이 취미를 무척 즐겼지만 뜻하지 않게 성가신 일도 있었다. 산에서는 때로 개의 배 부분에 가시 달린 열매가 달라붙었고 여정을 마치고 돌아올 때면 개에게서 성가신 가시를 빼줘야 했다. 빼면서도 의아했다. 개의 배를 덮은 털도, 털에 엉킨 가시도 끈적이지는 않았다. 자성이 있는 것도 아니었다. 그런데도 가시는 어떻게 털에 엉겨붙는 것일까?

드 메스트랄은 현미경으로 관찰하며 이 원리를 탐구했는데 개의 털과 가시가 미세한 갈고리와 올가미 형태로 되어 있어 서로 달라붙는다는 것을 발견했다. 그는 이 원리를 적용해 소위 찍찍이를 발명하고 벨크로Velcro라는 상표를 붙여 판매했다. 이후 이 제품은 패션은 물론 의학, 군대, 우주 탐사까지 점차 다양한 분야에 적용되었다.

드 메스트랄이 산속에서 개와 함께 걷는 것을 즐겼기 때문에 벨크로를 발명했다고도 할 수 있다. 엔지니어로서의 능력과 주변에 흔한 재료를 접목해 찍찍이라는 새로운 영역의 발명품을 만들어낸 것이다. 그가 적당한 곳, 적당한 때에 딱 맞는 아이디어를 낼 수 있었던 건 취미 덕분이었다. 그의 접근법은 자연의 형태와 원리에서 영감을 얻는 생체모방이라고 할 수 있다.

생체모방은 1990년대에 일본의 신칸센 열차가 문제에 직면했을 때에도 중요한 역할을 했다. 신칸센의 기술개발 책임자인 에이지 나카츠는 개인적으로 새에 관심이 많았기 때문에 문제의 해결책을 찾을 수 있었다고 한다. 신칸센의 문제는 초고속으로 달리는 열차가 터널에 진입할 때 폭발음처럼 굉음이 들리는 소닉 붐이 발생해 주변 주택가에 큰 피해를 준다는 것이었다. 나카츠는 이 문제의 해결책으로 열차의 앞부분을 물총새 부리처럼 만들었다. 이것은 길고 뾰족해 공기 중에서 물속에 진입할 때 마찰이 적고 물도 튀지 않는 물총새 부리의 특징에서 착안한 것이다. 나카츠는 취미활동에서 관찰한 내용을 열차 설계에 적용했고 덕분에 열차의 소음을 큰 폭으로 줄이고 운행 효율도 높였다.

성공한 창의적인 아이디어가 구현되는 과정을 우리가 직접 경험하지는 못하는데 이 때문에 서로 다른 분야가 만나는 접근법이 얼마나 유용한지 알아차리기 어렵다. 하지만 비록 조금씩일지라도 모든 것은 리믹스다. 뛰어난 성과는 종종 빌리거나, 결합하거나, 바꿔서 만든다. 이런 연결고리를 직접 경험하고 키우기 위해서는 자신만의 시간과 공간이 필요하다.

취미활동에서는 이런 사치를 누릴 수 있다. 취미는 경력이나 가족처럼 우리 삶을 이끄는 큰 동력의 지배를 받지 않고 따로 존재한다. 취미활동을 할 때는 규칙적인 일상과 익숙한 심리적 안전지대 밖으로 주의를 돌릴 수 있다. 평소에는 만나지 않을 만한 사람과 가보지 않을 장소를 접하게도 된다. 또 취미활동에는 나름의 도전 과제와 어려움이 있다. 이런 난제를 적극적으로 분석하고 한 분야의 해결책을 다른 분야에 적용하려 노력하면 적당한 곳, 적당한 때에 딱 맞는 아이디어를 만날 수 있다.

■ 관심 분야에 푹 빠지기

만약 우리가 사회에서 최적의 경험을 할 수 있는 기회를 자주 만들어 창의성을 높이고자 한다면, 미래 세대가 학교를 다니는 동안에도 그들이 스스로 관심 분야를 발견할 수 있도록 도와야 한다. 하지만 안타깝게도 이런 지원은 거의 일어나지 않는다. 일방적 정보 전달부터 정보의 암기를 확인하는 표준화된 학력 평가까지, 획일화된 교과 과정 탓에 아이들은 정해진 교실 환경을 벗어나 아이디어와 경험을 자유롭게 탐색할 여유가 거의 없다.

만약 교육 시스템이 조금이라도 바뀐다면 인터넷이 이 변화를 주도할 가능성이 높다. 온라인 교육 서비스 영역이 점점 확대되면서 미래 교육의 큰 부분을 차지할 수 있다. 이런 서비스를 활용하면 아이들은 교과 과정 전반을 비롯해 학습 내용과 속도를 스스로 조절할 수 있다.

이 밖에도 주류에서는 벗어난 교실 기반 교육 모델도 있다. 몬테소리 같은 교육 운동은 학생들이 다양한 상황에서 다른 학생들과 어울릴 기회를 많이 준다. 이런 교육 방식을 통해 학생들 각자가 편안하게 느끼는 방식과 속도로 발전할 수 있다. 이와 비슷하게 MIT 미디어랩의 평생 유치원 프로젝트는 유치원의 학습 방식을 본떠 프로젝트와 동료, 열정, 놀이를 강조하는 학습 방식을 꿈꾼다. 어떤 교육 기관들은 최근에 수업 운영 방식을 바꿔 학생들이 수업 내용을 사전에 학습한 뒤 수업 중에는 상호작용을 강화하는 방향으로 학습한 내용을 적용해 보는 방식을 도입했다. 또 핀란드의 교육 제도는 모두에게 동등한 기회를 제공한다는 철학에 기반한 교육 과정으로 잘 알려져 있다.

연구 결과로 보나 개인 경험담으로 보나 이러한 대안적 접근은 학생들이 배우고 능력을 키우는 데 효과가 좋다. 하지만 대부분의 국가에서는 여러 정치, 경제, 행정, 운영상의 이유로 대안적 교육 방식이 표준 교과 과정을 당장 전부 대체하긴 어렵다. 따라서 현실적으로는 지금 당장 지식 중심의 표준 교육 방식에 대변혁이 일어나지는 않을 것이다. 그러므로 이 책에서는 혁명이 필요 없는 교육 방식을 제안하고자 한다. 표준 교과 과정을 거치는 학생들에게 약간의 시공간적 여유를 주어 그 안에서 스스로의 학습 경험을 조절하게끔 돕는 방식이다.

궁극적인 목적은 학생들이 일찍부터 인생을 걸 만한 일, 즉 흥미, 재능, 열정을 느끼는 분야를 스스로 탐색하고 창의적인 발달을 주도하도록 돕는 것이다. 문제는 교과 과정 안이든 밖이든 이런 자율적인 시공간을 활용해 아이디어를 생각하고, 통찰력을 적용하고, 기존의 성과에 더하고, 능력을 키우고, 몰입의 기쁨을 느끼며, 다양한 활동을 매개로 마음이 통하는 사람들과 교류하도록 아이들에게 동기를 부여하는 일일 것이다.

이렇게 의욕과 열정, 실행력을 끌어내기 위해서는 우선 학생들에게 교과 과정 중 좋아하지 않는 과목을 묻는다. 여러분도 학창 시절 어느 학기엔가 진저리나게 싫었던 과목이 있지 않았나? 지리? 역사? 수학? 물리? 문학? 싫어하는 이유가 무엇이었든, 틀림없이 그 과목에서는 배운 게 별로 없었을 것이다. 선생님의 수업이 지루하거나 무슨 소리인지 도무지 이해하기 어려웠을 수도 있다. 아니면 수업 방식이 여러분과 맞지 않았을 수도 있다. 혹은 그 주제에 처음부터 관심이 없었을 수도 있다. 처음에는 싫다가도 시간이 지나면서 점차 마음을 바꾸는 경우도 있지만 어느 학기든 학생들은 가장 싫어하는 과목까지 꼼짝없이 공부해야 한다.

그래서 우리가 제안하는 것은 학생들이 학기마다 싫어하는 과목을 하나씩 골라 그 수업을 빠질 수 있게 하는 것이다. 단, 가장 기초가 되는 지식은 습득한 후에야 가능하다. 싫어하는 수업에서 빠져나오려면 첫 부분은 출석하고 일종의 중간고사를 통해 주요 개념을 익혔는지 증명하는 것이다. 시험에서 기본 점수를 충족한 후에는 수업에서 탈출할 수 있으며, 탈출한 학생들은 다른 교실에 가서 원하는 프로젝트가 무엇이든 그것에 전념할 수 있다.

그렇다면 어떤 프로젝트를 할 수 있을까? 그것은 전적으로 학생 자신에게 달렸다. 물리나 문학처럼 교과 과정 내의 다른 과목에 대한 프로젝트일 수도 있고, 체스나 글쓰기, 사진, 춤, 디자인, 아이키도 등 교과 밖의 활동에서 실력을 연마할 수도 있다. 스스로 주제를 정해 연구 과제를 이끌어도 되고, 주어진 공간에서 무언가를 연습해도 되고, 학생들끼리 아이디어에 대해 토의해도 된다. 이런 탐색은 학교 밖에서도 이어갈 수 있다.

교과 과정 안이든 밖이든, 전통적인 표준 교육 기관에서는 이런 추가 활동을 해도 학생들에게 별 이득이 없다. 하지만 우리가 제안한 방식에서는 학생들이 싫어하는 과목에서 빠져나올 수 있다는 즉각적인 보상을 줄 수 있다.

그렇다면 이 프로젝트는 이후 어떻게 될까?

우선 학기를 마무리할 때마다 학생들은 프로젝트에서 진행한 내용을 교사와 동료 학생, 학부모로 구성된 작은 위원회 앞에서 발표한다. 단, 평가는 받지 않는다. 프로젝트에는 점수도, 의사결정도, 보고서도 없다. 프로젝트를 진행한 시간과 공간은 온전히 학생들 것이다. 발표를 들은 청중은 건설적인 피드백을 주거나 도움을 줄 사람을 소개할 수 있다.

가장 이상적인 경우는 여러 학생들이 괴로운 학습 경험에서 벗어나 자신의 재능이나 관심 분야에 몰두하는 기회로 삼는 것이다. 이는 학생 편에서는 가장 부담이 적은 활동이다. 그럼으로써 학생들은 점차 다양한 관심사를 자연스럽게 탐색하고 발견할 수 있다. 물론 활동을 선택하고 나중에는 즐기지 않을 수도 있다. 하지만 다음 학기에도 기회가 있으니 그때 다른 분야로 바꾸면 된다. 이전 학기의 경험이 마음에 든다면 다음 학기에도 같은 분야에 매진할 수 있다. 어떤 학생들은 이 제도를 악용해 시간을 낭비할지도 모른다. 무언가를 열심히 하는 시늉만 하며 용케 빠져나갈 수도 있다. 하지만 이 역시 학생 자신의 선택이다.

주어진 자유를 활용해 자신의 관심 분야를 탐색하고 실력을 키우기 위해 노력하는 학생이 조금만 있어도 악용 사례를 만회하고도 남는다. 충분히 오래 시도한다면 결국에는 열정과 창의성이 넘치고 행운까지 따르는 사람이 틀림없이 나타날 것이다. 어린 시절에 스스로 결정하고 노력할 수 있는 기회와 선택권, 책임을 경험했기 때문이다. 우리의 제안은 기존 교육 제도의 경직성을 역이용해 학생들이 안정적으로 경험을 쌓으며 관심 분야를 찾도록 장려한다. 목표는 전통적인 교실 체계를 해치지 않으면서도 학생들이 마음껏 잠재력을 펼치도록 도와주는 것이다.

이러한 학습 환경을 조성한다면 지금의 지식과 평가 중심의 경직된 교육 제도 안에서도 공동체에 기반을 둔 학습 경험이 싹틀 것이다. 공동체적 교육 개념 역시 다양한 사례와 대안적 교육 방식을 차용하고, 연결하고, 변형한 결과다. 따라서 검증과 변형, 각색, 수정을 거쳐 개선과 발전을 거듭해야 한다. 만만치 않겠지만, 불가능하지도 않다.

■ 관리자 평의회 열기

많은 이들이 성인기 생활의 대부분을 일터에서 보낸다. 자기 사업을 운영하는 경우라면 일터의 시공간을 보다 자율적으로 쓸 수 있을 것이다. 하지만 그렇지 않은 사람들은 어떤 방법으로 자율적인 경험을 할 수 있을까?

중간 규모 이상이거나 대기업에 소속된 부서를 살펴보자. 이곳의 중간관리자들은 열 가지도 넘는 업무를 관리하며 부서의 총책임자에게 보고한다. 이들은 주로 교육 수준이 높고 다양한 부서와 업무 프로세스를 경험한 끝에 지금의 자리에 있는 사람들이다. 이 중 몇 명은 언젠가 부서 전체나 기업 전체를 이끄는 자리에 올라설 것이다. 이런 관리자들은 보통 바쁘다. 이들은 엄격하게 통제된 업무 체계 안에서 각자 중요한 역할을 맡고 있다. 그들에게는 새로운 아이디어를 도출하고, 교환하고, 검증하고, 적용할 시공간적 여유가 없다. 여유는커녕 새로운 아이디어는 추가 업무와 책임으로 둔갑하기도 한다. 착수해 봤자 인정도 받지 못하고 행여나 일이 잘못되면 비난이 쏟아지는 경우가 다반사다.

물론 이들 관리자들은 보통 자신이 맡은 영역 외에 다른 영역의 문젯거리에 대해서도 아이디어가 넘칠 만한 사람들이다. 다만 아이디어를 창의적으로 토의하고 발전시킬 만한 장이 없어 잠재력을 온전히 발휘하지 못할 뿐이다. 이는 기업 입장에서는 전부 드러나지 않은 손실, 이른바 히든 코스트hidden cost가 된다. 이런 상황을 극복하기 위해 조직 내에 평의회를 꾸려볼 수 있다. 다양한 경험을 가진 구성원들이 모여 아이디어를 터놓고 의논할 수 있는 시간과 공간을 꾸준히 제공하는 것이다. 수년간 우리 저자들은 조금씩 다른 상황에서 이와 같은 평의회를 조금씩 달리 적용해볼 수 있었다. 보통은 다음과 같이 운영한다.

전체 부서장이 중간급 이상의 관리자들을 모아 회의를 연다. 그런 다음 우리 저자들이 나서서 기업의 문제 해결 과정을 창의적으로 개선해야 할 필요성을 소개한 뒤, 엄격하게 통제된 업무 체계와 반복되는 일상 업무 속에서는 관리자들이 쌓아온 경험이 온전히 발휘되기 어렵다고 설명한다. 하지만 관리자들이야말로 회사의 핵심 프로세스를 속속들이 알고 있기 때문에 다양한 문제를 발굴하고 해결할 수 있는 적임자라고 강조한다. 또 창의력은 관리자의 역량으로 쳐주지 않기 때문에 아직 이 방면으로 능력을 발휘하지 못했을 뿐이라고 덧붙인다. 보통 이때쯤 참석자 대부분이 고개를 끄덕인다.

그 다음 우리는 전체 부서장에게 자리를 비워 달라고 요청한다. 이 장치가 모임의 성패를 좌우한다. 경영진을 대표하는 사람이 방 안에 있으면 자유롭게 발언하기는커녕 자유롭게 생각하지도 못한다. 더욱이 부서장이 한마디라도 하면 다른 사람들은 입을 다물고 자기 의견을 나누지 않는다. 심지어 부서장이 입 한 번 벙긋하지 않아도 똑같은 일이 벌어진다. 그의 미세한 얼굴 표정이나 몸짓만으로도 어느 의견을 마음에 들어 하거나 못마땅하게 여기는지 알아챌 수 있기 때문이다. 부서장이 비아냥거리는 듯 눈동자라도 한 바퀴 굴리면 모든 것이 끝장이다.

전체 부서장이 자리를 뜨면 참석자들은 돌아가며 해결이 필요한 문제들을 언급한다. 참석자마다 각자 중요하다고 판단하는 당면 문제를 여럿 발표한다. 한 명도 빠짐없이 의견을 나눈 뒤 마지막에는 명확하게 정의된 문제를 짧은 목록으로 정리한다. 참석자들은 목록에 있는 모든 문제에 대해 고민해 보기로 한 뒤 다음 회의 일정을 잡는다.

다음번 회의 역시 전체 부서장 없이 진행하며 모임은 일종의 평의회 모습으로 바뀐다. 쭉 관찰해 보면, 참석자들이 지난번에 제기된 문제 중 거의 모든 항목에 해결안을 가져오는 경우가 적지 않다. 이들은 이전에 몸담았던 기업이나 잘 아는 분야의 해결안을 어렵지 않게 차용하고 변형할 수 있다. 평의회 전체의 경험을 모으니 예전에는 접하기 어려웠던 새로운 아이디어들이 샘솟는다. 한 번은 영업 관리자의 긴급한 문제를 인사 담당 관리자가 해결해 주기도 했는데 이전 직장에서 비슷한 상황을 경험한 적이 있었던 것이다. 인사 관리자는 영업 관리자가 이런 문제를 겪고 있는지 전혀 몰랐다. 둘은 가까이 지내면서도 서로의 아이디어를 끌어낸 적은 없었던 것이다.

또 한 번은 어떤 부서에 시대에 맞지 않는 낡은 업무 절차가 아직 쓰이고 있어 평의회 전체가 놀란 적이 있다. 쓸모도 없으면서 회사에 손실을 끼치고 있는데도 별다른 이유 없이 써왔던 업무 절차였다. 평의회에서 누군가 문제를 제기하기 전까지는 그 누구도 이것에 대해 논의하거나 면밀히 조사한 적이 없었다. 또 다른 관리자 한 명이 즉시 나섰고 자기 부서에서의 경험을 바탕으로 문제의 업무 절차를 시대에 맞게 개선하는 방안을 단계별로 차근차근 설명했다.

물론 어떤 문제는 더 까다롭고 제시하는 해결책 역시 많은 비용이 들 수 있다. 회의를 몇 번 한 다음 참석자들은 논의를 통해 해결안에 우선순위를 매겨 전체가 동의한 최종안을 경영진에게 보고한다. 부서장들은 일부 아이디어를 마음에 쏙 들어 하며 당장 회사 전체에 적용하고 싶어 들썩거린다. 이때 우리 저자들은 이 결정을 말린다. 제안 단계의 아이디어를 성공적으로 적용하기 위해서는 먼저 검증과 수정 보완 과정을 거쳐야 한다. 그 중에는 뛰어난 아이디어처럼 보였지만 검증해 보면 쓸모없는 경우도 있다. 의사들이 오랜 세월 선호했던 사혈요법처럼 알고 보면 위험한 아이디어도 있을 수 있는 것이다.

우리 저자들과 평의회는 회사 안에서 작은 범위로 아이디어를 시험해본 후 결과를 보고한다. 그리고 평의회는 적용 방법을 논의하기 위해 다시 모인다. 이번에는 전체 부서장도 참여한다. 마지막으로, 아이디어를 실행한다.

평의회는 이런 과정을 거치며 관리자들의 다양한 경험을 창의성의 동력으로 활용할 수 있다. 관리자들은 각자의 방식으로 문제를 정의하고 해결하면서 동시에 동료의 통찰력에서 도움을 받는다. 또한 문제 해결에 들이는 노력을 경영진에게 직접 보여주고 인정받을 수 있다. 그들의 아이디어는 무시당하지 않는다. 어떤 아이디어는 끝까지 구현된다. 여기서 부서장들은 회사의 프로세스와 문제, 관리자들의 아이디어를 건설적인 눈으로 볼 수 있다. 또 참석자들은 각자 제기한 문제에 대해 믿을 만한 피드백을 얻을 수 있다.

이러한 평의회를 한다고 해서 기존의 업무 방식이 위험해지지는 않는다. 한 달에 한 번씩 몇 시간 정도 관리와 통제가 없는 시간과 공간을 투자하면서 기업은 서서히 의미 있는 문제를 발굴하고 가치 있는 해결안을 쌓아가게 된다. 경영진이 평의회의 작동 원리를 이해하고 논의 내용과 방식에 자율성을 주게 되면 그때부터는 외부 진행자가 더 이상 필요 없게 된다. 관리자들은 주기적으로 문제와 해결안을 바꿀 수 있다. 지속성이 생기는 것이다.

이런 새로운 시도를 하는 이유는 직원들의 개인 경험 속에 숨어 있는 창의성을 발굴하려는 것이다. 전통적인 책임과 조직 간 장벽에서 잠시 벗어남으로써 관리자들은 새로운 눈으로 자신과 동료들이 직면한 어려움을 볼 수 있으며, 이때 과거의 업무 또는 다른 경험에서 뜻밖의 연결고리를 찾을 수 있다. 이런 모임이 가치 있는 이유는 일상 업무를 수동적으로 수행하는 과정에서 숙달된 능력을 공유하기 때문이 아니다. 조직 전체의 동료들이 제시한 문제와 아이디어에 자극받아 각자의 경험을 새로운 눈으로 살펴보는 기회가 되기 때문이다. 만만치 않겠지만, 불가능하지도 않다.

감사의 말

경험에 대한 책을 쓰자는 생각은 스페인 북동쪽 구석 아비니오
네트 데 푸이그벤토스라는 어느 작은 마을, 우리 저자 중 한 명인
로빈의 450년 된 시골집에서 함께 보낸 어느 휴가 중에 싹텄다.
우리는 매일 아침마다 긴 시간 함께 산책하고 밤에는 벽난로 옆에
아늑하게 앉아 생각을 나누고 메모하며 이 책의 씨앗을 심었다.

운 좋게도 우리 둘은 함께 오랜 세월 폭넓은 경험과 안목을 쌓
아왔다. 때문에 무엇에 대해 책을 쓸지는 비교적 확실했고 상대
적으로 쉬운 대목이었다. 하지만 어떻게 쓰는가는 전혀 다른 문
제였다. 다행히 우리가 내용을 작성하고 검토하고 수정할 때 다
양한 사람들의 도움을 받았다. 이들이 우리 주장과 사례들을 기
꺼이 비판하고 검증하고 반박해준 덕택에 원고가 끝까지 발전하
고 성장할 수 있었다.

그 중에는 의사결정학 분야에 큰 업적을 쌓은 학자들도 있다.

특히 원고를 검토하고 의견을 준 이리나 코후하렌코, 해리 데이비스, 린다 긴젤, 리드 해이스티, 나탈리아 카레라이아, 스피로스 마크리다키스, 요하네스 뮐러-트리데, 폴 슈마커에게 깊은 감사를 드린다.

또 다양한 경력과 전문성을 갖춘 사람들이 원고를 읽고 조언을 해주었다. 메흐메트 U. 소이야르는 좋은 날에도 궂은날에도 전문적이고 열정적인 모습으로 조언을 아끼지 않았다. 원고를 읽고 의견을 준 해일 소이야르, 이펙 아크타르, 닐름 칼사, 에밀리 매튜스, 치뎀 도로오루, 사스누히 무쉬리안, 타히르 외즈투크, 에라이 유첼, 우트쿠 외즈멘, 소나르 베이한, 보라 괴크보라, 메건 포드, 마흐무트 괴크보라, 사뎃 외즈날 괴크보라, 사바쉬 외즈데미르, 주베이르 쿠르트, 안젤리카 미나야 아킬드, 세하 이쉬만 외즈귀르에게 감사를 표한다.

책의 출판 과정에서도 에이전트 제인 디스텔과 그녀가 이끄는 팀이 출간되기까지의 전 과정을 든든히 지원해 주었다. 편집자 클라이브 프리들과 주니어 편집자 아누파마 로이-챠두리는 우리가 미처 생각하지 못한 부분을 짚어주고 강점을 더욱 살리도록 이끌어주었다. 두 사람의 소개로 만난 칼 웨버는 귀중한 지혜와 창의적인 손길로 원고를 지금의 모습으로 다듬어주었고 케이트 뮐러는 꼼꼼한 교정교열로 책을 빛내주었다.

마지막으로 가족에게 깊은 감사를 전한다. 가족들의 정서적,

지적, 물리적 지원 없이는 이 책을 쓸 엄두조차 내지 못했을 것이다. 고맙고 사랑합니다.

옮긴이 **정수영**

연세대학교와 미국 카네기멜론대학교에서 디자인과 공학을 공부한 뒤 디자인 전략가로 일하며 제품과 브랜드의 경험을 고민했다. 글밥아카데미 수료 후 현재 바른번역 소속 번역가로 활동하고 있다. 옮긴 책으로는 『핑크 북』, 『매일매일 예쁜 꽃 수채화』 등이 있다.

경험의 함정

1판 1쇄 펴냄   2021년   3월 30일
1판 7쇄 펴냄   2023년   12월 20일

지은이   로빈 M. 호가스, 엠레 소이야르
옮긴이   정수영
펴낸이   권선희
펴낸곳   사이
출판등록 제2020-000153호
주소 03938 서울시 마포구 월드컵로 36길 14 516호
전화 02-3143-3770
팩스 02-3143-3774
email saibook@naver.com

ISBN 978-89-93178-94-4 03320

• 잘못된 책은 구입하신 서점에서 교환해 드립니다.